U0788158

现代汉语同形词辨析手册

XIANDAI HANYU TONGXINGCI BIANXI SHOUCE

林　挺　林山森　◎编著

商務印書館国际有限公司

中国·北京

图书在版编目(CIP)数据

现代汉语同形词辨析手册 / 林挺, 林山森编著. —北京 : 商务印书馆国际有限公司, 2018.9

ISBN 978-7-5176-0599-7

Ⅰ.①现… Ⅱ.①林…②林… Ⅲ.①现代汉语-同形词-辨析-手册 Ⅳ.①H136.2-62

中国版本图书馆 CIP 数据核字(2018)第 150014 号

XIANDAI HANYU TONGXINGCI BIANXI SHOUCE

现代汉语同形词辨析手册

编　　著　林　挺　林山森
责任编辑　张晓虹
封面设计　张　萌
出版发行　商务印书馆国际有限公司
地　　址　北京市东城区史家胡同甲 24 号(邮编:100010)
电　　话　010 - 65592876(总编室)
010 - 65122489(编辑部)
010 - 65598498(市场营销部)
网　　址　www.cpi1993.com
印　　刷　三河市紫恒印装有限公司
开　　本　880mm×1230mm　1/32
字　　数　240 千字
印　　张　8
版　　次　2018 年 9 月第 1 版第 1 次印刷
书　　号　ISBN 978- 7- 5176- 0599- 7
定　　价　29.80 元

目　录

序言 …………………………………………………… 1
前言 …………………………………………………… 3
凡例 …………………………………………………… 5
词目目录 ……………………………………………… 9
正文…………………………………………………… 1—230

序　言

现代汉语中有相当多的两个音节以上的字形相同而音、义不同的同形词，难读难记，是学习和教授汉语的一大难题。林挺、林山森等同志多年来对现代汉语的这类同形词进行了系统而细致的探索与研究，编成了《现代汉语同形词辨析手册》这部独树一帜的专著。

《现代汉语同形词辨析手册》参考《现代汉语词典》及相关辞书，对现代汉语中两个音节以上的同形词，进行读音、释义、用法、构成、近义、反义、辨析、注意、辨误、辨读等多角度的说明与分析。这种编撰内容和体例，在目前国内外工具书中算是开拓性的，值得称赞和肯定。

这本专著，选词立目严谨，释义确切，体例新颖，用例精当，是一部既有学术性又有实用性和独创性的工具书。处处可见作者的匠心独运。比如：

教学㊀jiāo//xué ㊁jiàoxué

教学㊀ jiāo//xué〈动〉教书。

【用法】用于工作动态。1.作谓语。例 他一丝不苟地～，深受师生赞扬。2.常加“的”作定语。例 张老师～的态度十分认真。3.构成介宾短语作状语。例 李老师从～中总结出了一套快速记忆英语单词的方法。

中间可插入其他词语。例 他在农村教了几年学。

【构成】支配式离合词

【近义】教书

教学㊁ jiàoxué〈名〉教师传授知识技能和学生学习知识技能的活动；也指教师传授知识技能的工作。

【用法】用于工作名称。1.作主语。例 ～要以学生为主体。2.作宾语。例 他认真搞好～，从不敷衍塞责。3.常加“的”作定语。例 这一节信息技术课，～的目的是使学生学会用电脑设计图纸。4.构成介宾短语作状语。例 杨老师在～上精益求精。

【构成】并列式合成词

【辨析】两者都含有“传授知识”的意思。区别在于：1.读音有所不同：前者“教”读阴平；后者“教”读去声。2.词语构成方式不同：前者构成支配式离合词，中间可插入其他词语；后者构成并列式合成词，中间不能插入其他词语。3.表义功能不同：前者用于动作义；后者用于名物义。

【辨读】李老师认真教学（jiāoxué），做到教学（jiàoxué）相长。

限于篇幅不能一一列举。仅从上述举例中可以看出作者对于同形词的剖析是多么精细、详尽、入微。这对于教学、学习和研究汉语词汇，对于推广普通话、促进汉语词汇规范化，以及对外汉语教学与外国人学习汉语，无疑是极其有用的，具有很高的实用价值和学术价值。

林挺、林山森等同志教学工作繁重，在艰苦的条件下刻苦钻研，锲而不舍，以惊人的毅力，克服各种困难，辛勤耕耘多年，全面而系统地研究了同形词的渊源、现状和识记规律，完成了《现代汉语同形词辨析手册》的编撰，为汉语同形词的深入研究和现代汉语语言文字的规范化工作做出了贡献。

胡瑞昌

前　言

现代汉语中，有相当一部分两个音节以上的词，字形相同，读音不同或微异，意义也有差别，编者将这类词归为同形词的一种。这些同形词读音极易混淆，难读、难认、难记。造成一词多读的原因何在？这些词的现状如何？用法上有哪些区别？有何识记规律？本书将详细阐述这些问题。

本书适合广大师生、语言文字工作者、影视创作者、编辑出版工作者、普通话培训测试者等使用，也可为外国人学习和研究汉语提供参考。

本书参考《现代汉语词典》及《现代汉语词典·补编》《现代汉语大词典》《现代汉语规范词典》《汉语成语词典》《汉语大词典》等辞书，结合大中小学语文新教材编写。针对现代汉语中两个音节以上的形同而音、义不同的同形词，设置了读音、释义、用法、构成、近义、反义、辨析、注意、辨误、辨读等多个功能项进行比较辨别，旨在寻求这类同形词识记的规律，为汉语的学习、教学、研究、培训、测试及推广普及普通话清除障碍。

本书编写过程中，承蒙中国人民大学语言文字研究所所长胡瑞昌教授全力支持，审阅全稿并作序。原国家语委主任、教育部副部长柳斌先生和中国汉语拼音之父、著名语言文字学家周有光先生审阅了样稿。本人已故妻子黄妃琼为本书付出了辛苦的劳动。出版社领导和编辑在审稿中提出了许多建设性的意见。谨在此一并致以深切的谢意！

编写《现代汉语同形词辨析手册》，目前在国内尚属首创。由于编者水平有限，加上有关同形词研究方面没有太多现成的资料可供参考，本书只是进行了初步的探索，缺点错误定然存在，恳切地希望广大读者和语言文字界专家前辈多多批评指正。

林山森

凡　例

一、收条

1.本书收入现代汉语中两个音节以上的字形相同而音、义不同的同形词317组，分别列出词条。其中以双音节同形词为主，并酌收了一部分常用的离合词、成语以及有构词能力的叠音语素和叠音词缀。

2.有些字本身没有轻声多读，但构成词语后因轻声而多义，这类词也收录。有些词因儿化与不儿化而多义，这类词也收录。

二、条目安排和注音

1.全部词条以词目首字的汉语拼音字母顺序排列。首字声韵相同的，按普通话四声顺序排列；如声调也相同，则按笔画数排列，少的在前，多的在后，笔画数也相同的，按一、丨、丿、丶、乛的笔形次序排列。首字的上述各项均相同的，则按第二个字排列，第二个字相同的，按第三个字，以下类推。

2.每组同形词的排列，除个别情况外，原则上非儿化词在前，儿化词在后。可独立成词的在前，用于成语或作语素、词缀的在后。

3.按同形多音分立音项，音项前标注音项序号㊀㊁㊂，各音项按拼音字母顺序排列。个别同形同音异构词语，意义上需要分别处理且注音写法不同的，也分立音项，如“下水”㊀xiàshuǐ㊁xià//shuǐ㊂xià·shui。

4.词目用汉语拼音注音，按照《汉语拼音正词法基本规则》拼写。注音写法有三种：

①连写。用于结合紧密的多音节词。

②音节之间加双短斜线“//”。用于中间能插入其他成分的离合词。

③音节之间加短横。用于少量四字格成语。

5.轻声不标调号，轻声音节前加小圆点。同一音项中既标调号又加小圆点的，表示该音节可重读有时也可轻读。

6.音节界限有混淆可能的,加隔音符号(')。

7.专名第一个字母大写。

8.容易读错的多音字或个别生僻字后括注汉语拼音。

三、释义

1.本书所收词目标明词性,在释义前用〈〉标注。如一个词的几个义项词性相同,标在义项序号前;如一个词的几个义项词性不同,则标在相应义项序号后。

2.释义时,不一定本义在前。一部分词用于成语时,对成语意义也进行必要的注释或括注。

四、用法

1.用法除在释义和辨析中做介绍外,主要通过例句来反映。例句不注明出处,以充当句子成分的先后顺序排列,分别注 1. 2. 3.……。例句中被说明的词目用"～"代替,不止一例的,例句之间用竖线"|"隔开。

2.几个常用语法功能术语的说明。

①"作谓语,可带宾语、补语":指该词语既能单独作谓语,也可带上宾语或补语作谓语,或既带宾语又带补语作谓语。

②"常作(或多作)主语(谓语……)":指该词语经常(或多数情况下)充当主语(谓语……),但不排除充当其他句子成分的可能性。

③"常加'的(地)'作定语(状语)":指该词语作定语(状语)时通常有不加"的(地)"和加"的(地)"两种情况,一般举两个例句,为节省篇幅,有时只举一个例句。

④"构成介宾短语作状语":指由介词引进词语构成短语后作状语。

⑤非名词性词语名物化后作主语、宾语,一般排列于后。

五、辨析

1.辨析部分主要对同形词的读音、构词、词性、词义、色彩、使用方式、搭配关系、词语归属、近义反义、语法功能、词语修辞等方面进行分析比较。

2.词语有两个音项的,第㊀音项称前者,第㊁音项称后者;有三个音项的,第㊀音项称前者,第㊁音项称㊁者,第㊂音项称后者或㊂者。

3.一组词都是合成词或单纯词,则分别辨析它们的词性和词义,如其中某一义项是离合词或成语构成部分,一般从表义功能的角度进行辨析。

六、本书还设下列栏目

1.【构成】指出构词方式。各义项构词方式不同的,用义项号①②……标注,不标义项号的,表示该构词方式适用各个义项。

2.【近义】、【反义】列举词目各义项的近义词、反义词,以便进一步区别词义。有些近义词或反义词如果只同某一义项有关,就在该近义词或反义词前注明相关义项序号。为了给读者比较完整的知识,释义中出现过的近义词或反义词,在【近义】、【反义】栏目中也适当列出。

3.【注意】提供国家语言文字新规定和研究新成果,提示使用该词语时必须引起注意的问题。

4.【辨误】对容易读错的读音、容易写错的汉字变体字和部件及词形进行辨正,对经审音改读的字词加以说明。

5.【辨读】举出例句,分辨每组同形词在同一句子中不同的读音、词义、用法等。

词目目录

扒拉㊀bā·la㊁pá·la …… 1
吧嗒㊀bādā㊁bā·da …… 1
吧唧㊀bājī㊁bā·ji …… 2
把子㊀bǎ·zi ㊁bà·zi …… 3
罢了㊀bà·le ㊁bàliǎo …… 3
霸道㊀bàdào㊁bà·dao …… 4
白话㊀báihuà㊁bái·hua …… 5
摆设㊀bǎishè㊁bǎi·she …… 6
包头㊀Bāotóu ㊁bāo·tóu …… 7
褒贬㊀bāobiǎn㊁bāo·bian …… 8
奔命㊀bēnmìng㊁bènmìng …… 9
本色㊀běnsè㊁běnshǎi …… 9
本事㊀běnshì㊁běn·shi …… 10
绷直㊀bēng//zhí㊁bèngzhí …… 10
镚子㊀bèng·zi㊁bèngzǐr …… 11
避讳㊀bì//huì㊁bì·hui …… 11
便宜㊀biànyí㊁pián·yi …… 13
别人㊀biérén㊁bié·rén …… 14
别子㊀biézǐ㊁bié·zi …… 14
宾服㊀bīnfú㊁bīn·fu …… 15
播种㊀bō//zhǒng㊁bōzhòng …… 16
不得㊀bùdé㊁·bu·de …… 17
裁缝㊀cáiféng㊁cái·feng …… 18
喳喳㊀chā·cha㊁chāchā㊂zhāzhā …… 18
差事㊀chàshì㊁chāi·shi …… 19

拆散㊀chāi // sǎn㊁chāi // sàn …… 20
差使㊀chāishǐ㊁chāi·shi …… 20
朝阳㊀cháoyáng㊁zhāoyáng …… 21
澄清㊀chéngqīng ㊁dèng // qīng …… 22
尺头㊀chǐ·tou ㊁chǐtóur …… 23
重读㊀chóngdú㊁zhòngdú …… 24
抽打㊀chōudǎ㊁chōu·da …… 24
出处㊀chūchǔ㊁chūchù …… 25
出圈㊀chū // juàn㊁chū // quānr …… 26
出来㊀chū // ·lái㊁ // ·chū // ·lái …… 26
出去㊀chū // ·qù㊁ // ·chū // ·qù …… 27
穿着㊀chuān·zhe㊁chuānzhuó …… 28
攒钱㊀cuán // qián㊁zǎn // qián …… 29
搭帮㊀dā // bāng ㊁dā·bang …… 30
大方㊀dàfāng㊁dà·fang …… 30
大夫㊀dàfū㊁dài·fu …… 31
大片㊀dàpiàn㊁dàpiānr …… 32
大气㊀dàqì㊁dà·qì …… 33
大人㊀dàrén㊁dà·ren …… 34
大师傅㊀dàshī·fu㊁dà·shi·fu …… 34
大王㊀dàwáng㊁dài·wang …… 35
大爷㊀dàyé㊁dà·ye …… 36
大意㊀dàyì㊁dà·yi …… 37
当年㊀dāngnián ㊁dàngnián …… 37
当日㊀dāngrì㊁dàngrì …… 38
当时㊀dāngshí㊁dàngshí …… 38
当天㊀dāngtiān㊁dàngtiān …… 39
当头㊀dāngtóu㊁dàng·tou …… 39
倒车㊀dǎo // chē㊁dào // chē …… 40
倒数㊀dàoshǔ㊁dàoshù …… 41
倒转㊀dàozhuǎn㊁dàozhuàn …… 41

得了㊀déliǎo㊁dé·le …… 42
德行㊀déxíng㊁dé·xing …… 43
登场㊀dēng//cháng㊁dēng//chǎng …… 43
滴答㊀dīdā㊁dī·da …… 44
地道㊀dìdào㊁dì·dao …… 45
地方㊀dìfāng㊁dì·fang …… 46
地脚㊀dìjiǎo㊁dì·jiǎo …… 47
地下㊀dìxià㊁dì·xia …… 47
点心㊀diǎn·xin㊁diǎnxīn …… 48
点种㊀diǎn//zhǒng㊁diǎnzhòng …… 49
垫圈㊀diàn//juàn㊁diànquān …… 49
调拨㊀diàobō㊁tiáobō …… 50
调侃㊀diào//kǎnr㊁tiáokǎn …… 51
调配㊀diàopèi㊁tiáopèi …… 52
调头㊀diào//tóu㊁diào·tou …… 52
顶针㊀dǐng·zhen㊁dǐngzhēn …… 53
定规㊀dìngguī㊁dìng·gui …… 54
东西㊀dōngxī㊁dōng·xi …… 54
肚子㊀dǔ·zi㊁dù·zi …… 55
端详㊀duānxiáng㊁duān·xiang …… 56
对头㊀duìtóu㊁duì·tou …… 56
多少㊀duōshǎo㊁duō·shao …… 57
垛口㊀duǒkǒu㊁duòkǒu …… 58
垛子㊀duǒ·zi㊁duò·zi …… 59
发行㊀fāháng㊁fāxíng …… 59
发蒙㊀fāmēng㊁fāméng …… 60
发送㊀fāsòng㊁fā·song …… 61
翻腾㊀fānténg㊁fān·teng …… 61
反叛㊀fǎnpàn㊁fǎn·pan …… 62
反正㊀fǎnzhèng㊁fǎn·zhèng …… 62
方向㊀fāngxiàng㊁fāng·xiang …… 63

方丈㊀fāngzhàng㊁fāng·zhang ………………………………… 64
废物㊀fèiwù㊁fèi·wu ………………………………………… 65
分子㊀fēnzǐ㊁fènzǐ ………………………………………… 65
风光㊀fēngguāng㊁fēng·guāng ………………………………… 66
风头㊀fēngtóu㊁fēng·tou ……………………………………… 67
敷衍㊀fūyǎn㊁fū·yǎn ………………………………………… 68
妇道㊀fùdào㊁fù·dao ………………………………………… 69
嘎巴㊀gābā㊁gā·ba ………………………………………… 69
嘎嘎㊀gāgā㊁gá·ga ………………………………………… 70
干将㊀gānjiāng㊁gànjiàng …………………………………… 70
杆子㊀gān·zi㊁gǎn·zi ……………………………………… 71
赶场㊀gǎn//cháng㊁gǎn//chǎng ……………………………… 72
告诉㊀gàosù㊁gào·su ……………………………………… 72
格格㊀gēgē㊁gé·ge ………………………………………… 73
隔断㊀géduàn㊁gé·duàn ……………………………………… 73
跟前㊀gēnqián㊁gēn·qian …………………………………… 74
公差㊀gōngchā㊁gōngchāi …………………………………… 75
公道㊀gōngdào㊁gōng·dao …………………………………… 76
供养㊀gōngyǎng㊁gòngyǎng …………………………………… 76
咕嘟㊀gūdū㊁gū·du ………………………………………… 77
咕叽㊀gūjī㊁gū·ji ………………………………………… 78
咕噜㊀gūlū㊁gū·lu ………………………………………… 78
呱呱㊀gūgū㊁guāguā ………………………………………… 79
姑娘㊀gūniáng㊁gū·niang …………………………………… 80
姑爷㊀gūyé㊁ gū·ye ………………………………………… 80
骨朵㊀gǔduǒ㊁gū·duor ……………………………………… 81
故事㊀gùshì㊁gù·shi ………………………………………… 81
呱嗒㊀guādā㊁guā·da ………………………………………… 82
乖乖㊀guāiguāi㊁guāi·guai …………………………………… 83
灌肠㊀guàn//cháng㊁guàn·cháng ……………………………… 83
裹脚㊀guǒ//jiǎo㊁guǒ·jiao ………………………………… 84

过来㊀guò//•lái ㊁//•guò//•lái …… 85
过年㊀guò//nián㊁guò•nián …… 86
过去㊀guòqù㊁guò//•qù㊂//•guò//•qù …… 86
孩儿㊀hái'ér㊁háir …… 88
行道㊀háng•dao㊁xíngdào …… 88
号丧㊀háo//sāng ㊁háo•sang …… 89
豪横㊀háohèng ㊁háo•heng …… 90
好事㊀hǎoshì㊁hàoshì …… 90
合计㊀héjì㊁hé•ji …… 91
合子㊀hézǐ㊁hé•zi …… 92
后晌㊀hòushǎng㊁hòu•shang …… 93
呼号㊀hūháo㊁hūhào …… 93
呼噜㊀hūlū㊁hū•lu …… 94
忽闪㊀hūshǎn㊁hū•shan …… 94
胡同㊀hútòng㊁hú•tong …… 95
花费㊀huāfèi㊁huā•fei …… 95
回来㊀huí//•lái ㊁//•huí//•lái …… 96
回去㊀huí//•qù㊁//•huí//•qù …… 97
活路㊀huólù㊁huó•lu …… 97
鸡子㊀jī•zi㊁jīzǐr …… 98
犄角㊀jījiǎo㊁jī•jiao …… 99
计数㊀jìshǔ㊁jì//shù …… 100
见长㊀jiàncháng㊁jiànzhǎng …… 100
教授㊀jiāoshòu㊁jiàoshòu …… 101
教学㊀jiāo//xué ㊁jiàoxué …… 101
矫情㊀jiǎoqíng㊁jiáo•qing …… 102
结果㊀jiē//guǒ㊁jiéguǒ …… 102
结实㊀jiē//shí㊁jiē•shi …… 103
接头㊀jiē//tóu㊁jiē•tóur …… 103
解难㊀jiě//nán㊁jiě//nàn …… 104
尽量㊀jǐnliàng㊁jìnliàng …… 105

进来㊀jìn//·lái㊁//·jìn//·lái …… 106
进去㊀jìn//·qù㊁//·jìn//·qù …… 106
近乎㊀jìnhū㊁jìn·hu …… 107
经纱㊀jīngshā㊁jìng//shā …… 108
惊醒㊀jīngxǐng㊁jīng·xing …… 108
精神㊀jīngshén㊁jīng·shen …… 109
居处㊀jūchǔ㊁jūchù …… 110
卷子㊀juǎn·zi㊁juàn·zi …… 110
开发㊀kāifā㊁kāi·fa …… 111
开通㊀kāitōng㊁kāi·tong …… 112
磕碰㊀kēpèng㊁kē·pengr …… 113
空心㊀kōngxīn㊁kòngxīn …… 114
口角㊀kǒujiǎo㊁kǒujué …… 115
口音㊀kǒuyīn㊁kǒu·yīn …… 116
苦头㊀kǔtóu㊁kǔ·tóu …… 116
库藏㊀kùcáng㊁kùzàng …… 117
狂劲㊀kuángjìn㊁kuángjìng …… 117
落空㊀là//kòng㊁luò//kōng …… 118
来路㊀láilù㊁lái·lu …… 119
捞着㊀lāo//zháo㊁lāo·zhe …… 119
劳动㊀láodòng㊁láo·dong …… 120
老公㊀lǎogōng㊁lǎo·gong …… 121
老婆㊀lǎo·po㊁lǎopór …… 121
老子㊀Lǎozǐ㊁lǎo·zi …… 122
累累㊀léiléi㊁lěilěi …… 123
冷战㊀lěngzhàn㊁lěng·zhan …… 123
利害㊀lìhài㊁lì·hai …… 124
粒子㊀lìzǐ㊁lì·zi …… 124
咧咧㊀liē·lie㊁liēliē …… 125
裂开㊀liè//kāi㊁liě//kāi …… 126
笼子㊀lóng·zi㊁lǒng·zi …… 126

露头㊀lòu∥tóu㊁lùtóu …… 127
卵子㊀luǎnzǐ㊁luǎn·zi …… 128
罗锅㊀luóguō㊁luó·guo …… 128
落落㊀luòluò㊁luōluō …… 129
摩挲㊀mā·sa㊁mósuō …… 130
忙活㊀máng∥huór㊁mánghuór㊂máng·huo …… 130
眉目㊀méimù㊁méi·mu …… 131
闷沉沉㊀mēnchénchén㊁mènchénchén …… 132
闷气㊀mēn·qi㊁mènqì …… 132
门道㊀méndào㊁mén·dao …… 133
面糊㊀miànhù㊁miàn·hu …… 134
明朝㊀míngcháo㊁míngzhāo …… 134
男人㊀nánrén㊁nán·ren …… 135
难处㊀nánchǔ㊁nánchù …… 136
难兄难弟㊀nánxiōng-nándì㊁nànxiōng-nàndì …… 136
年时㊀niánshí㊁nián·shi …… 137
女人㊀nǚrén㊁nǚ·ren …… 137
泡子㊀pāo·zi㊁pào·zi …… 138
配搭㊀pèidā㊁pèi·dar …… 139
配合㊀pèihé㊁pèi·he …… 139
劈柴㊀pī∥chái㊁pǐ·chái …… 140
片子㊀piān·zi㊁piàn·zi …… 141
偏好㊀piānhǎo㊁piānhào …… 142
迫降㊀pòjiàng ㊁pòxiáng …… 142
扑打㊀pūdǎ㊁pū·da …… 143
扑棱㊀pūlēng㊁pū·leng …… 144
扑腾㊀pūtēng㊁pū·teng …… 144
铺盖㊀pūgài ㊁pū·gai …… 145
妻子㊀qīzǐ㊁qī·zi …… 146
起火㊀qǐ∥huǒ㊁qǐ·huo …… 147
起来㊀qǐ∥·lái㊁∥·qǐ∥·lái …… 148

千斤㊀qiānjīn㊁qiān·jin …… 149
切口㊀qiēkǒu㊁qièkǒu …… 150
倾倒㊀qīngdǎo ㊁qīngdào …… 150
清亮㊀qīngliàng㊁qīng·liang …… 151
人家㊀rénjiā㊁rén·jia …… 152
人性㊀rénxìng㊁rén·xìng …… 154
仁义㊀rényì㊁rén·yi …… 154
肉头㊀ròutóu㊁ròu·tou …… 155
散工㊀sǎngōng㊁sàn//gōng …… 156
丧气㊀sàngqì㊁sàng·qi …… 156
沙沙㊀shāshā㊁shà//shā …… 157
上调㊀shàngdiào㊁shàngtiáo …… 158
上来㊀shànglái㊁shàng//·lái㊂//·shàng//·lái …… 159
上去㊀shàng//·qù㊁//·shàng//·qù …… 160
上色㊀shàngsè㊁shàng//shǎi …… 161
上水㊀shàngshuǐ㊁shàng·shui …… 162
上头㊀shàng//tóu㊁shàng·tou …… 162
烧纸㊀shāo//zhǐ㊁shāo·zhi …… 163
神道㊀shéndào㊁shén·dao …… 164
生意㊀shēngyì㊁shēng·yi …… 165
师爷㊀shīyé㊁shī·ye …… 165
时令㊀shílìng㊁shí·ling …… 166
实在㊀shízài㊁shí·zai …… 166
世故㊀shìgù㊁shì·gu …… 167
试探㊀shìtàn㊁ shì·tan …… 168
受累㊀shòu//lěi㊁shòu//lèi …… 169
受用㊀shòuyòng㊁shòu·yong …… 170
水磨㊀shuǐmó㊁shuǐmò …… 170
说道㊀shuōdào㊁shuō·dao …… 171
说法㊀shuōfǎ ㊁shuō·fǎ …… 172
私房㊀sīfáng㊁sī·fáng …… 173

斯文㊀sīwén㊁sī·wen …… 174
松散㊀sōngsǎn ㊁sōng·san …… 174
孙子㊀Sūnzǐ ㊁sūn·zi …… 175
特务㊀tèwù㊁tè·wu …… 176
替手㊀tì//shǒu ㊁tì·shǒu …… 177
填房㊀tián//fáng ㊁tián·fang …… 177
挑刺㊀tiāo//cìr㊁tiǎo//cì …… 178
挑着㊀tiāo·zhe㊁tiǎo·zhe …… 179
同行㊀tóngháng㊁tóngxíng …… 179
透亮㊀tòu·liang㊁tòu//liàngr …… 180
图书㊀túshū㊁tú·shu …… 181
土地㊀tǔdì ㊁tǔ·di …… 181
外传㊀wàichuán ㊁wàizhuàn …… 182
外道㊀wàidào ㊁wài·dao …… 183
完了㊀wán·le ㊁wánliǎo …… 183
遗赠㊀wèizèng ㊁yízèng …… 184
温和㊀wēnhé ㊁wēn·huo …… 184
文气㊀wénqì ㊁wén·qi …… 185
乌拉㊀wūlā ㊁wù·la …… 186
悉数㊀xīshǔ ㊁xīshù …… 187
媳妇㊀xífù ㊁xí·fu …… 187
下来㊀xià//·lái ㊁//·xià//·lái …… 188
下去㊀xià//·qù ㊁//·xià//·qù …… 189
下水㊀xiàshuǐ㊁xià//shuǐ㊂xià·shui …… 190
下子㊀xià//zǐ ㊁xià·zi …… 192
相应㊀xiāngyīng ㊁xiāngyìng …… 193
想法㊀xiǎng//fǎ ㊁xiǎng·fǎ …… 193
小儿㊀xiǎo'ér ㊁xiǎor …… 194
小曲㊀xiǎoqū㊁xiǎoqǔ …… 195
小月㊀xiǎoyuè ㊁xiǎo·yuè …… 195
小子㊀xiǎozǐ ㊁xiǎo·zi …… 196

邪行㊀xiéxíng ㊁xié·xing …… 197
写意㊀xiěyì ㊁xièyì …… 197
血晕㊀xiěyùn ㊁xuèyùn …… 198
星星㊀xīngxīng ㊁xīng·xing …… 198
刑法㊀xíngfǎ ㊁xíng·fa …… 199
兄弟㊀xiōngdì ㊁xiōng·di …… 200
旋子㊀xuán·zi ㊁xuàn·zi …… 201
鸭子㊀yā·zi㊁yāzǐr …… 202
烟火㊀yānhuǒ㊁yān·huo …… 202
言语㊀yányǔ ㊁yán·yu …… 203
颜色㊀yánsè ㊁yán·shai …… 204
一晃㊀yīhuǎng㊁yīhuàng …… 205
引种㊀yǐnzhǒng ㊁yǐnzhòng …… 206
应声㊀yīng//shēng ㊁yìngshēng …… 206
营生㊀yíngshēng ㊁yíng·sheng …… 207
喁喁㊀yóngyóng ㊁yúyú …… 208
用人㊀yòng//rén ㊁yòng·ren …… 208
游子㊀yóuzǐ ㊁yóu·zi …… 209
运动㊀yùndòng ㊁yùn·dong …… 210
运气㊀yùn//qì ㊁yùn·qi …… 211
造化㊀zàohuà ㊁zào·hua …… 212
章程㊀zhāngchéng ㊁zhāng·cheng …… 213
丈夫㊀zhàngfū ㊁zhàng·fu …… 213
丈人㊀zhàngrén ㊁zhàng·ren …… 214
照应㊀zhàoyìng ㊁zhào·ying …… 215
针眼㊀zhēnyǎn ㊁zhēn·yǎn …… 215
正旦㊀zhēngdàn ㊁zhèngdàn …… 216
正当 ㊀zhèngdāng ㊁zhèngdàng …… 217
正经㊀zhèngjīng ㊁zhèng·jing …… 217
砖头㊀zhuāntóu ㊁zhuān·tou …… 219
转动㊀zhuǎndòng ㊁zhuàndòng …… 220

转弯子㊀zhuǎn//wān·zi ㊁zhuàn//wān·zi …… 220
转向㊀zhuǎnxiàng ㊁zhuàn//xiàng …… 221
转载㊀zhuǎnzǎi ㊁zhuǎnzài …… 222
庄子㊀Zhuāngzǐ ㊁zhuāng·zi …… 222
琢磨㊀zhuómó ㊁zuó·mo …… 223
自然㊀zìrán ㊁zì·ran …… 224
自在㊀zìzài ㊁zì·zai …… 225
字号㊀zìhào ㊁zì·hao …… 226
字帖㊀zìtiè ㊁zìtiěr …… 227
走水㊀zǒu//shuǐ ㊁zǒu·shui …… 227
作法㊀zuò//fǎ ㊁zuò·fǎ …… 228
作乐㊀zuòlè ㊁zuòyuè …… 229
作难㊀zuònán ㊁zuònàn …… 230

B

扒拉㊀bā·la㊁pá·la

扒拉㊀ bā·la〈动〉①用手或工具拨动。

【用法】1.作谓语,可带宾语、补语。例 他的手在～着,显得心不在焉。|他轻轻地～着钟摆。|他把压在苗儿上的土块～开。2.加"的"作定语。例 他～的动作显得很迟缓。

②去掉;撤掉。

【用法】1.作谓语,可带宾语、补语。例 他的科长职务被上头给～了。|局里人太多,要～下去几个。2.加"的"作定语。例 这次～的几个人是因为平时消极怠工。

【构成】并列式合成词

【近义】①拨动;②去掉、撤掉

扒拉㊁ pá·la〈动〉用筷子把饭菜等拨到嘴里。

【用法】用于方言。1.常作谓语,可带宾语、补语。例 他把菜迅速往嘴里～着。|他只～了两口饭,拿起衣服就走了。|一碗饭,他两下就～完了。2.加"的"作定语。例 他把饭往嘴里～的动作真快。

【构成】并列式合成词

【辨析】两者构词方式、词性、语法功能均相同,都含"拨动"的意思。区别在于:1.读音有所不同:前者"扒"读 bā;后者"扒"读 pá。2.适用对象不同:前者施动的对象是土块、钟摆、草堆等;后者施动的对象是饭菜等食物。3.词语归属不同:前者是普通话词;后者是方言词语。4.有无近义词不同:前者有近义词;后者没有近义词。

【辨误】"扒"的右边是八,不写作人、入。

【辨读】他扒拉(pá·la)了两口饭,就急急忙忙赶到菜园里把压在菜苗儿上的雪扒拉(bā·la)开。

吧嗒㊀bādā㊁bā·da

吧嗒㊀ bādā〈拟声〉形容物体相碰或落下时发出的声音。

【用法】作状语。例 门～一声锁上了。|课本～一声掉在地上。

以词为单位重叠成 ABAB 式。1.加"的"作定语。例 雨点打在窗户上,发出～～的响声。2.作状语。例 眼泪～～往下掉。

【构成】联绵单纯词

吧嗒㊁ bā·da〈动〉①嘴唇开合发出声音。

【用法】作谓语,可带宾语、补语。

例 他～了两下嘴，一声不吭地坐在角落里。|他嘴唇～了一下，就闭上眼睛开始养神。

以词为单位重叠成 ABAB 式。作谓语。例 她～～嘴，不说一句话。

②抽(旱烟)。

【用法】用于方言。作谓语，或构成连动短语作谓语。例 他～着叶子烟，显得十分快活。|他～着旱烟打主意。

【构成】联绵单纯词

【辨析】两者构词方式相同。区别在于：1.读音有所不同：前者"嗒"读阴平；后者"嗒"读轻声。2.词性不同：前者是拟声词，可用于模仿声音，是运用摹声的修辞方式；后者是动词，没有摹声的用法。3.词义不同：前者用于表示声音；后者表示嘴巴的动作。4.语法功能不同：前者在句子中作定语、状语；后者在句子中通常作谓语。5.词语修辞方式不同。

【注意】"吧嗒"不宜写作"叭嗒、叭哒、吧哒"。

【辨读】老伴急得吧嗒(bādā)吧嗒直掉眼泪，他还是若无其事地吧嗒(bā·da)着叶子烟。

吧唧㊀bājī㊁bā·ji

吧唧㊀ bājī 〈拟声〉形容脚踏泥泞地面等的声音。

【用法】多以词为单位重叠成 AB-AB 式。1.加"的"作定语。例 他听到～～的脚步声由远而近。2.加"地"作状语。例 雨越来越大，他光着脚～～地在雨地上走。

【构成】联绵单纯词

吧唧㊁ bā·ji 〈动〉①嘴唇开合发出声音。

【用法】常作谓语，可带宾语、补语。例 他～了一下嘴，再也不说话。|他嘴唇～了两下，一句话也不说。

②抽(旱烟)。

【用法】用于方言。作谓语，可带宾语。例 他一个劲地～着叶子烟，想着心事。

【构成】联绵单纯词

【辨析】两者构词方式相同。区别在于：1.读音有所不同：前者"唧"读阴平；后者"唧"读轻声。2.词语使用方式有所不同：前者多以词为单位重叠成 ABAB 式；后者一般不能重叠。3.词性不同：前者是拟声词，可用于模仿声音，是运用摹声的修辞方式；后者是动词，没有摹声的用法。4.词义不同：前者用于表示声音；后者表示嘴巴的动作。5.语法功能不同：前者在句子中通常作状语；后者在句子中作谓语、定语。

【注意】"吧唧"不宜写作"叭叽、叭唧"。

【辨读】他吧唧(bā·ji)着旱烟，听着儿子吧唧(bājī)吧唧的脚步声渐渐远去。

把子㊀bǎ·zi ㊁bà·zi

把子㊀ bǎ·zi ①〈名〉捆扎在一起的长条物。

【用法】1.作主语。例 稻草～堆成一座小山。2.作宾语。例 他背着一大捆秫秸～。3.常加"的"作定语。例 这堆稻草～的重量大约五百斤。4.构成介宾短语作状语、补语。例 一只蜻蜓在稻草～上飞来飞去。|一群小孩子坐在秫秸～上。

②〈量〉a.人一群、一帮叫一把子(含贬义)；b.一手抓起的数量，多用于条状物；c.用于某些抽象的事物。

【用法】多和"一"连用，用于修饰名词，作定语。例 这一～土匪真猖獗。|她买回一～韭菜。|小伙子们快加一～劲儿。

③〈名〉戏曲中所使用的武器的总称，也指开打的动作。

【用法】1.作主语。例 他的单刀～是远近闻名的。2.作宾语。例 一大早，他就在场院里练～。3.作定语。例 置放～的戏箱叫～箱。

④〈名〉用于"拜把子"。旧时指朋友结为异姓兄弟。

【用法】1.常作宾语。例 他们三人已经拜～。2.作定语。例 他俩是拜～兄弟。

【构成】附加式合成词

把子㊁ bà·zi〈名〉器具上便于用手拿的部分。

【用法】1.作主语。例 印～掌握在他手里。2.作宾语。例 他闷声不响地扛起锄～。3.常加"的"作定语。例 这印～的分量不轻啊！4.构成介宾短语作状语。例 我们必须将印～牢牢掌握在手里。

【构成】附加式合成词

【辨析】两者构词方式相同。区别在于：1.读音有所不同：前者"把"读上声；后者"把"读去声。2.词性有所不同：前者作名词、量词；后者只作名词。3.词义不同：前者是多义词，指"东西扎成的捆子"，并表示物量，还指"戏曲所用武器及开打的动作"，"结拜兄弟"；后者是单义词，指"器具上便于用手拿的部分"。

【辨读】他把几捆稻草把子(bǎ·zi)搬到场院里，然后扛着锄把子(bà·zi)下地去了。

罢了㊀bà·le ㊁bàliǎo

罢了㊀ bà·le ①〈助〉用在陈述句的末尾，表示陈述语气，有"仅此而已"等意思。具有冲淡语气,把事情往小里说的作用。

【用法】常跟"不过、无非、只是"等词连用。例 我不过替他说了几句公道话～。|你爸爸无非教训教训你～,不会对你怎样的。|故乡本也如此,这只是我心情的改变～。

②〈动〉罢免了(官职)。

【用法】1.作谓语,可带宾语。例 海瑞被～官。2.加"的"作定语。例 他已做好准备,一旦官被～的时候,就解甲归田。

【构成】①附加式合成词;②补充式合成词

罢了㊁ bàliǎo〈动〉表示容忍,有勉强放过暂不深究的意思;算了。

【用法】1.作谓语。例 他不愿意说,也就～。2.有时也作独立语,不跟其他词语发生结构关系。例 ～!～!放他去吧。

【构成】并列式合成词

【辨析】两者主要区别是:1.读音有所不同:前者"了"读轻声 le;后者"了"读 liǎo。2.构词方式不同:前者第①义项构成附加式合成词,第②义项构成补充式合成词;后者构成并列式合成词。3.词性有所不同:前者作语气助词、动词;后者只作动词。4.词义不同:前者用于表示陈述语气,并作官场用语;后者表示对人或事物的态度。5.句法功能不同:前者第①义项用于陈述句末尾,不能充当句子成分,第②义项在句子中可作谓语、定语;后者在句子中通常作谓语,还可作独立语。

【辨读】这伙人罢了(bà·le)他的官也就罢了(bàliǎo),还丧心病狂地对他进行残酷摧残。

霸道㊀bàdào㊁bà·dao

霸道㊀ bàdào ①〈名〉我国古代政治哲学中指凭借武力、刑法、权势等进行统治的政策。

【用法】1.作主语。例 ～是封建君主统治人民的一种手段。2.作宾语。例 楚王施行～,穷兵黩武,奴役老百姓。3.加"的"作定语。例 秦始皇～的施行,对推动当时的社会进步起了一定的历史作用。4.构成介宾短语作状语。例 老百姓对统治者的～深恶痛绝。

②〈形〉蛮横不讲理。

【用法】1.作谓语,可带补语。例 这家伙依仗权势,十分～。|他一意孤行,～得很。2.常加"的"作定语。例 这种～作风必须坚决克服。|他们兄弟从没干过倚仗权势～的事儿。3.构成介宾短语作状语。例 乡里人对他兄弟的～恨之入

骨。4.作主语。例～是要吃亏的。5.作宾语。例这个人是那样～。

用于成语"横行霸道"。1.作谓语。例他在乡里为非作歹，横行～。2.加"的"作定语。例外国人在中国横行～的日子已一去不复返了。3.构成介宾短语作状语。例旧中国，人民对于外国侵略者的横行～忍无可忍，到处掀起反帝热潮。4.作主语。例日本鬼子在东北的横行～，使吉鸿昌将军拍案而起。5.作宾语。例她字字血、声声泪，愤怒控诉汉奸们的横行～。

【构成】偏正式合成词

【近义】②蛮横

【反义】①王道

霸道㊁ bà·dao〈形〉厉害；猛烈；超出其他。

【用法】1.作谓语，可带补语。例他的武功真～。|这酒～得很，少喝点儿吧。2.加"的"作定语。例太～的酒我是不喝的。3.作补语，要用"得"。例他的功夫练得很～。

【构成】附加式合成词

【近义】厉害、剧烈、猛烈

【反义】平和

【辨析】两者主要区别是：1.读音有所不同：前者"道"读去声；后者"道"读轻声。2.词语构成及使用方式不同：前者构成偏正式合成词，并构成四字格成语；后者构成附加式合成词。3.语素充任的构词成分不同：前者"道"作词根，用于体现这个词的根本的词汇意义；后者"道"作词缀，表示附加意义。4.词性有所不同：前者作名词、形容词；后者只作形容词。5.词义不同：前者是多义词，用作古代政治哲学名词，并表示人的行为状态；后者是单义词，表示事物性质状态。6.近义、反义词不同：前者的近义词有"蛮横"，后者的近义词是"厉害、剧烈、猛烈"；前者的反义词"王道"，后者的反义词是"平和"。

【辨读】这家伙平时依仗霸道（bà·dao）的武功，在乡里横行霸道（bàdào），无恶不作。

白话㊀báihuà㊁bái·hua

白话㊀ báihuà〈名〉①不能实现或没有根据的话；空话。

【用法】1.作主语。例～讲得再多也没用。2.作宾语。例你不要再说～了。3.常加"的"作定语。例工人们再也不受～的蒙骗了。4.构成介宾短语作状语。例大家对他的～一点儿也不相信。

②指现代汉语（普通话）的书面形式。它是唐宋以来在口语的基础

上形成的，五四运动以后在社会上普遍应用。

【用法】1. 作主语。例 ～比文言浅显多了。2. 作宾语。例 他写的都是～。3. 常加“的”作定语。例 她喜欢看～小说。|他是～的首倡者之一。4. 构成介宾短语作状语。例 那时的他常常用～写诗。

【构成】偏正式合成词

【近义】①空话、空论、空谈、空言

【反义】②文言

白话㈡ bái·hua〈动〉闲谈；聊天。

【用法】用于方言。1. 作谓语，可带补语。例 两个人在屋里～。|他俩在树荫下～多时了。2. 常加“的”作定语。例 眼下我哪有～的工夫。3. 作宾语。例 他是那么喜欢～。

【构成】偏正式合成词

【近义】聊天、闲聊、闲谈

【辨析】两者构词方式相同。区别在于：1. 读音有所不同：前者“话”读去声；后者“话”读轻声。2. 词性不同：前者是名词；后者是动词。3. 词义不同：前者指“空话”，“现代汉语的书面形式”，表示语言形式；后者指“闲谈，聊天”，表示言语动态。4. 近义、反义词不同：前者第①义项的近义词是“空话、空论、空谈、空言”，后者的近义词是“聊天、闲聊、闲谈”；前者第②义项的反义词是“文言”，后者没有反义词。5. 词语归属不同：前者是普通话词语；后者是方言词语。

【辨读】他俩在电话里白话（bái·hua）了好一阵儿，讲的都是白话（báihuà）。

摆设㈠bǎishè㈡bǎi·she

摆设㈠ bǎishè〈动〉把物品按审美观点安放在适当的位置上。

【用法】多用于艺术品。1. 常作谓语，可带宾语、补语。例 家具运回来后，她正在～。|展览馆里～着许多工艺品。|房间里的物件～得格外整齐。2. 加“的”作定语。例 屋子里～的高档家具令人目不暇接。3. 构成介宾短语作状语。例 他对室内物品的～十分满意。4. 作主语。例 她的精心～，使客厅显得更加典雅华丽。5. 作宾语。例 天刚蒙蒙亮，他就忙着开始～。

以词为单位重叠成 ABAB 式，常作谓语。例 这么多家具，你快～～吧。

【构成】并列式合成词

【近义】安放、摆放、布置、陈设

摆设㈡ bǎi·she〈名〉①按审美要

求摆设的东西(多指供欣赏的艺术品)。

【用法】1.作主语。例房间里的～朴素大方。2.作宾语。例他的家里没有什么布置和～。3.常加“的”作定语。例这些～的艺术价值很高。4.构成介宾短语作状语。例他被客厅里的～吸引住了。

②指外表好看而无实用价值的东西。

【用法】1.作主语。例这么多～,纯粹是为了应付上头的检查。2.作宾语。例这些物品不过是些～罢了。3.常加“的”作定语。例这些～的外表好看,实际上全是虚假的。4.构成介宾短语作状语。例他对那些～不屑一顾。

【构成】并列式合成词

【近义】陈设

【辨析】两者构词方式相同。区别在于:1.读音有所不同:前者“设”读去声;后者“设”读轻声。2.词性不同:前者是动词;后者是名词。3.词义不同:前者是单义词,表示动作;后者指“摆设的东西”,“外表好看而无实用价值的东西”,表示物品名称。4.词语使用方式有所不同:前者可重叠成ABAB式词语;后者不能重叠使用。5.近义词有所不同:前者的近义词是“安放、摆放、布置、陈设”等;后者近义词是“陈设”。

【辨读】他把房间里的这些摆设(bǎi·she)摆设(bǎishè)得整整齐齐。

包头㊀Bāotóu ㊁bāo·tóu

包头㊀ Bāotóu〈名〉市名,在内蒙古自治区。

【用法】1.作主语。例～是内蒙古自治区的一个较大城市。2.作宾语。例他去过～。3.常加“的”作定语。例～的交通很方便。4.构成介宾短语作状语、补语。例他在～工作了整整三年。|她全家住在～。

【构成】联绵单纯词

包头㊁ bāo·tóu〈名〉①裹在头上的装束用品。

【用法】1.作主语。例这～太旧了,换条新的吧。2.作宾语。例他头上扎着青布～。3.常加“的”作定语。例他那～的颜色是淡黄的。4.构成介宾短语作状语。例他将～忘在家里了。

②也说包头儿。附在鞋头起保护作用的皮革、橡胶等。

【用法】1.作主语。例这双皮鞋的～儿是用牛皮制成的。2.作宾语。例李师傅正在给皮鞋打

～儿。3.常加“的”作定语。例这种～儿的式样很美观。4.构成介宾短语作状语。例他用鞋油在～儿上擦了又擦。

【构成】支配式合成词

【辨析】两者主要区别是:1.读音有所不同:前者“头”读阳平;后者“头”一般读轻声,有时也可读阳平。2.词语构成不同:前者是联绵单纯词;后者是支配式合成词。3.表义功能不同:前者用于名物义,作城市名;后者用于名物义,指“裹在头上的装束用品及附在鞋头起保护作用的皮革、橡胶等”。

【辨误】“包”下是巳,不写作㔾、己、已。

【辨读】戏曲演员们在包头(Bāotóu)市买包头(bāo·tóu),比在广州便宜多了。

褒贬㊀bāobiǎn㊁bāo·bian

褒贬㊀ bāobiǎn〈动〉评论优劣。

【用法】用于人或事物好坏两方面。1.常作谓语,可带宾语。例你不要对他任意～。|我们不能不负责任地随意～他人。2.作定语。例这些词语不带～色彩。3.可作宾语。例这是一部有影响的作品,你最好不要加以～。

【构成】并列式合成词

【近义】品评、评论、臧否(zāngpǐ)

褒贬㊁ bāo·bian〈动〉批评;指责。

【用法】多用于对别人的缺点。1.常作谓语,可带宾语、补语。例你别在背地里～人。|他把别人的文章～得一文不值。2.加“的”作定语。例你这样～的方法欠妥,对方难以接受。3.构成介宾短语作状语。例他对别人的～持十分谦虚的态度。4.作主语,或构成“的”字短语作主语。例你的～,对她来说有些过分。|她～的会是谁?

【构成】并列式合成词

【近义】贬斥、批评、指责、指摘

【反义】表扬、称赞、赞扬

【辨析】两者词性、构词方式相同,都表示言语动态。区别在于:1.读音有所不同:前者“贬”读上声;后者“贬”读轻声。2.词义着重点不同:前者多就人或事物的好坏两方面来评论;后者着重对缺点进行批评指责,意义偏于后一语素。3.近义、反义词不同:两者近义词不同;前者没有反义词,后者有反义词“表扬、称赞、赞扬”等。

【辨读】他平时喜欢随意褒贬(bāobiǎn)人,常常背地里把他人褒贬(bāo·bian)得一文不值。

奔命㊀bēnmìng㊁bènmìng

奔命㊀ bēnmìng〈动〉奉命奔走。

【用法】用于成语“疲于奔命”。1.作谓语。例我军声东击西，敌人疲于～。2.加“的”作定语。例疲于～的敌人四处寻找我军主力，妄图和我军决战。3.作补语，要用“得”。例我野战军打得敌人疲于～。

【构成】固定短语

奔命㊁ bènmìng〈动〉拼命赶路或做事。

【用法】用于口语。1.常作谓语。例他为公司的利益～。2.加“的”作定语。例他这样～的目的全是为了企业的兴旺和发达。3.作主语。例～对于他已经习以为常。4.作宾语。例他不想再为主人～。

【构成】支配式合成词

【辨析】两者词性相同，都含“奔走”的意思。区别在于：1.读音有所不同：前者“奔”读阴平；后者“奔”读去声。2.词语构成方式不同：前者构成四字格成语；后者构成支配式合成词。3.词义着重点不同：前者着重指“奉命奔走”，动作多为被动；后者着重指“拼命赶路或做事”，行为多属主动。4.语体色彩不同：前者用于书面语；后者用于口语。

【辨误】“奔”下是廾，不写作卄。

【辨读】他长年为公司利益疲于奔命(bēnmìng)，却得不到应有的报酬，他不想再为公司奔命(bènmìng)了。

本色㊀běnsè㊁běnshǎi

本色㊀ běnsè〈名〉本来的面貌(多指人的好的品质、作风等)。

【用法】用于书面语。1.常作主语。例他担任党和国家领导职务后，劳动人民的～没有改变。2.可作宾语。例沧海横流，方显英雄～。

【构成】偏正式合成词

【近义】本质、实质

本色㊁ běnshǎi〈名〉也说本色儿。物品固有的颜色(多指没有染过颜色的毛皮或织物等)。

【用法】用于口语。1.常作主语。例这些丝织品的～是白色的。2.有时也作宾语。例这双皮鞋最好不刷油，保留～儿。

【构成】偏正式合成词

【辨析】两者词性、构词方式、语法功能均相同。区别在于：1.读音有所不同：前者“色”读 sè，不儿化；后者“色”读 shǎi，儿化。2.指称对象不同：前者多用于指人的本来面貌；后者指物品固有的颜色。3.感情色彩不同：前者是褒义词，带喜爱、赞许的感情；后者是中性词，不含褒贬的色彩。4.语体色彩不同：前者用于书面语；后者用于口语。5.有无近义词不同：前者有近义词“本质、实质”等；后者一般没有近义词。

【辨误】“本”不写作夲；“色”上是⺈，不写作刀。

【辨读】他总是穿着本色（běnshǎi）的衣服，仍然保持劳动人民的本色（běnsè）。

本事㊀běnshì㊁běn·shi

本事㊀ běnshì〈名〉文学作品主题所根据的基本的故事情节。

【用法】1.作主语。例 长诗《孔雀东南飞》的～是流传于东汉末年的焦仲卿夫妇的悲剧故事。2.作宾语。例 由于年久失考，已无从了解这些诗词的～。3.作定语。例 这是一首～诗。4.构成介宾短语作状语。例 他对这首诗的～做过详细的稽考。

【构成】偏正式合成词

本事㊁ běn·shi〈名〉本领。

【用法】1.作主语。例 他的～是靠平时下苦功夫学来的。2.作宾语。例 他刻苦用功，学到了真正的～。3.常加“的”作定语。例 我深知他那～的来之不易。4.构成介宾短语作状语。例 你凭这点～是无法打开局面的。

【构成】偏正式合成词

【近义】本领

【辨析】两者词性、构词方式、语法功能均相同。区别在于：1.读音有所不同：前者“事”读去声；后者“事”读轻声。2.词义不同：前者指“文学作品主题所根据的基本的故事情节”，是文艺专业术语；后者指人的本领，是日常用语。3.有无近义词不同：前者一般没有近义词；后者有近义词“本领”等。

【辨误】“事”不写作亊。

【辨读】这小孩子很有本事（běn·shi），五岁时就能说出《木兰诗》的本事（běnshì）。

绷直㊀bēng∥zhí㊁bèngzhí

绷直㊀ bēng∥zhí〈动〉拉直。

【用法】1.作谓语，可带宾语。例 船一离岸，钢缆立刻～了。｜拔河比赛信号还未发出，双方已经～了绳子。2.加“的”作定语。例 ～的钢丝上站着一个小女孩。3.构成“的”字短语作主语。例 ～的是一根粗大的尼龙绳。

中间可插入其他词语。例 绳子绷得很直。

【构成】补充式离合词

【近义】拉直

绷直㊁ bèngzhí〈形〉很直。

【用法】用于口语。1.常作谓语。例这条通往村子里的马路～。2.加"的"作定语。例激光在传播中始终像一条～的线。3.加"地"作状语。例老人踉踉跄跄，最后全身～地倒了下去。4.作补语，要用"得"。例他的腰板儿挺得～。

【构成】偏正式合成词

【近义】很直

【辨析】两者主要区别是：1.读音有所不同：前者"绷"读阴平；后者"绷"读去声。2.词语构成及使用方式不同：前者构成补充式离合词，中间可插入其他词语；后者构成偏正式合成词，中间不能插入其他词语。3.表义功能不同：前者用于动作义，表示"拉直"；后者用于形容义，表示"很直"。4.语体色彩有所不同：前者可用于书面语，也可用于口语；后者只用于口语。5.近义词不同：前者的近义词是"拉直"；后者的近义词是"很直"。

【辨误】"直"中间是三横，不是两横。

【辨读】杂技演员全身绷直(bèngzhí)地走在绷直(bēngzhí)的钢丝上。

镚子㊀bèng·zi㊁bèngzǐr

镚子㊀ bèng·zi〈名〉旧指圆形无孔的小铜币，十个当一个铜圆，现在泛称小形的硬币。也叫钢镚子、钢镚儿、镚儿。

【用法】用于口语。1.作主语。例这些～上长满了铜锈。2.作宾语。例他保存着几十枚清代的～。3.作定语。例这枚～的字迹已经很模糊。

【构成】附加式合成词

【近义】硬币

镚子儿㊁ bèngzǐr〈名〉指极少量的钱。

【用法】用于方言。1.作主语。例不劳动，一个～也不给他。2.作宾语。例这些东西不值几个～。3.作定语。例～的数量不多，只是表表心意罢了。

【构成】附加式合成词

【辨析】两者词性、语法功能相同，都指钱币。区别在于：1.读音不同：前者"子"读轻声，不儿化；后者"子"读上声，儿化。2.词义着重点不同：前者指"小铜币或小硬币"；后者指"极少量的钱"。3.词语使用情况不同：前者是普通话口语词；后者是方言词。

【辨读】他家里收藏着上百枚镚子(bèng·zi)，现在不知道能值几个镚子儿(bèngzǐr)了。

避讳㊀bì//huì㊁bì·hui

避讳㊀ bì//huì①〈动〉封建统治阶

级为了维护等级制度的尊严，规定说话写文章时不直接说出或写出君主或尊亲的名字，叫作避讳。

【用法】1.作谓语，可带宾语。例 封建时代写文章时遇到皇帝的名字要～。|古代人说话时往往要～父母的名字。2.加“的”作定语。例 汉代以后，～的范围扩大，不仅要～皇帝的名字，而且要～皇帝父祖的名字。3.构成介宾短语作状语。例 汉高祖名刘邦，为了～，汉代人把“邦”改写成“国”。4.作主语。例 ～是封建社会的产物。5.作宾语。例 旧时写文章说话要注意～。中间可插入其他词语。例 现代人说话写文章不必避什么讳。

②〈名〉修辞格的一种，遇有犯忌讳的事物，不便直接说出，而改用别的语句来回避或掩饰美化。

【用法】1.作主语。例 ～也称讳饰。2.作宾语。例 对犯忌触讳的事物不直说，改用别的语句来表达的修辞手法叫～。3.常加“的”作定语。例 将“怀孕”说成“喜”，“死了”说成“辞世”等，都是运用～的修辞方式。

【构成】支配式离合词

避讳㈡ bì·hui 〈动〉①不愿说出或听到某些会引起不愉快的字眼儿。

【用法】1.多作谓语，可带宾语。例 这儿的渔民都～说“翻、沉”等字眼儿。2.加“的”作定语。例 “十三”是某些外国人～的数字。3.构成介宾短语作状语。例 在不同场合，人们为了～，常常把“死”说成“长眠、去世、升天、与世长辞”等。4.作主语。例 ～既能表达原有思想，又不触犯情感。5.作宾语。例 遇到犯忌讳的事物，说话时要懂得～。

②回避。

【用法】1.多作谓语，可带宾语、补语。例 这件事你应该～。|艺术不应当～历史。|今天你不宜出面，最好～一下。2.加“的”作定语。例 ～的结果，只能使事情更糟。3.构成介宾短语作状语。例 为了～，他一个人躲得远远的。4.作主语。例 事情还没了结，～是必要的。5.作宾语。例 为了减少麻烦，这几天你要注意～。以词为单位重叠成ABAB式，多作谓语。例 这种事你最好～～。

【构成】并列式合成词

【近义】①避忌、忌讳；②回避

【辨析】两者词性、语法功能相同，都含“避忌”的意思。区别在于：1.读音有所不同：前者“讳”读去声；后者“讳”读轻声。2.词语构成及使用方式不同：前者构成支配式离合词，中间可插入其他词语，不能重叠使用；后者构成并列式合成词，中间不能插入其他词语，可重叠成 ABAB 式。3. 词义着重点不同：前者着重指“说话写文章时不直接说出或写出君主或尊亲的名字”，并指一种修辞手法；后者着重指“不愿说出或听到某些引起不愉快的字眼儿”，“回避某种事情”。4. 有无近义词不同：前者一般没有近义词；后者有近义词“避忌、忌讳，回避”等。

【辨读】旧时说话写文章都要避讳(bìhuì)，现在遇到犯忌讳的事物，说话也要懂得避讳(bì·hui)。

便宜㊀biànyí㊁pián·yi

便宜㊀ biànyí 〈形〉方便合适；便利。

【用法】用于成语“便宜行事、便宜从事、便宜施行”中作状语。例 汉兴以来，国家～行事。|由于皇帝信任，他可以～从事。|上述条款，准予～施行。

【构成】固定短语

【近义】便利、方便、适宜

【反义】不便、失宜

便宜㊁ pián·yi ①〈形〉价钱低廉；合算。

【用法】多用于口语。1. 常作谓语，有时可带补语。例 这些货物真～。|乡镇市场上的海鲜比城里～得多。2. 加“的”作定语。例 商店里摆着许多价钱～的商品。3. 作补语，要用“得”。例 近年来，家用电器货源充足，价格变得较～。

②〈名〉不应该得的利益或好处。

【用法】多用于口语。1. 作主语。例 ～尽让他捡了。2. 作宾语。例 这回他没捞到半点～。3. 构成介宾短语作状语。例 你为了这点小～和人家争吵，不值得的！

③〈动〉使得到便宜。

【用法】多用于口语。常作谓语，可带宾语。例 大家不能让他～了。|这次可～了那小子。

【构成】并列式合成词

【近义】①低廉、合算；②好处、利益

【反义】①昂贵；②害处、坏处

【辨析】两者主要区别是：1. 读音不同：前者“便”读 biàn，后者“便”读 pián；前者“宜”读阳平，后者“宜”读轻声。2. 词语构成方式不同：前者构成四字格成语；后者构成并列式合成词。3. 词性有所不同：前者作形容词；后者除作形容词外，还作名词、动词。4. 词义不同：前者是单义词，表示“方便合适”，多用于处理重大事务；后者是多义词，表示“价钱低廉”，“不应得的利益”，“使得到便宜”，多

用于个人消费、交往等方面。5.语体色彩不同:前者用于书面语;后者用于口语。6.近义、反义词不同:前者的近义词是“便利、方便、适宜”,后者的近义词是“低廉、合算,好处、利益”;前者的反义词是“不便、失宜”,后者的反义词是“昂贵,害处、坏处”等。7.语法功能及要求有所不同:前者只能用于成语中作状语;后者在句子中可作谓语、定语,还可作主语、宾语,并构成介宾短语作状语。8.使用频率不同:前者单义项,不常用,使用频率低;后者多义项,常用词,使用频率高。

【辨读】如有便宜(pián·yi)货品,可便宜(biànyí)行事,随时购买。

别人㊀biérén㊁bié·rén

别人㊀ biérén〈名〉另外的人。

【用法】1.作主语。例 ~知道了这件事,会怎么说。2.作宾语。例 家里只有父母亲,没有~。3.加“的”作定语。例 ~的事你管得了吗?4.构成介宾短语作状语。例 这事你不要对~说。

【构成】偏正式合成词

【近义】他人、外人

别人㊁ bié·rén〈代〉指自己或某人以外的人;人家。

【用法】1.作主语。例 ~不去,我一个人也要去。2.作宾语。例 你不能光说~不说自己。3.常加“的”作定语。例 ~的东西不能随便拿。4.构成介宾短语作状语。例 遇事要多为~着想。

【构成】偏正式合成词

【近义】人家

【反义】自己、自家

【辨析】两者词性、构词方式、语法功能相同,都可用于指“另外的人”。区别在于:1.读音有所不同:前者“人”读阳平;后者“人”一般读轻声,有时也可读阳平。2.词义着重点不同:前者着重指“另外的人”;后者着重指“自己或某人以外的人,人家”。3.近义、反义词不同:前者的近义词是“他人、外人”,后者的近义词是“人家”;前者一般没有反义词,后者的反义词是“自己、自家”等。

【辨读】你光看别人(bié·rén)的短处不看长处,别人(biérén)都认为你这样做不对头。

别子㊀biézǐ㊁bié·zi

别子㊀ biézǐ〈名〉古代指天子、诸侯的嫡长子以外的儿子。

【用法】1.作主语。例 封建时代有些帝王的~多达几十人甚至上百人。2.作宾语。例 这些人作为皇帝的~,享尽荣华富贵。3.常加“的”作定语。例～们的年龄大小相差几十岁。4.构成介宾短语作状语。例康熙皇帝对～们管教甚严。

【构成】偏正式合成词

别子㊁ bié·zi 〈名〉①线装书的套子上或字画手卷上用来别住开口的东西，多用骨头制成。

【用法】1.作主语。例这些～是他为我特意精制的。2.作宾语。例他的书架上放着各种颜色的～。3.常加"的"作定语。例这些～的来历，还有一个故事呢。4.构成介宾短语作状语。例他把～别在那本精美的线装书上。

②烟袋荷包的坠饰。

【用法】1.作主语。例他那荷包的～亮闪闪的，好看极了。2.作宾语。例他用手抚弄着荷包的～，想起了心事。3.常加"的"作定语。例缀着～的荷包在他腰间一摆一摆的。4.构成介宾短语作状语、补语。例姑娘在～上打了一个同心结。|她绣了一对鸳鸯在～上。

【构成】附加式合成词

【辨析】两者词性、语法功能相同。区别在于：1.读音有所不同：前者"子"读上声；后者"子"读轻声。2.构词方式不同：前者构成偏正式合成词；后者构成附加式合成词。3.语素充任的构词成分不同：前者中心成分是"子"，"别"是修饰成分；后者"别"是中心成分，"子"是附加成分。4.指称对象不同：前者用于指某种人；后者用于指某种物品。5.词语沿革状况不同：前者是古语词，现少用；后者是古今通行词，现仍常用。

【辨读】他是皇帝的别子(biézǐ)，平常腰间总是挂着一个缀着别子(bié·zi)的荷包。

宾服㊀bīnfú㊁bīn·fu

宾服㊀ bīnfú 〈动〉古代诸侯按时入贡朝见天子，表示服从。

【用法】用于书面语。1.常作谓语，可带宾语。例暴民不作，诸侯～。|慑于秦国声威，一些小诸侯国纷纷～秦国。2.加"的"作定语。例这些～的边远部族必须按时入贡朝见天子。

【构成】偏正式合成词

【近义】臣服、服从、屈服、慑服

【反义】抵抗、对抗、反抗、顽抗

宾服㊁ bīn·fu 〈动〉佩服。

【用法】用于方言。常作谓语，可带补语。例他很能干，真让人～。|小王对他～得很。

【构成】偏正式合成词

【近义】拜服、佩服、信服、悦服

【反义】鄙夷、蔑视

【辨析】两者词性、构词方式、语法功能相同。区别在于：1. 读音有所不同：前者“服”读阳平；后者“服”读轻声。2. 词义着重点不同：前者着重表示“服从”，属于被迫的动作行为；后者着重表示“佩服”，是发自内心的情感体现。3. 适用对象不同：前者施事和受事者一般是原先敌对的两个国家或组织；后者施事和受事者是本来友好的个人。4. 感情色彩不同：前者含贬义，带怨恨、不情愿的感情；后者含褒义，含有崇敬、赞许的色彩。5. 词语归属不同：前者用于书面语，是普通话词语；后者是方言词语。6. 近义、反义词不同：前者的近义词是“臣服、服从、屈服、慑服”，后者的近义词是“拜服、佩服、信服、悦服”；前者的反义词是“抵抗、对抗、反抗、顽抗”，后者的反义词是“鄙夷、蔑视”等。

【辨读】秦王能使这些小诸侯国纷纷宾服（bīnfú）秦国，实在令人宾服（bīn·fu）得很。

播种㊀bō // zhǒng㊁bōzhòng

播种㊀ bō // zhǒng〈动〉往田地里撒播种子。

【用法】1. 作谓语。例 我们要根据季节按时～。2. 加“的”作定语。例 ～的人一般要比较有经验的。3. 构成介宾短语作状语。例 王大伯对～很在行。4. 作主语，或构成“的”字短语作主语。例 ～是一种精细活儿。|～的是张大爷。5. 作宾语。例 他虚心地向老农学～。

用于比喻引发或首倡某种行动。例 红军是～机，一路上播下了革命的种子。

中间可插入其他词语。例 他在那块地里播下了种。

【构成】支配式离合词

播种㊁ bōzhòng〈动〉用播种（zhǒng）的方式种植。

【用法】1. 作谓语，可带宾语、补语。例 他正在地里～玉米。|小麦已经～完了。2. 加“的”作定语。例 种植大豆多采用～的方法。3. 构成介宾短语作状语。例 豌豆在～时要施一次基肥。4. 作主语，或构成“的”字短语作主语。例 ～要注意合理密植。|他～的是玉米。5. 作宾语。例 地平整好了，他正忙着～。

【构成】偏正式合成词

【辨析】两者词性、语法功能相同，都指农活儿。区别在于：1. 读音有所不同：前者“种”读上声；后者“种”读去声。2. 词语构成及使用方式不同：前者构成支配式离合词，中间可插入其他词语；后者构成偏正式合成词，中间不能插入其他词语。3.词义着重点不同：前者着重指“撒播种子”；后者着重表示“用撒播种子的方式种植”。4.词语修辞方式不同：前者可用于比喻引发或首倡某种行动，是运用借喻的修辞方式；后者没有比喻的用法。

【辨误】“播”右上是釆，不是采。

【辨读】眼下正是播种（bōzhòng）小麦的季节，父子俩正在地里播种（bōzhǒng）。

不得㊀bùdé㊁·bu·de

不得㊀ bùdé ①〈动〉不能；不许。

【用法】常作谓语。例 任何人都～擅自哄抬物价。|小孩儿家～无礼。

用于成语“哭笑不得”。常作谓语。例 看到这人如此不讲理，他简直哭笑～。

②〈动〉不能得到；找不到。

【用法】用于成语“不得其死、不得其详、不得人心、不得善终、不得要领、不得其门而入、求之不得”等，作相应的句子成分。例 秦桧卖国求荣，终至～其死。|书的内容，他～其详。|秦朝末年，统治者昏庸残暴，～人心，导致中国历史上第一次大规模的农民起义爆发。|他双手沾满人民鲜血，被处绞刑，～善终。|你讲了这么多，他听来听去仍～要领。|蒙您厚爱，真是求之～，哪里还敢推托？

【构成】偏正式合成词

【近义】不能、不许

不得㊁ ·bu·de〈助〉用于动词、形容词后，表示不能够或不可以。

【用法】常与“吃、怪、恨、来、免、去、舍、说、要、怨、做、马虎”等连用，作相应的句子成分。例 这药可吃～。|这事怪～他。|他恨～长出翅膀飞到母亲身边。|科学来～半点虚假。|你这回免～又要挨打了。|那种地方你去～。|奶奶舍～让小孙子走。|这孩子给惯坏了，一句批评话都说～。|这种损人利己的行为要～。|你把事情搞得这么糟，怨～人家说你糊涂。|损人的事千万做～。|这次考试马虎～。

【构成】附加式合成词

【辨析】两者主要区别是：1.读音不同：前者“不”读去声，“得”读阳平；后者两音都读轻声。2.词语构成方式不同：前者构成偏正式合成词，并构成四字格成语；后者附着在动词、形容词后，构成附加式合成词。3.词义不同：前者表示“不能，不许”，“不能得到，找不到”；后者用在动词后，表示“不可以或不能够”。

【辨读】作为领导干部，那些不得（bùdé）人心的事千万做不得（·bu·de）。

C

裁缝㊀cáiféng㊁cái·feng

裁缝㊀ cáiféng〈动〉裁剪缝制(衣服)。

【用法】1.作谓语,可带补语。例 这套衣服～得体。2.常加“的”作定语。例 这件上衣～的功夫花了不少。3.构成介宾短语作状语。例 他对～一窍不通。4.作主语。例 ～是一项精细活儿。5.作宾语。例 她是那么喜欢～。

【构成】并列式合成词

【近义】裁剪、裁制、缝纫、缝制

裁缝㊁ cái·feng〈名〉以裁制衣服为业的人。

【用法】1.作主语。例 ～给他量了衣服的尺寸。2.作宾语。例 他请来了一位～。3.常加“的”作定语。例 这位～的手艺是出了名的。4.构成介宾短语作状语。例 她虚心地向老～请教技艺。

【构成】并列式合成词

【辨析】两者构词方式相同。区别在于:1.读音有所不同:前者“缝”读阳平;后者“缝”读轻声。2.词性不同:前者是动词;后者是名词。3.词义不同:前者是一种劳动;后者表示某种人。4.有无近义词不同:前者有近义词“裁剪、裁制、缝纫、缝制”;后者没有近义词。

【辨误】“裁”左下衣的一捺变点,末笔是点。

【辨读】老裁缝(cái·feng)毫无保留地把裁缝(cáiféng)的技术传授给徒弟。

喳喳㊀chā·cha㊁chāchā㊂zhāzhā

喳喳㊀chā·cha〈动〉小声说话。

【用法】1.多作谓语,可带补语。例 他在老张耳边～了两句。2.与“打”字连用,作宾语。例 开会时,你们不要打～。

【构成】叠音单纯词

喳喳㊁ chāchā〈拟声〉用于“嚓嚓喳喳”。形容小声说话的声音。

【用法】1.作谓语。例 你们不要嚓嚓～了。2.加“的”作定语。例 他隐约听得见他们嚓嚓～的说话声。

【构成】叠音语素

喳喳㊂zhāzhā〈拟声〉形容鸟叫的声音。

【用法】1.作谓语。例 森林里鸟儿～,流水潺潺,2.加“的”作定语。例 窗外传来鸟儿～的叫声。3.加“地”作状语。例 喜鹊在树枝上～

地叫着。4. 作补语。例 树上鸟儿叫～。

【构成】叠音单纯词

【辨析】三者主要区别是：1. 读音有所不同：前者第二音节读 cha；㊁者第二音节读 chā；后者两音都读 zhā。2. 词语构成方式不同：㊀㊂者构成叠音单纯词；㊁者作叠音语素构成 AABB 式词语。3. 词性有所不同：前者作动词；㊁㊂者作拟声词。4. 词义不同：前者表示"小声说话"；㊁者表示杂乱细碎的声音、小声说话的声音；后者指鸟叫声。5. 词语修辞对象不同：前者用于摹绘言语动态；㊁㊂者用于摹绘小声说话以及鸟叫等声音。

【辨读】窗外鸟儿喳喳（zhāzhā）地叫，两人在屋里嚓嚓（chā · cha）着什么，隐约传出嚓嚓喳喳（chāchā）的说话声。

差事㊀chàshì㊁chāi·shi

差事㊀ chàshì 〈形〉不管用；不合格；不符合要求。

【用法】用于口语。1. 作谓语。例 这杯子太～，一碰就破了。2. 加"的"作定语。例 这～的自来水笔，写着写着就不下水儿了。3. 常加"得"作补语。例 这套家具做得太～了。4. 作宾语。例 这辆车我认为～。| 这些商品是那样～。

【构成】偏正式合成词

【近义】差劲

差事㊁ chāi·shi 〈名〉①被派遣去做的事。

【用法】1. 作主语。例 这～又苦又累，可他毫无怨言。2. 作宾语。例 他接受了这个～，准备明早动身。3. 常加"的"作定语。例 他深知这件～的分量有多重。4. 构成介宾短语作状语。例 他对这～感到头疼。

②旧时官场中称临时委任的职务，后来也泛指职务或官职。同"差使"。

【用法】1. 作主语。例 他这师爷的～是用银子买来的。2. 作宾语。例 他好不容易捞到一个科长的～。3. 常加"的"作定语。例 这种～的油水不多，他不想干。4. 构成介宾短语作状语。例 他对这个～很不以为然。

【构成】偏正式合成词

【近义】官职、职务

【辨析】两者主要区别是：1. 读音不同：前者"差"读 chà，后者"差"读 chāi；前者"事"读去声，后者"事"读轻声。2. 词性不同：前者是形容词；后者是名词。3. 词义不同：前者是单义词，表示性质状态；后者是多义词，表示事物名称。4. 语体色彩不同：前者用于口语；后者多用于书面语。5. 近义词不同：前者的近义词是"差劲"；后者的近义词是“官职、职务”。6. 语法功能有所不同：前者在句子中除作定语、宾语外，通常作谓语、补语；后者在句子中除作宾语、定语外，通常作主语，并构成介宾短语作状语。

【辨读】他办事太差事(chàshì)，连副科长的差事(chāi·shi)也干不了。

拆散㊀chāi//sǎn㊁chāi//sàn

拆散㊀ chāi//sǎn 〈动〉使成套的物件分散。

【用法】1. 作谓语。例 这些瓷器是整套的，不要～了。2. 加“的”作定语。例 他用一会儿工夫就将～的机器组装好了。3. 构成介宾短语作状语。例 这些家具在～后被搬走了。4. 作主语，或构成“的”字短语作主语。例 为便于托运，～是必要的。｜～的是一套音响设备。

中间可插入其他词语。例 这个东西能拆得散吗？

【构成】补充式离合词

拆散㊁ chāi//sàn 〈动〉使家庭、集体等分散。

【用法】1. 作谓语，可带宾语。例 他俩的婚姻给活活地～了。｜恶霸与官府勾结，终于～了这一对鸳鸯。2. 加“的”作定语。例 这是一对无法～的恩爱夫妻。3. 构成介宾短语作状语。例 他们的互助组被～后再也组织不起来了。4. 构成“的”字短语作主语。例 被他～的是一个好姻缘。

中间可插入其他词语。例 这一对恩爱夫妻怎么也拆不散。

【构成】补充式离合词

【辨析】两者词性、构词方式、语法功能相同，都表示“使分散”的意思。区别在于：1. 读音有所不同：前者“散”读上声；后者“散”读去声。2. 适用对象不同：前者施动的对象是成套的物件；后者施动的对象是家庭、婚姻、集体等。

【辨误】“拆”不写作折；“散”左上是龷，不写作廿，下是⺝，不写作月。

【辨读】他们像拆散(chāisǎn)一套家具一样把这对恩爱夫妻拆散(chāisàn)了。

差使㊀chāishǐ㊁chāi·shi

差使㊀ chāishǐ〈动〉差遣；派遣。

【用法】1. 常构成兼语短语作谓语。例 他奉上级～，前往外省取经。2. 加“的”作定语。例 这回～的干部都是精兵猛将。3. 构成介宾短语作状语。例 他对这次～打心眼里不愿意，表面上也只好服从。4. 作主语，或构成“的”字短语作主语。例 上头的～不能不服从。5. 作宾语。例 他愉快地接受了上级的～。

【构成】并列式合成词

【近义】差遣、派遣

差使㊁ chāi·shi 〈名〉旧时官场中称临时委任的职务，后来也泛指职务或官职。也作"差事"（chāi·shi）。

【用法】1. 作主语。例 这弼马温的～，大圣委实不想干了。2. 作宾语。例 他用银子买了一个县太爷的～。3. 加"的"作定语。例 他还不知道这～的分量呢。4. 构成介宾短语作状语。例 他对这～感到心满意足。

【构成】偏正式合成词

【近义】官职、职务

【辨析】两者主要区别是：1. 读音有所不同：前者"使"读上声；后者"使"读轻声。2. 构词方式不同：前者构成并列式合成词；后者构成偏正式合成词。3. 词性不同：前者是动词；后者是名词。4. 词义不同：前者指"差遣、派遣"，表示动作行为；后者指"职务或官职"，表示事物名称。5. 近义词不同：前者的近义词是"差遣、派遣"；后者的近义词是"官职、职务"。

【辨读】他奉上级差使（chāishǐ），前往福建担任教育厅厅长的差使（chāi·shi）。

朝阳㊀cháoyáng㊁zhāoyáng

朝阳㊀ cháoyáng 〈动〉向着太阳。可用于比喻人心所向。例 人民心向领袖，恰如那葵花～。

【用法】1. 作谓语。例 我家的房子～，冬天很暖和。2. 常加"的"作定语。例 那块～的坡地种的是玉米。3. 构成介宾短语作状语。例 那间教室由于～光线很好。

【构成】支配式合成词

【近义】向阳

【反义】背阴

朝阳㊁ zhāoyáng ①〈名〉早晨初升的太阳。

【用法】1. 作主语。例 一轮～从东方冉冉升起。2. 作宾语。例 他望着东边天际那火红的～，思绪万千。3. 常加"的"作定语。例 群山洒满～的光辉。4. 构成介宾短语作状语、补语。例 她张开双臂，向～奔去。｜他俩手挽着手迎向～。②〈形〉比喻新兴的、富有强大生命力而有发展前途的。

【用法】作定语。例 这些都是～产业。

【构成】偏正式合成词

【近义】②新生、新兴

【反义】①夕阳；②衰败、没落

【辨析】两者主要区别是：1. 读音有所不同：前者"朝"读 cháo；后者"朝"读 zhāo。2. 构词方式不同：前者构成支配式合成词；后者构成偏正式合成词。3. 词性不同：

前者是动词;后者是名词。4. 词义不同:前者指“向着太阳”,表示人或事物动态;后者指“早晨初升的太阳”,表示事物名称。5. 近义、反义词不同:前者的近义词是“向阳”,后者的近义词是“新生、新兴”;前者的反义词是“背阴”,后者的反义词是“夕阳,衰败、没落”。6. 语法功能有所不同:前者在句子中作谓语、定语,并构成介宾短语作状语;后者在句子中除作定语和构成介宾短语作状语外,通常作主语、宾语,并构成介宾短语作补语。7. 词语修辞对象不同:前者用于比喻义时,多比喻人心所向;后者用于比喻义时,多比喻富有强大生命力的新生事物。

【辨误】“阳”左偏旁是阝,不写作卩。

【辨读】每天清晨,那幢朝阳(cháoyáng)的房屋总是最先洒满朝阳(zhāoyáng)的光辉。

澄清㊀chéngqīng ㊁dèng//qīng

澄清㊀ chéngqīng ①〈形〉清亮。

【用法】用于形容水质。1. 作谓语。例 湖水碧绿～。2. 加“的”作定语。例 喝一口～的泉水,令人感到神清气爽。

②〈动〉肃清(混乱的局面)。

【用法】用于社会局势。1. 作谓语,可带宾语。例 他受命于危难之际,已经～了混乱局面。2. 加“的”作定语。例 内战又起,本来正在～的局面变得更加混乱了。3. 作主语。例 局面的～要依靠各方面的共同努力。

③〈动〉弄清楚。

【用法】用于认识、问题等。1. 作谓语,可带宾语。例 大家经过努力,终于～了许多模糊不清的事实。2. 加“的”作定语。例 在～的事实面前,谣言不攻自破。3. 作主语。例 这些问题的～不需要很长时间了。

【构成】①并列式合成词;②③补充式合成词

【近义】①清澈、清亮;②肃清;③弄清

【反义】①混浊;②搅乱;③混淆、淆乱

澄清㊁ dèng//qīng〈动〉使杂质沉淀,液体变清。

【用法】1. 作谓语。例 这水太浑,必须～。2. 加“的”作定语。例 屋里放着一桶～的水。

中间可插入其他词语。例 这桶水很浑浊,怎么也澄不清。

【构成】补充式离合词

【反义】搅浑

【辨析】两者都可用于动作义。区别在于:1. 读音有所不同:前者“澄”读 chéng;后者“澄”读 dèng。2. 词语构成及使用方式不同:前者第①义项构成并列式合成词,

②③义项构成补充式合成词，中间不能插入其他词语；后者构成补充式离合词，中间可插入其他词语。3. 词义不同：前者是多义词，既用于形容液体状态，也表示动作行为的结果；后者是单义词，表示液体变化。4. 适用对象不同：前者用于动作义时，施动的对象是“混乱局面、认识、问题等”，多指抽象的事物；后者施动的对象是水等液体，指具体事物。5. 近义、反义词不同：前者有近义词“清澈、清亮，肃清，弄清”，后者没有近义词；前者的反义词是“混浊，搅乱，混淆、淆乱”，后者的反义词是“搅浑”。

【辨读】这几桶井水澄清（dèngqīng）后，变得和泉水一样澄清（chéngqīng）了。

尺头㊀chǐ·tou ㊁chǐtóur

尺头㊀ chǐ·tou〈名〉布帛。

【用法】用于方言。1. 作主语。例 这匹～够咱全家人做冬衣了。2. 作宾语。例 她怀里抱着一匹～。3. 常加“的”作定语。例 这～的颜色很好看。4. 构成介宾短语作状语。例 她将这些～全部买下了。

【构成】附加式合成词

【近义】布帛

尺头儿㊁ chǐtóur〈名〉①尺寸的大小。

【用法】用于方言。1. 常作主语。例 这件衣服的～量得真准。2. 作宾语。例 裁衣服要根据各人的身体量好～。3. 常加“的”作定语。例 不同的布料，～的长短不一样。4. 构成介宾短语作状语。例 裁缝师傅对衣服的～很讲究。

②零碎料子；零头。

【用法】用于方言。1. 常作主语。例 这些～还可以凑合着做一件短裤。2. 作宾语。例 母亲舍不得丢掉这些～。3. 常加“的”作定语。例 这～的价格比较便宜。4. 构成介宾短语作状语。例 她细心地把这几块～拼凑成一件夹袄。

【构成】偏正式合成词

【近义】①尺码；②零头

【辨析】两者词性、语法功能相同，都用于方言。区别在于：1. 读音有所不同：前者“头”读轻声；后者“头”读阳平。2. 构词方式不同：前者构成附加式合成词，不儿化；后者构成偏正式合成词，儿化。3. 语素充任的构词成分不同：前者“头”作词缀，表示附加意义；后者“头”作词根，用于体现这个词的根本的词汇意义。4. 词义范围大小不同：前者指“布帛”，词义范围较大；后者第②义项指“零碎料子，零头”，词义范围较小。两者之间是包含关系。5. 近义词不同：前者的近义词是“布帛”；后者的近义词是“尺码，零头”。

【辨读】母亲买了一匹尺头（chǐ·tou）给兄弟俩做了几套外衣，还用裁剪后剩下的尺头儿（chǐtóur）给她自己缝了件夹袄。

重读㊀chóngdú㊁zhòngdú

重读㊀ chóngdú〈动〉① 重新阅读。

【用法】1. 作谓语，可带宾语、补语。例 小辉课文读得结结巴巴的，老师让他～。｜暑假里，我～了《红楼梦》。｜这段课文，请大家～一遍。2. 加“的”作定语。例 ～的同学再也不敢不认真读了。3. 作宾语。例 他已经读了好几遍，不想～了。

②重新就读。

【用法】1. 作谓语，可带宾语。例 他因病休学不得不～三年级。2. 加“的”作定语。例 这里的学校不收～的学生。3. 作宾语。例 征得学校同意，他已经决定～。

【构成】偏正式合成词

重读㊁ zhòngdú〈动〉把一个词、短语或一个句子里某个或某几个音节读得重些、强些。

【用法】1. 作谓语。例 朗读这一句时，这个词必须～。2. 加“的”作定语。例 读课文前，他用笔在必须～的词语下标上着重号。3. 构成介宾短语作状语。例 王老师上阅读课，对～很讲究。4. 作宾语。例 这段话里两个词需要～。

【构成】偏正式合成词

【辨析】两者词性、构词方式、语法功能相同。区别在于：1. 读音有所不同：前者“重”读 chóng；后者“重”读 zhòng。2. 词义着重点不同：前者着重表示读书的次数；后者着重指阅读的方法。3. 语法要求不同：前者作谓语时，可带宾语、补语；后者作谓语时一般不能带宾语、补语。

【辨读】请同学们把课文第二段重读（chóngdú）一遍，末尾的那句话要重读（zhòngdú）。

抽打㊀chōudǎ㊁chōu·da

抽打㊀ chōudǎ〈动〉用条状物打。

【用法】用于人或牲口。1. 作谓语，可带宾语、补语。例 敌人用鞭子～他。｜他朝牲口～了几下。2. 常加“的”作定语。例 对牲口～的时候不要使劲。3. 构成介宾短语作状语。例 小马驹被～后驯顺多了。

以词为单位重叠成 ABAB 式，作谓语。例 这小牛不听话时也要～～。

【构成】并列式合成词

【近义】鞭打、敲打

抽打㊁chōu·da〈动〉用掸子、毛巾等拍打衣物，以清除灰尘。

【用法】用于衣物。1.作谓语,可带宾语、补语。例 她用小木棍～着衣服。|她用掸子在布料上～了几下。2.常加"的"作定语。例～的衣物还没折叠好。3.构成介宾短语作状语。例 这些衣服被～后干净多了。

以词为单位重叠成ABAB式,作谓语。例 衣服上沾满灰,快～～。

【构成】并列式合成词

【近义】拍打、扑打、扑拉

【辨析】两者词性、构词方式、语法功能均相同,都含"用手打"的意思。区别在于:1.读音有所不同:前者"打"读上声;后者"打"读轻声。2.词义着重点不同:前者指"用条状物打",施动的对象是人或牲口;后者指"用掸子、毛巾等拍打,以清除灰尘",施动的对象是衣物。3.近义词不同:前者的近义词是"鞭打、敲打",后者的近义词是"拍打、扑打、扑拉"。

【辨读】他用毛巾抽打(chōu·da)马鞍上的灰尘,纵身上马,挥动鞭子猛地抽打(chōudǎ)了一下坐骑,烈马腾空飞奔而去。

出处㊀chūchǔ㊁chūchù

出处㊀ chūchǔ 〈动〉出仕和退隐。

【用法】多指政治生涯。1.作谓语。例 他一生曾经多次～。2.作定语。例 王安石～期间,在文学上颇有建树。3.构成介宾短语作状语。例 对于～,儒家的态度是"用之则行、舍之则藏"。4.作主语。例 他的～备受挟制。

【构成】并列式合成词

出处㊁ chūchù 〈名〉(引文或典故的)来源。

【用法】多指文学方面。1.作主语。例 这个典故的～有待稽考。2.作宾语。例 这段引文应当注明～。3.常加"的"作定语。例 两人正在争论着引文～的问题。4.构成介宾短语作状语。例 关于这个典故的～,大家的说法不一。

【构成】偏正式合成词

【近义】出典、来源

【辨析】两者主要区别是:1.读音有所不同:前者"处"读上声;后者"处"读去声。2.构词方式不同:前者构成并列式合成词;后者构成偏正式合成词。3.词性不同:前者是动词;后者是名词。4.词义不同:前者指"出仕和退隐",表示动作行为,作官场用语;后者指"引文或典故的来源",表示事物名称,多作文学用语。5.有无近义词不同:前者一般没有近义词;后者有近义词"出典、来源"。

【辨误】"处"右边是卜,两笔相接,不是相交。

【辨读】我们通过查阅这段引文的出处(chūchù),从而知道了这些历史名人的出处(chūchǔ)情况。

出圈㊀chū//juàn㊁chū//quānr

出圈㊀ chū//juàn〈动〉把猪圈、羊圈、牛栏等里面的粪便和所垫的草土弄出来，用作肥料。

【用法】用于畜牧业。1.作谓语。例老大爷一大早就～去了。2.构成介宾短语作状语。例他在～后将羊圈打扫得干干净净。3.作宾语。例他正忙着～，哪有闲工夫聊天。

中间可插入其他词语。例他很快出完了圈。

【构成】支配式离合词

【近义】起圈

【反义】垫圈

出圈儿㊁ chū//quānr〈动〉比喻越出常规或一定范围。

【用法】用于说话、做事。1.作谓语。例这些做法～了。2.作定语。例这种～的事做不得。3.作补语。例你的话说得～了。

中间可插入其他词语。例这样说话出了圈儿了。

【构成】支配式离合词

【近义】出格

【反义】守旧

【辨析】两者主要区别是：1.读音有所不同：前者"圈"读 juàn；后者"圈"读 quān。2.构词方式不同：前者构成的词不儿化；后者构成儿化词。3.表义范畴不同：前者指一种体力劳动；后者表示人的言行动态。4.词语归属不同：前者是方言词语；后者是普通话词语。5.近义、反义词不同：前者的近义词是"起圈"，后者的近义词是"出格"；前者的反义词是"垫圈"，后者的反义词是"守旧"。

【辨误】"圈"内是卷，下是㔾，不写作己、已、巳。

【辨读】你连节假日都不休息，忙着出圈(chūjuàn)，这样做未免太出圈儿(chūquānr)了吧。

出来㊀chū//·lái㊁//·chū//·lái

出来㊀ chū//·lái〈动〉①从里面到外面来。

【用法】1.作谓语，可带宾语、补语。例你～，我有事和你商量。|房子里～了一个人。|他从家里～已经一年了。2.加"的"作定语。例刚才从屋里～的那个女人是他的妻子。3.作主语，或构成"的"字短语作主语。例山里交通不便，～可真不容易。|～的都是一些小孩子。4.作宾语。例她整天待在家里，不想～。

中间可插入"得、不"。例门关着，你出得来吗？|他掉到洞里出不来了。

②产生；出现。

【用法】1.作谓语，可带宾语。例计

算结果已经～了。|旧的问题解决了，又～新的问题。2. 构成“的”字短语作主语。例～的是两种相反的方案。

【构成】并列式离合词

【近义】产生、出现

【反义】进去

出来㊁ //·chū//·lái〈动〉趋向动词。①用在动词后，表示动作由里向外朝着说话的人。

【用法】多作补语。例 东西拿～吧！|你有什么想法，当着大家的面说～。

动词后插入“得、不”。例 一点儿生活费他拿得～。|这几幅作品拿不～。

两字之间可插入宾语。例 门口走出一个人来。

②用在动词后，表示动作完成或实现。

【用法】多作补语。例 汇报材料已经写～了。|他终于把这道数学难题解～了。

动词后插入“得、不”。例 这种事他竟然做得～。|这个问题我回答不～。

两字之间可插入宾语。例 夫妇俩居然在山坡上开出几亩荒地来。

③用在动词后，表示出现或由隐蔽到显露。

【用法】多作补语。例 存在的问题我看～了。|那个帮助过她的人被她认～了。

动词后插入“得、不”。例 你这话什么意思我听得～。|他的才华从外表看不～。

两字之间可插入宾语。例 我很快认出他来了。

【构成】并列式离合词

【辨析】两者词性、构词方式相同，都含“从里面到外面来”的意思。区别在于：1. 读音不同：前者中间没有插入其他成分时，“来”读轻声，中间插入“得、不”时，“来”读阳平；后者两字紧接动词后时，都读轻声，动词后插入“得、不”时，“出”读阴平，“来”读阳平，两字之间再加宾语时，“出”读阴平，“来”读轻声。2. 词义着重点不同：前者着重表示“从里面到外面来，出现”；后者着重表示动作的趋向、结果。3. 语法功能不同：前者在句子中作谓语、定语、主语；后者用在动词后作补语。

【辨读】你带着孩子出来(chū·lai)打工可真不容易，我看得出来(chūlái)。

出去㊀chū//·qù㊁//·chū//·qù

出去㊀ chū//·qù〈动〉从里面到外面去。

【用法】1. 作谓语，可带宾语、补语。例 他刚才～了。|屋里～了一个人。|他已经～半个小时了。

2.加“的”作定语。例 ～的人又回来了。3.作主语,或构成“的”字短语作主语。例 外面风声很紧,～可要小心。|刚才～的是我母亲。4.作宾语。例 外面下着雪,他不想～。

中间可插入“得、不”。例 洞口被堵死了,他没法出得去。|大门紧闭,他根本出不去。

【构成】并列式离合词

出去㊁ //·chū//·qù〈动〉用在动词后,表示动作由里向外离开说话的人。

【用法】多作补语。例 他走～了,你去看看吧。

动词后插入“得、不”。例 草地一望无边,怎么走得～!|这些东西搬不～。

两字之间可插入宾语。例 他把客人送出大门去。

【构成】并列式离合词

【辨析】两者词性、构词方式相同,都含“从里面到外面去”的意思。区别在于:1.读音不同:前者中间没有插入其他成分时,“去”读轻声,中间插入“得、不”时,“去”读去声;后者两字紧接动词后时,都读轻声,动词后插入“得、不”时,“出”读阴平,“去”读去声,两字之间再加宾语时,“出”读阴平,“去”读轻声。2.词义着重点不同:前者着重表示“从里面到外面去”;后者着重指“动作由里到外离开说话的人”。3.语法功能不同:前者在句子中作谓语、定语、主语、宾语;后者用在动词后作补语。

【辨读】外面下着暴雨,车没法开出去(·chu·qu),你派个人出去(chū·qu)看看吧。

穿着㊀chuān·zhe㊁chuānzhuó

穿着㊀ chuān·zhe〈动〉①把衣服鞋袜等物套在身体上。

【用法】1.作谓语,可带宾语。例 你快把鞋～,别老是赤着脚。|他身上～一件皮大衣。2.加“的”作定语。例 你～的那件毛衣是哪儿买的?

②用绳、线等通过物体把物品连着。

【用法】多作谓语,可带宾语。例 那些珠子已经用线～。|她小心翼翼地～针。

【构成】补充式合成词

穿着㊁ chuānzhuó〈名〉衣着,穿戴。

【用法】1.作主语。例 他的～十分朴素。2.作宾语。例 看上去,他仍然是那一身～。3.常加“的”作定语。例 她～的时髦在班上是有目共睹的。4.构成介宾短语作状语。例 他对～一点也不讲究。

【构成】并列式合成词

【近义】穿戴、衣着、装束

【辨析】两者主要区别是：1.读音有所不同：前者“着”读 zhe；后者“着”读 zhuó。2.构词方式不同：前者构成补充式合成词；后者构成并列式合成词。3.词性不同：前者是动词；后者是名词。4.词义不同：前者表示动作；后者表示事物名称。5.有无近义词不同：前者一般没有近义词；后者有近义词“穿戴、衣着、装束”等。6.语法功能有所不同：前者在句子中作谓语、定语；后者在句子中除作定语外，通常作主语、宾语，并构成介宾短语作状语。

【辨读】他平时总是穿着（chuān·zhe）那套褪色的外衣，一点也不讲究穿着（chuānzhuó）。

攒钱㊀cuán∥qián㊁zǎn∥qián

攒钱㊀ cuán∥qián〈动〉凑集钱。

【用法】1.多作谓语。例 母亲四处～，供我上学。2.加“的”作定语。例 她想尽了一切～的法子，才勉强凑齐丈夫的住院医疗费。3.构成介宾短语作状语。例 为了～，父亲忍痛卖掉了家里仅有的一头耕牛。4.作主语。例 眼下正值青黄不接的时节，～可不是一件容易的事。5.作宾语。例 我一接到大学录取通知书，母亲就忙着～。

中间可插入其他词语。例 他到处奔走，才攒了一点钱。

【构成】支配式离合词

攒钱㊁ zǎn∥qián〈动〉把钱积蓄起来。

【用法】1.多作谓语。例 父母省吃俭用，一分一分地～。2.加“的”作定语。例 他把硬币塞进那～的铁罐子里。3.构成介宾短语作状语。例 为了～，她平时不乱花一分钱。4.作主语。例 家里急需用钱，～可不是时候。5.作宾语。例 从去年起她就开始～，到现在已经够买一台电脑了。

中间可插入其他词语。例 她平时节省开支，攒下钱买了一套房子。

【构成】支配式离合词

【辨析】两者构词方式、词性、语法功能相同。区别在于：1.读音有所不同：前者“攒”读 cuán；后者“攒”读 zǎn。2.词义着重点不同：前者着重指“没有钱或钱不够而凑集钱”，含从无到有的意思；后者着重表示“把已有的钱一点一点积蓄起来”，含积少成多的意思。

【辨读】父母节衣缩食地攒钱（zǎnqián），还四处攒钱（cuánqián）供我上大学。

D

搭帮㊀dā//bāng ㊁dā·bang

搭帮㊀ dā//bāng 〈动〉多人结伴。

【用法】用于方言。指交往方面。1.作谓语。例他们～结伙到杭州旅游。2.常加“的”作定语。例这次到西藏，有两位～同行的北大学生。3.作宾语。例她不喜欢～，要自己一个人走。

中间可插入其他词语：例走夜路不安全，你们两人搭个帮走吧。

【构成】支配式离合词

【近义】结伴、结伙

【反义】独行

搭帮㊁ dā·bang 〈动〉照顾；帮忙。

【用法】用于方言。表示某种行为。1.作谓语。例大家～着点儿，问题就解决了。2.构成“的”字短语作主语。例～的是李大叔。3.作宾语。例这次渡过难关多亏了兄弟们的～。

【构成】并列式合成词

【近义】照顾、帮忙

【反义】拆台

【辨析】两者词性、语法功能相同。区别在于：1.读音有所不同：前者“帮”读阴平；后者“帮”读轻声。2.词语构成及使用方式不同：前者构成支配式离合词，中间可插入其他词语；后者构成并列式合成词，中间不能插入其他词语。3.词义不同：前者表示“多人结伴”；后者表示“照顾、帮忙”。4.近义、反义词不同：前者的近义词是“结伴、结伙”，后者的近义词是“照顾、帮忙”；前者的反义词是“独行”，后者的反义词是“拆台”。

【辨读】暑假里我们几个大学生搭帮（dābāng）攀登喜马拉雅山，多亏了一位藏族小伙子搭帮（dā·bang）。

大方㊀dàfāng㊁dà·fang

大方㊀ dàfāng 〈名〉①绿茶的一种，产于安徽歙（shè）县、浙江淳安等地。

【用法】1.作主语。例～是有名的绿茶品种。2.作宾语。例茶叶展销会上，许多人爱买～。3.常加“的”作定语。例他正在向商家询问～的价格。4.构成介宾短语作状语。例在这么多名茶中，她对～特别喜欢。

②指专家学者；内行人。

【用法】用于成语“大方之家、见笑大方、贻笑大方”，作相应的成分。例见教于～之家。｜在下之言唯恐见笑～。｜你这话岂不怕贻笑～？

【构成】①偏正式合成词；②固定短语

大方㊁ dà·fang〈形〉①不计较财物；不吝啬。

【用法】用于待人接物。1.常作谓语。例他可真～，一请客就是上千元。2.加"的"作定语。例他是个～的人，不会计较这几个钱。3.加"地"作状语。例她很～地付出了这笔款。4.作补语，要用"得"。例先前很吝惜的她，现在变得～了。5.作宾语。例他是那样～，一点也不吝啬。

②自然；不拘束。

【用法】用于举止。1.作谓语。例这小伙子很～。2.加"的"作定语。例他那～的举止，很快博得姑娘的好感。3.加"地"作状语。例她很～地坐在小伙子们中间。4.作补语，要用"得"。例她的举止变得～多了。5.作宾语。例她的态度是多么～。

以语素为单位重叠成AABB式，多作状语。例她大大方方地走上讲台。

③(样式、颜色等)不俗气。

【用法】用于服饰布置等。1.作谓语。例这件衣服的式样很～。2.加"的"作定语。例姑娘朴素～的打扮，使她越发显得美丽动人。3.作补语，要用"得"。例会场布置得美观、～。4.作宾语。例这种款式是多么～。

【构成】偏正式合成词

【近义】①慷慨；②自然；③雅致

【反义】①吝啬、小气；②拘谨、拘束；③俗气

【辨析】两者构词方式相同。区别在于：1.读音有所不同：前者"方"读阴平；后者"方"读轻声。2.词性不同：前者是名词；后者是形容词。3.词义不同：前者用于茶名，也指"专家学者"，表示人或物品名称；后者表示"不吝啬，自然，不俗气"，多用于指人的行为、举止、装扮以及环境布置等。4.语体色彩不同：前者用于书面语；后者多用于口语。5.有无近义、反义词不同：前者没有近义词和反义词；后者有近义词与反义词。

【辨误】"方"的末笔是撇，不是横折钩。

【辨读】他举止大方（dà·fang），学识渊博，颇有大方（dàfāng）之家的风度。

大夫㊀dàfū㊁dài·fu

大夫㊀ dàfū〈名〉古代官职名或爵位名，地位在卿之下，士之上。

【用法】用于书面语。1.作主语。例封建时代的御史～就是副丞相。2.作宾语。例蔺相如完璧归赵立了功，赵王封他为上～。

3.加“的”作定语。例 屈原受到上官～的诬陷，被楚怀王免去官职，被迫流亡汉北。4.构成介宾短语作状语。例 梁武帝把金紫光禄～江淹封为醴陵侯。

【构成】偏正式合成词

大夫㊁ dài·fu 〈名〉医生。

【用法】用于口语。1.作主语。例 ～小心地给病人打了针。2.作宾语。例 孩子病了，还不快去请～。3.常加“的”作定语。例 ～的手术做得真利索。4.构成介宾短语作状语。例 这些受了重伤的伤病员被白求恩～治好了。

【构成】偏正式合成词

【近义】医生

【辨析】两者词性、构词方式、语法功能均相同。区别在于：1.读音不同：前者“大”读 dà，后者“大”读 dài；前者“夫”读阴平，后者“夫”读轻声。2.指称对象不同：前者指古代官职或爵位；后者指医生。3.语体色彩不同：前者用于书面语；后者用于口语。

【辨读】据史料记载，李大夫（dài·fu）的先祖曾任宋朝御史大夫（dàfū）。

大片㊀dàpiàn㊁dàpiānr

大片㊀ dàpiàn ①〈名〉指投资大、制片成本高的影视片，多为题材重大、影响面广并由著名影星主演。

【用法】用于书面语。1.作主语。例 这部国产～将于年底摄制完毕。2.作宾语。例 这是刚进口的韩国～。3.常加“的”作定语。例 这部～的制片成本达九千万元。4.构成介宾短语作状语。例 他在这部～中担任主角。

②〈名〉指较大的片状物。

【用法】1.作定语。例 这～牛肉不容易煮熟。2.作宾语。例 这些猪肉要切成～。

③〈形〉形容面积大或范围广。

【用法】用于书面语。1.作定语。例 由于战争，～的耕地荒芜了。2.作宾语。例 我们的政策是保护一～，打击一小撮。

以词为单位重叠成 ABAB 式，作定语。例 ～～的国土被拱手让给了日寇。

【构成】偏正式合成词

大片儿㊁ dàpiānr 〈名〉义同“大片（piàn）①”。

【用法】用于口语。1.作主语。例 这部～好看得很。2.作宾语。例 我平时喜欢看～。3.常加“的”作定语。例 他是这部～的演员。4.构成介宾短语作状语。例 人们对这部～很满意。

【构成】偏正式合成词

【辨析】两者主要区别是：1.读音有所不同：前者“片”读去声；后者

“片”读阴平。2.词语使用方式不同:前者构成的词不儿化;后者构成儿化词。3.词义范围有所不同:前者词义范围较广;后者词义范围较窄。4.语体色彩不同:前者多用于书面语;后者用于口语。

【辨读】今晚的广场上,黑压压的一大片(dàpiàn)人,正在观看大片儿(dàpiānr)。

大气㊀dàqì㊁dà·qì

大气㊀ dàqì〈名〉①包围地球的气体,由干燥空气、水汽、微尘等混合而成。

【用法】1.作主语。例 ～随着高度的增加而逐渐稀薄。2.作宾语。例 工业废气会严重污染～。3.常加“的”作定语。例 大量有害气体的排入导致～的质量不断恶化。4.构成介宾短语作状语。例 地理学上将～分成若干层次。

②粗重的气息。

【用法】1.作主语。例 他躲在角落里,～也不敢出。2.构成介宾短语作状语。例 见此情景,他连～儿都不敢出一下。

【构成】偏正式合成词

【近义】①空气;②气息

大气㊁ dà·qì ①〈名〉气度不凡,不落俗套。

【用法】1.作主语。例 他的～令人叹服。2.作宾语。例 他展现了一个政治家的～。3.常加“的”作定语。例 他是个有～的人。4.构成介宾短语作状语。例 对手被他的～镇住了。

②〈形〉气度大;气势大。

【用法】1.作谓语,可带补语。例 这个体育馆开阔～。2.常加“的”作定语。例 这么～的别墅她还没见过。3.构成介宾短语作状语。例 他对厂家的～连声称赞。4.作补语。例 会场布置得很～。5.作宾语。例 他是那么～。

③〈形〉大方,不俗气。

【用法】1.作谓语,可带补语。例 这些服装挺～。|这套连衣裙～得很。2.常加“的”作定语。例 她平时很少穿那套～的礼服。3.加“地”作状语。例 他～地走上领奖台。4.作补语。例 姑娘打扮得很～。5.作宾语。例 她是那么～。

【构成】偏正式合成词

【近义】①气概;②大度、大量、阔气;③大方

【反义】②小气;③俗气

【辨析】两者构词方式相同。区别在于:1.读音有所不同:前者“气”读去声;后者“气”一般读轻声,有时也可读去声。2.词性有所不同:前者作名词;后者除作名词外,还作形容词。3.词义不同:前者表示具体事物;后者是抽象事

物，表示人和事物状态。4. 近义、反义词不同：前者的近义词是“空气，气息”，后者的近义词是“气概，大度、大量、阔气，大方”；前者没有反义词，后者有反义词“小气，俗气”。

【辨读】她以前是个见了人连大气（dàqì）都不敢出的农村姑娘，如今已成长为一位很大气（dà·qi）的歌唱家。

大人㊀dàrén㊁dà·ren

大人㊀ dàrén 〈名〉敬辞，称呼长辈。

【用法】多用于书信。常与称谓构成复指短语。1. 作主语。例 母舅～荣寿七旬之庆。2. 作宾语。例 我因为工作忙，无法回来探望双亲～。3. 常加“的”作定语。例 孩儿一定牢记母亲～的嘱咐。4. 也可与称谓构成称呼语。例 父亲～，您好！

【构成】偏正式合成词

大人㊁ dà·ren 〈名〉①成年的人。

【用法】多用于日常口语。1. 作主语。例 你这个～可不能欺负小孩。2. 作宾语。例 你已经 18 岁了，可算一个～了。3. 加“的”作定语。例 ～的事小孩子少管。4. 构成介宾短语作状语。例 小孩子对～要有礼貌。

②旧时称地位高的官长。

【用法】1. 作主语。例 ～在上，听小的一一道来。2. 作宾语。例 卑职叩见～。3. 加“的”作定语。例 ～的恩德我永世不忘。4. 常与姓名、官职构成复指短语，作相应的句子成分。例 包拯～从那边过来了。｜他是巡按～。5. 可作称呼语，不跟别的词语发生结构关系。例 ～，您可要为民做主啊！

【构成】偏正式合成词

【近义】①成人；②官长

【反义】①小孩；②小人

【辨析】两者词性、构词方式相同。区别在于：1. 读音有所不同：前者“人”读阳平；后者“人”读轻声。2. 指称对象不同：前者用于尊称长辈；后者第①义项指“成人”，第②义项用于旧时称地位高的官长。3. 使用场合不同：前者多用于书信；后者作日常生活和旧时官场用语。4. 有无近义、反义词不同：前者没有近义词、反义词，后者有近义词、反义词。

【辨读】他已经从一个不懂事的娃娃成长为大人（dà·ren），给父母亲写信也懂得称双亲大人（dàrén）了。

大师傅㊀dàshī·fu㊁dà·shi·fu

大师傅㊀ dàshī·fu 〈名〉对和尚的尊称。

【用法】用于口语。1. 作主语。例

～正在坐禅哩。2.作宾语。例他是个很有德行的～。3.常加“的”作定语。例他是～的弟子。4.构成介宾短语作状语。例这些香客对～很恭敬。5.用作称呼语。例～,徒儿告辞了!

【构成】偏正式合成词

大师傅㊁ dà·shi·fu〈名〉厨师。

【用法】用于口语。1.作主语。例这位～是从上海来的。2.作宾语。例餐馆新近请来了一个～。3.常加“的”作定语。例～的手艺真不赖。4.构成介宾短语作状语。例他虚心向～学习烹饪技术。5.用作称呼语。例～,您辛苦了!

【构成】偏正式合成词

【辨析】两者词性、构词方式、语体色彩、语法功能均相同。区别在于:1.读音有所不同:前者“师”读阴平;后者“师”读轻声。2.指称对象不同:前者用于尊称和尚;后者用于尊称厨师。

【辨读】寺院明天就要举行开光大典,大师傅(dàshī·fu)从外地请来了一位大师傅(dà·shi·fu)主厨。

大王㊀dàwáng㊁dài·wang

大王㊀ dàwáng〈名〉①古代对国君、诸侯王的尊称。

【用法】用于古代称呼。1.作主语。例～恩加四海,各诸侯国俯首称臣。2.作宾语。例他是开国元勋,被封为～。3.常加“的”作定语。例～的功绩永垂青史。4.构成介宾短语作状语。例大臣们大胆地向～进言献策。

②指某种行业中居垄断地位的人。

【用法】用于称垄断财阀。1.作主语。例在世界能源发生危机的时期,石油～在该国的地位举足轻重。2.作宾语。例他是闻名遐迩的汽车～。3.加“的”作定语。例他的钢铁～的地位面临挑战。4.构成介宾短语作状语。例人们向橡胶～学习栽培橡胶的技术。

③指有某种卓越才能的人。

【用法】用于称某种能手。1.作主语。例摔跤～又一次夺得冠军。2.作宾语。例她是全国闻名的养猪～。3.常加“的”作定语。例足球～精湛的球艺博得观众热烈的掌声。4.构成介宾短语作状语。例鬼子对地雷～恨之入骨,但又无可奈何。5.作同位语。例船业～包玉刚据说是包公的后裔。

【构成】偏正式合成词

大王㊁ dài·wang〈名〉戏曲和旧小说中称国王或强盗首领。

【用法】用于戏曲、旧小说称呼。1.作主语。例～可乘机东征,一举荡平东夷。2.作宾语。例他是这一带有名的山～。3.常加“的”作定语。例 这些人是～的贴身随从。4.构成介宾短语作状语。例 在下愿为～效犬马之劳。5.作同位语。例 山～程咬金亲领一支人马冲下山来。

【构成】偏正式合成词

【辨析】两者词性、构词方式、语法功能均相同。区别在于：1.读音不同：前者“大”读 dà，后者“大”读 dài；前者“王”读阳平，后者“王”读轻声。2.指称对象不同：前者指“古代国君或诸侯王”，“行业中居垄断地位的人”，“某种能手”；后者用于戏曲或旧小说中称呼国王或匪盗头目。

【辨读】他在戏剧生涯中扮演过大王（dàwáng）和大王（dài·wang）等多种角色。

大爷㊀dàyé㊁dà·ye

大爷㊀ dàyé〈名〉指不好劳动，傲慢任性的男子。

【用法】1.作主语。例 ～此去多加小心！2.作宾语。例 他是王府的～。3.作定语。例 他已经克服了过去那种～作风。4.构成介宾短语作状语。例 她对～百依百顺。5.可作称呼语，不跟别的词语发生结构关系。例 ～，这种昧心事干不得呀！

【构成】偏正式合成词

大爷㊁ dà·ye〈名〉①伯父。

【用法】用于口语。1.作主语。例 小时候，～常常给我们讲故事。2.作宾语。例 暑假里，我们兄妹俩一起去看望～。3.常加“的”作定语。例 ～的身子骨还挺硬朗。4.构成介宾短语作状语。例 多年不见，我对～很想念。5.可作称呼语，不跟别的词语发生结构关系。例 ～，多玩一天，不要急着回去。

②尊称年长的男子。

【用法】用于口语。1.作主语。例 ～贵姓？2.作宾语。例 我不认识坐在前面的那个～。3.常加“的”作定语。例 听～的口音，像是山东人吧？4.构成介宾短语作状语。例 小孩子正向～问这问那。5.作同位语。例 你快去请王秋～来咱家一趟。6.作称呼语，不跟别的词语发生结构关系。例 ～，您还记得我吗？

【构成】偏正式合成词

【辨析】两者词性、构词方式、语法功能均相同。区别在于：1.读音有所不同：前者“爷”读阳平；后者“爷”读轻声。2.指称对象不同：前者指“不好劳动，傲慢任性的男子”；后者指“伯父”，并尊称年长的男子。3.语体色彩有所不同：前者可用于书面语，也可用于口语；后者只用于口语。

【辨读】张大爷(dà·ye)虽然出身地主家庭,但他身上没有沾染大爷(dàyé)习气。

大意㊀dàyì㊁dà·yi

大意㊀ dàyì〈名〉主要的意思。

【用法】1.作主语。例 这篇短文的～已经归纳出来了。2.作宾语。例 你简要说说文章的～。3.常加"的"作定语。例 这段段落～的归纳很完整。4.构成介宾短语作状语。例 你快把他讲话的～记下来。

【构成】偏正式合成词

【近义】梗概

大意㊁ dà·yi〈形〉疏忽;不注意。

【用法】用于贬义。1.作谓语。例 你也太～了,怎么连这样的漏洞也没发现。2.常加"的"作定语。例 ～的人往往会出错。3.作补语,要用"得"。例 他由于没有发现敌情,变得～了。4.作宾语。例 他办事是那么～。

用于成语"粗心大意",作相应的成分。例 出门在外你千万别粗心～。

【构成】偏正式合成词

【近义】粗心、忽略、疏忽

【反义】谨慎、细心、小心

【辨析】两者构词方式相同。区别在于:1.读音有所不同:前者"意"读去声;后者"意"读轻声。2.词性不同:前者是名词;后者是形容词。3.词义不同:前者指文章或说话等的"主要的意思";后者表示"疏忽、不注意",指一种心理状态。4.感情色彩不同:前者是中性词,不含褒贬的色彩;后者是贬义词,带贬斥的意味。

【辨读】语文考试如果要求写出文章的段落大意(dàyì),同学们要认真思考,不能粗心大意(dà·yi)。

当年㊀dāngnián ㊁dàngnián

当年㊀ dāngnián〈名〉①指过去某一时间。

【用法】用于远指。1.加"的"作定语。例 ～的情形我还记得很清楚。2.作状语。例 这一带～还是一片沼泽地。3.作宾语。例 想～,少帅叱咤风云,何等威风!

②指身强力壮的时期。

【用法】用于实指。多指男性。1.作宾语。例 他正在～,干起活来有使不完的劲儿。2.加"的"作定语。例 正值～的武松,一气之下把西门庆和潘金莲都杀了,径自投奔梁山而去。

【构成】偏正式合成词

【近义】①当初;②盛年

【反义】①今日、如今、现今

当年㊁ dàngnián〈名〉同一年;就在本年。

【用法】用于近指。1.加"的"作定

语。例 ～的生产任务～必须完成。2. 作状语。例 这家工厂～投资～就取得很好的经济效益。

【构成】偏正式合成词

【近义】本年

【辨析】两者词性、构词方式相同，都用于指时间。区别在于：1. 读音有所不同：前者“当”读阴平；后者“当”读去声。2. 词义着重点不同：前者着重指“过去某一时间，身强力壮的时期”，是远指；后者着重指“就在本年，同一年”，是近指。3. 近义、反义词不同：前者的近义词是“当初，盛年”，后者的近义词是“本年”；前者的反义词是“今日、如今、现今”，后者没有反义词。

【辨读】当年（dāngnián）邓总被推选为软件公司董事长，他不负众望，当年（dàngnián）就使公司经济效益翻了一番。

当日㊀dāngrì㊁dàngrì

当日㊀ dāngrì〈名〉指过去发生某件事情的那一日。

【用法】1. 作主语。例 ～是国庆节，我们开展了丰富多彩的庆祝活动。2. 加“的”作定语。例 ～的情况我不了解。3. 作状语，可用在主语前。例 ～，我们曾经就这个问题交换了意见。

【构成】偏正式合成词

【近义】当（dāng）天、那天

当日㊁ dàngrì〈名〉同一日；就在本日。

【用法】1. 常加“的”作定语。例 ～的事情必须～做完。2. 作状语。例 交给他的那些活儿他～就完成了。

【构成】偏正式合成词

【近义】本日、当（dàng）天

【辨析】两者词性、构词方式均相同，都指时间。区别在于：1. 读音有所不同：前者“当”读阴平；后者“当”读去声。2. 词义着重点不同：前者指“过去发生某件事情的那一日”，是远指；后者表示“就在本日，同一日”，是近指。3. 近义词不同：前者的近义词是“当天、那天”；后者的近义词是“本日、当天”。

【辨读】当日（dāngrì）双方代表就经济合作事宜进行了最后一轮协商，当日（dàngrì）就签订了六项经贸协议。

当时㊀dāngshí㊁dàngshí

当时㊀ dāngshí〈名〉指过去发生某件事情的时候。

【用法】1. 作主语。例 ～是非常困难的时期。2. 加“的”作定语。例 ～的情形我记不大清楚了。3. 作状语，可用在主语前。例 我～完全同意他的意见。|～，他还没意识到问题的严重性。

【构成】偏正式合成词

【近义】当初、那时

当时㊁ dàngshí〈副〉就在那个时刻；马上；立刻。

【用法】作状语。例 噩耗传来，她～就昏了过去。

【构成】偏正式合成词

【近义】当即、即刻、立即、立刻、马上

【辨析】两者构词方式相同，都指时间。区别在于：1.读音有所不同：前者"当"读阴平；后者"当"读去声。2.词性不同：前者是名词；后者是副词。3.词义着重点不同：前者指"过去发生某件事情的时候"，是远指；后者指"就在那个时刻，马上，立刻"，是近指。4.语法功能有所不同：前者在句子中作主语、定语、状语；后者在句子中只作状语。5.近义词不同：前者的近义词是"当初、那时"，后者的近义词是"当即、即刻、立即、立刻、马上"。

【辨读】当时(dāngshí)的情况很多人知道，他当时(dàngshí)就表示不同意。

当天㊀dāngtiān㊁dàngtiān

当天㊀ dāngtiān〈名〉指过去发生某件事情的那天。

【用法】1.作主语。例 ～是元旦，厂里放假一天。2.常加"的"作定语。例 ～的事许多人都知道。3.作状语，有时可放在主语前。例 事情发生后，他～去找过当事人。|～，《中国教育报》登载了他的事迹。

【构成】偏正式合成词

【近义】当(dāng)日、那日、那天

当天㊁ dàngtiān〈名〉就在本天；同一天。

【用法】1.常加"的"作定语。例 ～的工作必须～完成。2.作状语。例 他路过我家，～就走了。

【构成】偏正式合成词

【近义】本日、当(dàng)日

【辨析】两者词性、构词方式相同。都指时间。区别在于：1.读音有所不同：前者"当"读阴平；后者"当"读去声。2.词义着重点不同：前者是远指；后者是近指。3.表义范围不同：前者除指时间外，还表示方位，表义范围较宽；后者只表示时间，表义范围较窄。4.语法功能有所不同：前者在句子中作主语、定语、状语、补语；后者在句子中只作定语、状语。5.近义词不同。

【辨读】当天(dāngtiān)他向有关领导提出出国探亲的申请，当天(dàngtiān)就获得批准了。

当头㊀dāngtóu㊁dàng·tou

当头㊀dāngtóu ①〈副〉朝着头部；迎头。

【用法】多用于书面语。常作谓语。例 烈日～，他挥汗如雨。

用于成语“当头棒喝、当头一棒”，作相应的句子成分。例 我们对这些人要～棒喝，使他们醒悟。｜他猛地～一棒，鬼子应声倒地。

②〈动〉(事情)到了眼前；临头。

【用法】多用于书面语。1. 作谓语。例 国难～，唯有团结抗战才有出路。2. 加“的”作定语。例 在国难～的危急时刻，张学良、杨虎城两位爱国将领发动了震惊中外的“西安事变”。3. 构成主谓短语作宾语。例 那时正是国难～，中国共产党领导全国人民奋起抗战。

③〈动〉放在首位。

【用法】多用于书面语。作谓语。例 他一贯敢字～，说干就干。

【构成】支配式合成词

【近义】①迎头；②临头；③领先

当头㊁ dàng·tou〈名〉典当的抵押品。

【用法】用于口语。1. 作主语。例 这些～过几天后再来赎回。2. 作宾语。例 他花钱赎回了那些～。3. 加“的”作定语。例 这～的主儿已经走了。

【构成】附加式合成词

【辨析】两者主要区别是：1. 读音不同：前者“当”读阴平；后者“当”读去声；前者“头”读阳平，后者“头”读轻声。2. 构词方式不同：前者构成支配式合成词；后者构成附加式合成词。3. 词性不同：前者作副词、动词；后者是名词。4. 词义不同：前者表示人或事物动态；后者表示事物名称。5. 语体色彩不同：前者多用于书面语；后者用于口语。6. 有无近义词不同：前者的近义词是“迎头，临头，领先”；后者一般无近义词。7. 语法功能有所不同：前者在句子中主要作谓语，有时也作定语、宾语；后者在句子中除作宾语、定语外，通常作主语。8. 词语沿革状况不同：前者是古今通行词语，现仍常用；后者多用于“五四”时期的作品。

【辨读】母亲不顾烈日当头(dāngtóu)，急急忙忙到当铺赎回了当头(dàng·tou)。

倒车㊀dǎo∥chē㊁dào∥chē

倒车㊀ dǎo∥chē〈动〉中途换车。

【用法】1. 作谓语。例 这趟车不必～，可以直达上海。2. 常加“的”作定语。例 ～的时候要检查一下车的性能。3. 作宾语。例 司机不想～。

中间可插入其他词语。例 这批货运到广州，中途倒了两次车。

【构成】支配式离合词

【近义】换车

倒车㊁ dào//chē〈动〉使车往后倒退。

【用法】1.作谓语。例驾驶员正在～，小孩不要靠近。2.加"的"作定语。例～的司机是小张。3.作宾语。例小李正跟师傅学～。中间可插入其他词语。例司机缓缓地倒着车。

【构成】支配式离合词

【辨析】两者词性、构词方式、语法功能均相同。区别在于：1.读音有所不同：前者"倒"读上声；后者"倒"读去声。2.词义着重点不同：前者着重指"中途换车"，开的是另一辆车；后者着重指"使车后退"，开的是同一辆车。3.有无近义词不同：前者有近义词"换车"；后者一般没有近义词。

【辨误】"倒"中间至的底下一横变提；"车"的末笔是竖，不是横。

【辨读】这辆运载家用电器的货车倒车（dàochē）不灵，司机准备倒车（dǎochē）。

倒数㊀dàoshǔ㊁dàoshù

倒数㊀ dàoshǔ〈动〉逆着次序数（shǔ）。

【用法】用于计数方法。作谓语，可带补语。例他的成绩在班上～第一名。

【构成】偏正式合成词

倒数㊁ dàoshù〈名〉若数 a 不为零，称 1/a 为数 a 的倒数。

【用法】用于数学名词。1.作主语。例1 的～是它本身。2.作宾语。例0 没有～。3.加"的"作定语。例～的写法通常是 1 除以原数。4.构成介宾短语作状语。例他对～还不理解。

【构成】偏正式合成词

【辨析】两者构词方式相同。区别在于：1.读音有所不同：前者"数"读上声；后者"数"读去声。2.词性不同：前者是动词；后者是名词。3.词义不同：前者表示动作方式；后者作数学术语。4.语法功能不同：前者在句子中通常作谓语；后者在句子中作主语、宾语、定语，并构成介宾短语作状语。

【辨读】请同学们说一说倒数（dàoshǔ）第二个数的倒数（dàoshù）是多少。

倒转㊀dàozhuǎn㊁dàozhuàn

倒转㊀ dàozhuǎn ①〈动〉倒过来；反过来。

【用法】作谓语。例这事～来说，道理也是一样。

②〈副〉反倒。

【用法】用于方言。作状语。例他把事情弄糟了，～来怪我。

【构成】并列式合成词

【近义】①反转（zhuǎn）；②反倒

倒转㊁ dàozhuàn〈动〉向相反方

向转（zhuàn)动。

【用法】1.作谓语，可带补语。例 齿轮～了好几圈。|时代的车轮不会～。2.常加"的"作定语。例 ～的车轮缓缓停住了。3.作宾语。例 车轮停止了～。

【构成】偏正式合成词

【近义】反转（zhuàn）

【辨析】两者主要区别是：1.读音有所不同：前者"转"读上声；后者"转"读去声。2.词语构成方式不同：前者构成并列式合成词；后者构成偏正式合成词。3.词性有所不同：前者作动词外，还作副词；后者只作动词。4.词义不同：前者表示说话语气；后者表示物体动态。5.近义词不同：前者的近义词是"反转，反倒"，后者的近义词是"反转"。

【辨读】你自己不小心使砂轮倒转(dàozhuàn)损坏了零件，怎么倒转(dàozhuǎn)来怪我？

得了㊀déliǎo㊁dé·le

得了㊀ déliǎo〈形〉表示情况很严重。

【用法】用于反问句或感叹句。作谓语。例 这还～吗？|他这么蛮横还～！

用于否定式"不得了"。1.作谓语。例 这样可不～！2.常加"的"作定语。例 这不是什么不～的大事。3.作补语，要用"得"。例 这件旗袍她喜欢得不～。4.可作独立语，不跟别的词语发生结构关系。例 哎呀，不～！那边着火了！

【构成】支配式合成词

得了㊁ dé·le〈动〉①得到了。

【用法】作谓语，可带宾语。例 他～一等奖。

②演算产生结果。

【用法】作谓语，可带宾语。例 计算结果～个整数。

③完成了。

【用法】用于口语。作谓语。例 饭～。

④用于结束谈话的时候，表示同意或禁止。

【用法】用于口语。多作独立语，不跟别的词语发生结构关系。例 ～，别说了。

【构成】补充式合成词

【辨析】两者主要区别是：1.读音有所不同：前者"了"读 liǎo；后者"了"读轻声 le。2.词语构成方式不同：前者构成支配式合成词；后者构成补充式合成词。3.词性不同：前者是形容词；后者是动词。4.词义不同：前者表示"情况很严重"；后者表示动作行为的结果，并用于结束谈话时，表示同意或禁止。5.句法功能有所不同：前者用于反问句和感叹句中作谓语，还可构成否定式在陈述句中作谓语、定语、补语和作独立语；

后者除作独立语外，只用于陈述句中作谓语。

【辨读】孙子参加全校电脑绘画竞赛得了(dé·le)一等奖，爷爷高兴得不得了(déliǎo)。

德行㊀déxíng㊁dé·xing

德行㊀ déxíng〈名〉道德和品行。

【用法】1.作主语。例 他的～十分高尚。2.作宾语。例 医生应该具有良好的～。3.常加“的”作定语。例 ～的好坏是衡量一个人的重要标准。4.构成介宾短语作状语。例 乡亲们对他的高尚～非常敬佩。

【构成】并列式合成词

【近义】道德、品行、品质

德行㊁ dé·xing〈名〉讽刺人的话，表示瞧不起对方的仪容、举止、行为、作风等。

【用法】用于口语。含贬义。1.作主语。例 这个女人的～谁不知道？2.作宾语。例 我真看不惯她的～。3.构成介宾短语作状语。例 我对她的～十分了解。

【构成】并列式合成词

【辨析】两者词性、构词方式相同，都用于指人的道德品行。区别在于：1.读音有所不同：前者“行”读阳平；后者“行”读轻声。2.词义着重点不同：前者着重指一般人的“道德和品行”；后者用于讽刺人的话。3.感情色彩不同：前者是中性词，不含褒贬的色彩；后者是贬义词，带厌恶、轻蔑的感情。4.词语归属不同：前者多用于书面语；后者用于口语。

【辨误】“德”右边中间有一横。

【辨读】人民教师必须具备良好的德行(déxíng)，看这些人的德行(dé·xing)根本不配当老师。

登场㊀dēng∥cháng ㊁dēng∥chǎng

登场㊀ dēng∥cháng〈动〉(谷物)收割后运到打晒场上。

【用法】用于农业生产方面。1.作谓语。例 谷子～了，快把场地收拾干净。2.加“的”作定语。例 今天～的麦子特别多，要及时翻晒。3.构成介宾短语作状语。例 稻谷在～后要有专人负责打晒。4.构成“的”字短语作主语。例 已经～的是那块试验田里的早稻。5.作宾语。例 天气一转晴，小麦就开始～。

中间可插入其他词语。例 稻谷登了场，得有好天气才行。

【构成】支配式离合词

登场㊁ dēng∥chǎng〈动〉(剧中人)出现在舞台上。

【用法】用于文艺演出方面。1.作谓语，可带补语。例 帷幕拉开了，演员即将～。|这出戏中，她要～

四次。2. 加“的”作定语。例 他担任配角，～的机会不多。3. 构成介宾短语作状语。例 观众对她的～报以热烈的掌声。4. 构成“的”字短语作主语。例 这场戏中，～的都是一些著名演员。5. 作宾语。例 最后那场戏，她不想～。

用于比喻反面人物登上政治舞台，含贬义。1. 作谓语。例 政客们粉墨～，扮演着滑稽的角色。2. 加“的”作定语。例 这一时期，～的官僚政客不少。3. 构成介宾短语作状语。例 他在～后立即撕去了伪装，露出了狰狞的面目。4. 构成“的”字短语作主语。例 那时～的大都是汉奸卖国贼。

中间可插入其他词语。例 经过拉票竞选，他终于再次登了场。

【构成】支配式离合词

【近义】出场、上场、上台

【反义】退场、下场、下台

【辨析】两者词性、构词方式、语法功能均相同。区别在于：1. 读音有所不同：前者“场”读阳平；后者“场”读上声。2. 词义着重点不同：前者着重指“谷物收割后运到场上”；后者着重指“剧中人出现在舞台上，反面人物登上政治舞台”。3. 适用对象不同：前者施动的主体是谷物，作农业用语；后者施动的主体是“剧中人”等，多作戏剧用语。4. 有无近义、反义词不同：前者一般没有近义词和反义词；后者有近义词“出场、上场、上台”，反义词“退场、下场、下台”等。

【辨读】他开始登场（dēngchǎng）唱戏，正值晚稻登场（dēngcháng）的时节。

滴答㊀dīdā㊁dī·da

滴答㊀ dīdā 〈拟声〉形容水滴落下的声音。

【用法】1. 加“的”作定语。例 窗外～的雨声响个不停。2. 作补语。例 屋外下大雨，屋内下小雨，屋外雨已停，屋内响～。

以词为单位重叠成 ABAB 式。1. 作定语。例 窗外～～的雨响声，使他难以入眠。2. 作状语。例 屋檐下雨水～～地响。

以语素为单位重叠成 AABB 式。1. 作定语。例 连日阴雨，滴滴答答的雨声够烦人的。2. 作状语。例 雨还在滴滴答答地下着。

【构成】联绵单纯词

滴答㊁ dī·da 〈动〉成滴地落下。

【用法】多作谓语，可带宾语。例 他身上的汗直往下～。| 水龙头没关紧，～着水。

【构成】联绵单纯词

【辨析】两者构词方式相同。区别在于：1. 读音有所不同：前者“答”读阴平；后者“答”读轻声。2. 词语使用方式有所不同：前者可重叠成 ABAB、AABB 式词语；后者不能重叠使用。3. 词性不同：前者是拟声词；后者是动词。4. 词义不同：前者表示“水滴落下的声音”；后者指“成滴地落下”，表示液体动态。5. 语法功能不同：前者在句子中主要作定语、状语、补语；后者在句子中通常作谓语。6. 词语修辞作用不同：前者用于模仿水滴落下的声音；后者借液体滴落的声音来模拟液体动态。

【辨误】“答”不写作荅。

【辨读】水龙头还在滴答(dī·da)着水，传来滴答(dīdā)滴答的响声。

地道㊀dìdào㊁dì·dao

地道㊀ dìdào〈名〉在地面下掘成的交通坑道。

【用法】多用于军事。1. 作主语。例 这条～可以通向地下印刷所。2. 作宾语。例 任敌人想出什么毒辣的法子也破坏不了～。3. 常加“的”作定语。例 ～的出口开在隐蔽的地方。4. 构成介宾短语作状语、补语。例 敌人走了，人们就从～里出来，照常种地过日子，有时候还要打击敌人。｜人们藏在～里，敌人很难发现。

【构成】偏正式合成词

【近义】坑道

地道㊁ dì·dao〈形〉①真正是有名产地出产的。

【用法】多用于物产。作定语。例 这些～药材产于长白山。

②真正的；纯粹的。

【用法】用于话语、货物等。1. 常加“的”作定语。例 她说的是～的上海话。2. 作状语。例 这车～是西城有名厂家造的。3. 作补语，要用“得”。例 他的普通话说得真～。4. 作主语。例 他们人的样子和货品的～，都使北平人想到西边与北边的青山上的果园，而感到一点绿意。

以语素为单位重叠成 AABB 式。1. 作定语。例 他那辆自行车是地地道道的上海货。2. 作状语。例 那条围巾太招她喜欢了，雪白雪白的，地地道道是朝鲜丝。

③实在，够标准。

【用法】用于工作或材料的质量等。1. 作谓语。例 他干的活儿真～。2. 加“的”作定语。例 这些～的钢材及时满足了工程的需要。

④用于否定形式“不地道”。指不真实，人品不好。

【用法】用于指人，含贬义。1. 作谓语。例 我看出来了，你们这些人不～。2. 加“的”作定语。例 你们这些不～的狗男女要干什么？

【构成】并列式合成词

【近义】纯粹、真正；标准、实在

【辨析】两者主要区别是：1. 读音有

所不同：前者“道”读去声；后者“道”读轻声。2.词语构成及使用方式不同：前者构成偏正式合成词，不能重叠使用；后者构成并列式合成词，可重叠成AABB式词语。3.词性不同：前者是名词；后者是形容词。4.词义不同：前者是单义词，表示事物名称；后者是多义词，表示人或事物性质状态。5.近义词不同：前者的近义词是“坑道”；后者的近义词是“纯粹、真正，标准、实在”。

【辨读】为了不让敌人发现，他把那些地道(dì·dao)的药材藏在村外的地道(dìdào)里。

地方㊀dìfāng㊁dì·fang

地方㊀ dìfāng〈名〉①各级行政区划的统称。

【用法】1.作主语。例～必须服从中央的领导。2.作宾语。例中央领导很关心～。3.常加“的”作定语。例～政府要及时向中央汇报情况。|要充分调动～的积极性。4.构成介宾短语作状语、补语。例他在～做了30年统战工作。|中央把某些权力下放给～。

②本地；当地。

【用法】多构成方位短语。1.作主语。例～上没有同意，你们不要强行做出这种决定。2.作宾语。例能否办厂还得问问～上。3.作定语。例这些产品很有～特色。4.构成介宾短语作状语。例他在～上很有威信。

【构成】并列式合成词

【近义】①地区、基层；②本地、当地

【反义】①中央；②外地

地方㊁ dì·fang〈名〉①某一区域；空间的一部分；部位。

【用法】多用于口语。1.作主语。例这～出了不少名人。2.作宾语。例这里是什么～？3.常加“的”作定语。例你是什么～的人？4.构成介宾短语作状语、补语。例这声音从什么～传来？|东西放在什么～？

②部分。

【用法】多用于口语。1.作主语。例这篇文章重复的～要改一改。2.作宾语。例你的话也有不对的～。3.常加“的”作定语。例个别～的不足不会影响对全书的评价。4.构成介宾短语作状语。例他在不懂的～用笔做了记号。

【构成】并列式合成词

【近义】①处所、地点、地区、区域；②部分

【辨析】两者词性、构词方式、语法功能均相同，都指某一地点或区域。区别在于：1.读音有所不同：前者“方”读阴平；后者“方”读轻声。2.词义着重点不同：前者着

重指"本地、当地",并用于各级行政区划的统称;后者着重指"某一区域,空间,部位或事物的某一部分"。3.语体色彩不同:前者多用于书面语;后者多用于口语。4.近义、反义词不同:前者的近义词是"地区、基层,本地、当地",后者的近义词是"处所、地点、地区、区域,部分";前者的反义词是"中央,外地",后者没有反义词。

【辨读】这些刚制订的地方(dìfāng)行政法规,有些地方(dì·fang)还需要认真修改。

地脚㊀dìjiǎo㊁dì·jiǎo

地脚㊀ dìjiǎo〈名〉①书页下边的空白处。

【用法】1.作主语。例 这书页的～很宽。2.作宾语。例 印刷时,书页下边要留～。3.常加"的"作定语。例 翻开这几本书,～的宽窄不一。4.构成介宾短语作状语、补语。例 他在书页～上密密麻麻地写了许多字。|她把那首诗抄在书页～上。

②用于"地脚螺丝、地脚螺栓"。指把机器等紧固在地面上用的螺丝。

【用法】用于修饰"螺丝、螺栓",作定语。例 这些～螺丝松动了,要赶快拧紧。|～螺栓把机器紧紧固定在水泥地面上。

【构成】偏正式合成词

地脚㊁ dì·jiǎo〈名〉地基。

【用法】用于方言。1.作主语。例 ～已经夯实,可以盖房了。2.作宾语。例 他好不容易买下了这块～。3.常加"的"作定语。例 这块～的价格还算便宜。4.构成介宾短语作状语、补语。例 人们从～下挖出了不少古钱币。|他把眼睛盯在那块～上,千方百计要弄到手。

【构成】偏正式合成词

【近义】地基

【辨析】两者词性、构词方式、语法功能均相同。区别在于:1.读音有所不同:前者"脚"读上声;后者"脚"一般读轻声,有时也可读上声。2.指称对象不同:前者指"书页下边的空白处";后者指"地基"。3.词语归属不同:前者是普通话词语;后者是方言词语。4.有无近义词不同:前者没有近义词;后者有近义词"地基"。

【辨读】马上要开始在地脚(dì·jiǎo)上浇注水泥桩,却发现打桩机的地脚(dìjiǎo)螺丝没有拧紧。

地下㊀dìxià㊁dì·xia

地下㊀ dìxià ①〈名〉地面之下;地层内部。

【用法】1.作主语。例 ～埋藏着丰富的石油。2.作宾语。例 这里是离地面三米深的～。3.作定语。

这个城市有不少～商场。4.构成介宾短语作状语、补语。例 考古队员们从～发掘出许多文物。|民兵们把枪支埋在～。

②〈形〉秘密而不公开的。

【用法】1.作宾语。例 白区的工作被迫转入～。2.作定语。例 这个～组织曾一度遭到破坏。3.构成介宾短语作状语。例 这些进步的群众团体由～转为公开了。

【构成】偏正式合成词

【近义】②秘密

【反义】①地表、地面;②公开

地下㊁ dì·xia〈名〉地面上。

【用法】用于口语。1.作主语。例 ～刚用水冲洗过,一点灰尘都没有。2.作宾语。例 他眼睛看着～。3.常加"的"作定语。例 ～的脚印深一个浅一个。4.构成介宾短语作状语、补语。例 他立刻从～爬起来。|这些物品不要放在～。

【构成】偏正式合成词

【近义】地面、地上

【反义】空中

【辨析】两者构词方式、语法功能均相同。区别在于:1.读音有所不同:前者"下"读去声;后者"下"读轻声。2.词义着重点不同:前者着重指"地面之下,地层内部,秘密而不公开的";后者着重指"地面上"。3.词性不同:前者除作名词外,还作形容词;后者只作名词。4.近义、反义词不同:前者的近义词是"秘密",后者的近义词是"地面、地上";前者的反义词是"地面,公开",后者的反义词是"空中"。

【辨读】这家地下(dìxià)商场十分清洁,地下(dì·xia)看不到一点杂物。

点心㊀diǎn·xin㊁diǎnxīn

点心㊀ diǎn·xin〈名〉糕饼之类的食品。

【用法】1.作主语。例 ～不过是两块蛋糕而已。2.作宾语。例 母亲给他送来了～。3.常加"的"作定语。例 这些～的味道可口极了。4.构成介宾短语作状语、补语。例 妻子特意在～里加了许多佐料。|她把葱花轻轻地撒在～上。

【构成】支配式合成词

点心㊁ diǎnxīn〈动〉吃少量食品解饿。

【用法】用于方言。多作谓语。例 肚子饿了,该～了。

以词为单位重叠成 ABAB 式,多作谓语。例 快吃点儿饼干～～。

【构成】支配式合成词

【辨析】两者构词方式相同。区别在于:1.读音有所不同:前者"心"读轻声;后者"心"读阴平。2.词性不同:前者作名词;后者作动词。3.词语归属不同:前者是普通话词语;后者是方言词语。4.

语法功能不同：前者在句子中作主语、宾语、定语，并构成介宾短语作状语、补语；后者在句子中作谓语。

【辨读】他写作到深夜该点心(diǎnxīn)了，妻子送来了一碗汤面给他当点心(diǎn·xin)。

点种㊀diǎn//zhǒng㊁diǎnzhòng

点种㊀ diǎn//zhǒng〈动〉点播种子。

【用法】1.作谓语。例 他正在田头～。2.常加"的"作定语。例 他很快掌握了～的技术。3.构成介宾短语作状语。例 他在～时发现一部分稻种已经霉烂。4.作主语，或构成"的"字短语作主语。例 ～是一种精细活儿。|正在～的是张大伯。5.作宾语。例 他学会了～。

中间可插入其他词语。例 他正在地头点着种。

【构成】支配式离合词

点种㊁ diǎnzhòng〈动〉播种的一种方法，每隔一定距离挖一小坑，放入种子。也叫点播。

【用法】1.作谓语，可带宾语。例 他正在地里～小麦。2.常加"的"作定语。例 ～的麦子成活率很高。3.构成介宾短语作状语。例 他在～时把坑挖得太深了。4.作主语，或构成"的"字短语作主语。例 ～是种植大豆的一种常用方法。|他正在～的是玉米。5.作宾语。例 地已经整好了，他正忙于～。

【构成】偏正式合成词

【辨析】两者词性、语法功能相同，都指农活。区别在于：1.读音有所不同：前者"种"读上声；后者"种"读去声。2.词语构成及使用方式不同：前者构成支配式离合词，中间可插入其他词语；后者构成偏正式合成词，中间不能插入其他词语。3.词义着重点不同：前者着重指"点播种子"；后者着重指"用点播种子的方式种植"。

【辨读】李大爷正在那块坡地上用点种(diǎnzhǒng)的方法点种(diǎnzhòng)玉米。

垫圈㊀diàn//juàn㊁diànquān

垫圈㊀ diàn//juàn〈动〉给牲畜的圈铺垫干土、碎草等。

【用法】1.作谓语。例 他在给牲口～。2.常加"的"作定语。例 她干的是～的活儿。3.构成介宾短语作状语。例 她把～当成自己分内的工作。4.作宾语。例 老张今天负责～。

中间可插入其他词语。例 他给小马驹垫好了圈。

【构成】支配式离合词

垫圈㊁ diànquān〈名〉也说垫

圈儿。垫在被连接物与螺母之间的零件,一般为扁平环状,多用金属、橡胶或塑料等制成。

【用法】1.作主语。例～放在工具袋里。2.作宾语。例他买来一盒～。3.常加"的"作定语。例这些～的型号可能太小了。4.构成介宾短语作状语。例他把～拧到螺丝上。

【构成】偏正式合成词

【辨析】两者主要区别是:1.读音有所不同:前者"圈"读 juàn;后者"圈"读 quān。2.词语构成及使用方式不同:前者构成支配式离合词,中间可插入其他词语;后者构成偏正式合成词,中间不能插入其他词语。3.词性不同:前者是动词;后者是名词。4.词义不同:前者表示动作行为;后者表示物品名称。

【辨误】"圈"内是卷,下是㔾,不写作己、已、巳。

【辨读】他刚干完垫圈(diànjuàn)的活儿,又忙着到商场里买垫圈(diànquān)。

调拨㊀diàobō㊁tiáobō

调拨㊀ diàobō〈动〉①调动拨付。

【用法】多用于物资。1.作谓语,可带宾语。例粮食部门～了五千吨粮食,用于支援灾区。2.加"的"作定语。例上级～的钢材满足了施工的需要。3.作主语,或构成"的"字短语作主语。例这批商品的及时～缓解了市场供需的矛盾。|～的是农民急需的小麦优良品种。4.作宾语。例这些物资他正忙着～。

②调遣。

【用法】1.作谓语,可带宾语。例这些员工全由他～。|你可以根据需要随时～这些民工。2.加"的"作定语。例上级～的两位干部已经到任。3.作主语,或构成"的"字短语作主语。例这批工程技术人员的～解决了公司人才紧缺的矛盾。|～的是单位急需的文秘人员。4.作宾语。例人员都听从你们的～指挥。

【构成】并列式合成词

【近义】①拨付;②调遣

调拨㊁ tiáobō〈动〉搬弄是非,引起纠纷。

【用法】用于人际关系,含贬义。1.作谓语。例她故意从中～,使他母子俩不和。2.常加"的"作定语。例她～的目的是为了离间他俩的关系。3.构成介宾短语作状语。例在别人的～下,他和妻子离婚了。4.作主语。例他的～使矛盾更加激化。5.作宾语。例她这是蓄意～。

【构成】并列式合成词

【近义】调唆、挑拨、挑唆

【辨析】两者词性、构词方式、语法功能均相同。区别在于：1. 读音有所不同：前者“调”读 diào；后者“调”读 tiáo。2. 词义不同：前者指“调动拨付”，表示动作行为；后者指“搬弄是非，引起纠纷”，表示言语动态。3. 感情色彩不同：前者是中性词，不含褒贬的色彩；后者是贬义词，带有厌恶、鄙视的感情。4. 近义词不同：前者的近义词是“拨付，调遣”；后者的近义词是“调唆、挑拨、挑唆”等。

【辨读】由于有人在领导面前调拨（tiáobō），上级原定调拨（diàobō）的物资减少了一半。

调侃㊀diào//kǎnr㊁tiáokǎn

调侃儿㊀ diào//kǎnr 〈动〉同行业的人说行话。

【用法】用于方言。1. 常作谓语。例 这些酒店老板们在楼上～。2. 加“的”作定语。例 他们～的声音越来越大。3. 构成介宾短语作状语。例 在～时，许多生意也往往做成了。4. 构成“的”字短语作主语。例 ～的是那些乡镇企业的厂长经理们。5. 作宾语。例 他平时不爱和别人～。

中间可插入其他词语。例 你们调什么侃儿，还不快回家去。

【构成】支配式离合词

调侃㊁ tiáokǎn 〈动〉用诙谐的话戏弄、嘲笑。

【用法】用于贬义。1. 作谓语，可带宾语。例 你不要～人好不好？2. 加“的”作定语。例 他那～的口吻，加重了那通言论的分量。3. 构成介宾短语作状语。例 她对别人的～一点儿也不在意。4. 作主语。例 ～有时对调节那种沉闷的会议气氛是必要的。5. 作宾语。例 她知道她受了～，气不打一处来。

【构成】并列式合成词

【近义】嘲笑、玩笑、戏弄

【辨析】两者词性、语法功能相同，都表示言语动态。区别在于：1. 读音不同：前者“调”读 diào，后者“调”读 tiáo；前者“侃”儿化，后者“侃”不儿化。2. 词语构成及使用方式不同：前者构成支配式离合词，中间可插入其他词语；后者构成并列式合成词，中间不能插入其他词语。3. 词义着重点不同：前者着重指“同行业的人说行话”；后者着重指“戏弄、嘲笑、玩笑”。4. 词语归属不同：前者是方言词语；后者是普通话词语。5. 感情色彩不同：前者是中性词，不含褒贬的色彩；后者是贬义词，带厌恶、贬斥的感情。6. 有无近义词不同：前者没有近义词；后者有近义词“嘲笑、玩笑、戏弄”等。

【辨读】这几位老板一边喝着酒，一边用调侃（tiáokǎn）的口吻互相调侃儿（diàokǎnr）。

调配㊀diàopèi㊁tiáopèi

调配㊀ diàopèi〈动〉调动分配。

【用法】用于人员、工具等。1.作谓语，可带宾语、补语。例这个车间的人员要重新～。|他正在～劳力。|劳动力和工具～得合理，工程进展就会更顺利。2.加“的”作定语。例人事～的结果，他被安排到保卫科。3.构成介宾短语作状语。例在人员～上，他十分尊重厂方的意见。4.作主语。例生产搞得好不好，人员的～是关键。5.作宾语。例他服从上级的～。

以词为单位重叠成ABAB式，作谓语。例你们单位的人员要～～，加以合理使用。

【构成】并列式合成词

调配㊁ tiáopèi〈动〉调和配制。

【用法】用于颜料、药物等。1.作谓语，可带宾语、补语。例她细心地～着中药。|这几种颜料他又认真～了一番。2.加“的”作定语。例她～的药物合乎标准。3.构成介宾短语作状语。例这些农药在～时要特别小心。4.作主语。例色彩的～要认真学习。5.作宾语。例她已经学会了药物的～。

以词为单位重叠成ABAB式，多作谓语。例你把那些颜料再～～，免得色彩不均匀。

【构成】并列式合成词

【辨析】两者词性、构词方式、语法功能均相同。区别在于：1.读音有所不同：前者“调”读diào；后者“调”读tiáo。2.词义不同：前者指“调动分配”；后者表示“调和配制”的意思。3.适用对象不同：前者施动的对象是人员、工具、设施等；后者施动的对象是颜料、药物等。

【辨误】“配”左边是酉，不写作西，右边是己，不写作⼰、已、巳。

【辨读】医院药房调配（tiáopèi）药物的人员，必须由院长统一调配（diàopèi）。

调头㊀diào//tóu㊁diào·tou

调头㊀ diào//tóu〈动〉同“掉头”。转成相反的方向。

【用法】用于人或车船等。1.常构成连动短语作谓语。例他～就走。|轮船～向北驶去。2.加“的”作定语。例～的车子堵住了他的去路。3.构成介宾短语作状语。例船在～时发出了求救信号。4.作主语或构成“的”字短语作主语。例秋香的这一～，使唐伯虎看清了她的脸。|～逃窜的是敌吉野号旗舰。

中间可插入其他词语。例船只调

过头，向相反方向行驶。

【构成】支配式离合词

【近义】掉头、回头

调头㊁ diào·tou〈名〉① 调子。

【用法】用于方言。1. 作主语。例 你唱的～太低了。2. 作宾语。例 你这是唱的什么～？3. 常加“的”作定语。例 唱歌时，～的高低要特别注意。

②语气。

【用法】用于方言。1. 作主语。例 他说话的～很坚决。2. 作宾语。例 和母亲说话怎能用这种～！

【构成】附加式合成词

【近义】①调子；②语气

【辨析】两者主要区别是：1. 读音有所不同：前者“头”读阳平；后者“头”读轻声。2. 词语构成及使用方式不同：前者构成支配式离合词，中间可插入其他词语；后者构成附加式合成词，中间不能插入其他词语。3. 表义功能不同：前者用于动作义，指“转成相反的方向”；后者用于名物义，指“调子，语气”。4. 词语归属不同：前者是普通话词语；后者是方言词语。5. 近义词不同：前者的近义词是“掉头、回头”；后者的近义词是“调子、语气”。6. 词语规范程度不同：前者是“掉头”的异形词，通常用“掉头”；后者是规范词语。

【辨读】小伙子说话那生硬的调头（diào·tou），气得老大爷调头（diàotóu）就走了。

顶针㊀dǐng·zhen㊁dǐngzhēn

顶针㊀ dǐng·zhen〈名〉也说顶针儿。做针线活时戴在手指上的一种用具，用金属等制成，上面有许多小窝，可以顶住针眼，使针容易扎进而手指不致受伤。

【用法】用于物品名称。1. 作主语。例 这只～是用白银制成的。2. 作宾语。例 奶奶的中指上套着一只～。3. 加“的”作定语。例 这～的用途还真不小。

【构成】支配式合成词

顶针㊁ dǐngzhēn〈名〉同“顶真”。用前面结尾的词语或句子做下文的开头。

【用法】用于修辞方式。1. 作主语。例 ～能使句子头尾相连，递接紧凑。2. 作宾语。例 老师刚才讲的修辞方式叫～。3. 加“的”作定语。例 他的诗常常运用～的修辞方式。

【构成】支配式合成词

【近义】联珠

【辨析】两者词性、构词方式、语法功能相同。区别在于：1. 读音有所不同：前者“针”读轻声；后者“针”读阴平。2. 表义范畴不同：前者表示用具名称；后者指一种修辞方式。3. 有无近义词不同：

前者没有近义词；后者有近义词“联珠”。4. 词语规范程度不同：前者是规范词语；后者是“顶真”的异形词，通常用“顶真”。

【辨读】她做针线活总是戴着顶针(dǐng·zhen)，写诗时喜欢用顶针(dǐngzhēn)的修辞手法。

定规㊀dìngguī㊁dìng·gui

定规㊀ dìngguī ①〈名〉已确定的规矩；成规。

【用法】1. 作主语。例 这～是多年流传下来的。2. 作宾语。例 我们这里没有这样的～。3. 构成介宾短语作状语。例 他从来不把那些～放在眼里。

②〈副〉一定，表示主观意志坚决。

【用法】用于方言。作状语。例 我爹要晓得你还常常来，他～要想办法对付你。

【构成】偏正式合成词

【近义】①成规、规矩；②一定

定规㊁ dìng·gui〈动〉决定。

【用法】用于方言。1. 作谓语，可带宾语、补语。例 这件事我们还没有～。|我和李先生谈一谈，然后再～一切吧。|投资办厂的事已经～好啦。2. 加“的”作定语。例 已经～的事一定要办。

【构成】并列式合成词

【近义】规定、决定

【辨析】两者主要区别是：1. 读音有所不同：前者“规”读阴平；后者“规”读轻声。2. 构词方式不同：前者构成偏正式合成词；后者构成并列式合成词。3. 词性不同：前者作名词、副词；后者作动词。4. 词义不同：前者指“规矩，成规”，表示事物名称，表示肯定的语气；后者指“决定”，表示主观意愿。5. 词语归属有所不同：前者第①义项是普通话词语，第②义项是方言词语；后者是方言词语。6. 近义词不同：前者的近义词是“成规、规矩，一定”；后者的近义词是“规定、决定”。7. 语法功能不同：前者在句子中作主语、宾语，并构成介宾短语作状语；后者在句子中作谓语、定语。

【辨读】我们年级教研组每周四下午开展教研活动已成定规(dìngguī)，不用学校再定规(dìng·gui)了。

东西㊀dōngxī㊁dōng·xi

东西㊀ dōngxī〈名〉①东边和西边。

【用法】用于指方向。1. 作主语。例 雾越来越浓，～南北渐渐分不清了。2. 作宾语。例 他在大沙漠里迷了路，认不清～南北了。3. 作定语。例 这是一条～走向的山脉。

②从东到西的距离。

【用法】用于指距离。作状语。例

这条路～长五里。

【构成】并列式合成词

【反义】南北

东西㊁ dōng·xi〈名〉①泛指各种事物。

【用法】1.作主语。例 桌子上的～是谁的？2.作宾语。例 他买了很多～。3.常加"的"作定语。例 这些～的价格很便宜。4.构成介宾短语作状语。例 她对那些～不喜欢。

②特指人或动物(多含厌恶或喜爱的感情)。

【用法】1.作主语。例 这小～真可爱。2.作宾语。例 这小子真不是个～。3.常加"的"作定语。例 这老～的脾气很古怪。

【构成】并列式合成词

【近义】①事物；②家伙

【辨析】两者词性、构词方式相同。区别在于：1.读音有所不同：前者"西"读阴平；后者"西"读轻声。2.词义不同：前者表示方位和距离；后者泛指各种事物，并特指人或动物，表示事物名称。3.有无近义、反义词不同：前者没有近义词，后者有近义词"事物，家伙"；前者有反义词"南北"，后者没有反义词。

【辨读】他刚进城连东西(dōngxī)南北都分不清，更不知道这些东西(dōng·xi)的价钱。

肚子㊀dǔ·zi㊁dù·zi

肚子㊀ dǔ·zi〈名〉用作食物的动物的胃。

【用法】1.作主语。例 猪～是人们喜爱的食物。2.作宾语。例 她买回了一个猪～。3.作定语。例 这个羊～的价格很便宜。4.构成介宾短语作状语。例 不法商贩在猪～里掺进了水，然后出售。

【构成】附加式合成词

肚子㊁ dù·zi〈名〉①腹的通称。人的肚子在胸的下面，动物的肚子在胸的后面。

【用法】1.作主语。例 他的～经常疼，可能是蛔虫在捣乱。2.作宾语。例 他一脚踢中了歹徒的～。3.常加"的"作定语。例 她～里的坏主意真多。4.构成介宾短语作状语、补语。例 胎儿在～里已经八个月了。|他挥起一拳打在对方的～上。

②物体圆而凸起像肚子的部分。

【用法】1.作主语。例 他的腿～又粗又壮。2.作宾语。例 孩子紧紧抱着爸爸的腿～。3.常加"的"作定语。例 这个瓶～上的花纹美极了。4.构成介宾短语作状语、补语。例 他在花瓶～上画着图案。|歹徒一刀刺在他的腿～上。

【构成】附加式合成词

【辨析】两者词性、构词方式、语法功能均相同。都可用于指身体部位。区别在于：1. 读音有所不同：前者“肚”读上声；后者“肚”读去声。2. 指称对象不同：前者指“可以用作食物的动物的胃”；后者指“人和动物的腹部或物体圆而凸起像肚子的部分”。3. 适用范围不同：前者是单义词，限指动物的胃，适用范围较窄；后者是多义词，除指动物的腹部外，还指人的腹部和其他物体，适用范围较宽。

【辨读】她昨天吃了一个猪肚子(dǔ·zi)，现在感觉肚子(dù·zi)舒服多了。

端详㈠duānxiáng㈡duān·xiang

端详㈠ duānxiáng ①〈名〉详情。

【用法】常用于动词“说、听”后，作宾语。例 这件事，且让我细说～。|你先听听事情的～。

②〈形〉端庄安详。

【用法】1. 作谓语。例 她的举止十分～。2. 加“的”作定语。例 她～的仪态使人们肃然起敬。3. 作补语，要用“得”。例 姑娘的举止变得很～。4. 作宾语。例 她是那么～大方。

【构成】并列式合成词

【近义】①详情；②安详、端庄、稳重

端详㈡ duān·xiang〈动〉仔细地看。

【用法】后面常带动态助词“着、了”。1. 作谓语，可带宾语、补语。例 老大娘眯着眼睛，在柜台前～着。|母亲久久～着从海外归来的儿子。|她～了半天，也没认出是谁。2. 加“的”作定语。例 老人～的时间足足有一刻钟。3. 作主语。例 老人的～弄得姑娘有些不好意思。4. 作宾语。例 她初来乍到，受不了老大娘一个劲儿的～。

【构成】并列式合成词

【近义】打量、端量

【辨析】两者构词方式相同。区别在于：1. 读音有所不同：前者“详”读阳平；后者“详”读轻声。2. 词性不同：前者作名词、形容词；后者作动词。3. 词义不同：前者表示事物名称或人的外貌神态；后者表示动作。4. 近义词不同：前者的近义词是“详情，安详、端庄、稳重”；后者的近义词是“打量、端量”等。

【辨读】母亲仔细地端详(duān·xiang)着未来的儿媳妇，姑娘仪态是那么端详(duānxiáng)，老人打心眼里喜欢。

对头㈠duìtóu㈡duì·tou

对头㈠ duìtóu〈形〉①合适；正确。

【用法】1. 作谓语。例 方法～，效果就好。2. 加“的”作定语。例 这是很～的做法。3. 作补语，要加

"得"。例你的话说得很～。4.作宾语。例这种想法是多么不～。

②正常。

【用法】多用于否定。1.作谓语。例他的脸色不～，恐怕是病了。2.作补语，要用"得"。例他今天表现得不太～。3.作宾语。例她的神色是那么不～。

③合得来。

【用法】多用于否定。多作谓语。例他俩脾气不～，常闹别扭。

【构成】支配式合成词

【近义】①合适、正确；②正常；③对劲

【反义】①错误；②反常；③别扭

对头㈡ duì·tou〈名〉①仇敌；敌对的方面。

【用法】1.作主语。例他的～千方百计地陷害他。2.作宾语。例他们两个人是死～。3.常加"的"作定语。例他曾经是她的～人。|～的手段十分毒辣。4.构成介宾短语作状语。例他要向～讨还血债。

②对手。

【用法】1.作主语。例这场围棋赛，他的～是小李。2.作宾语。例这次比赛，她是我的～。

【构成】附加式合成词

【近义】①仇敌、仇人；②对手

【反义】①朋友；②同伴、同人

【辨析】两者主要区别是：1.读音有所不同：前者"头"读阳平；后者"头"读轻声。2.构词方式不同：前者构成支配式合成词；后者构成附加式合成词。3.语素充任的构词成分不同：前者"头"作词根，用于体现这个词的根本的词汇意义；后者"头"作词缀，表示附加意义。4.词性不同：前者是形容词；后者是名词。5.表义功能不同且局部词义相反：前者用于形容义，表示性质状态；后者用于名物义，指某种人。前者第③义项表示"合得来"，后者第①义项指"仇敌、敌对的方面"，意义相反。6.近义、反义词不同：前者的近义词是"合适、正确，正常，对劲"，后者的近义词是"仇敌、仇人，对手"；前者的反义词是"错误，反常，别扭"，后者的反义词是"朋友，同伴、同人"。

【辨读】他早晨在街上遇见以前的死对头(duì·tou)，一整天脸色都不对头(duìtóu)。

多少㈠duōshǎo㈡duō·shao

多少㈠ duōshǎo ①〈名〉指数量的大小。

【用法】1.作主语。例～不等，长短不齐。2.作宾语。例如何进行分配，要看物资的～。3.构成介宾短语作状语。例我们将根据任务的～统筹安排。

②〈副〉或多或少。

【用法】作状语。例 历史上每一次农民起义，都～推动了社会生产力的发展。

以语素为单位重叠成 AABB 式，作状语。例 有关家电维修方面的知识，他多多少少懂得一些。

③〈副〉稍微。

【用法】作状语。例 这学期班上的纪律～有些松弛。

【构成】并列式合成词

【近义】③略微、稍微、稍为

多少㊁ duō·shao〈代〉疑问代词。

①询问数量。

【用法】用于疑问句。1.作宾语。例 这种鱼池塘里还有～？2.作定语。例 一亩地可以产～棉花？

②指未定的数量的大小。

【用法】1.作主语。例 工资的～由厂方决定。2.作定语。例 为了写这本书，他不知付出了～心血。3.作补语。例 关于这件事，你知道～就说～。

【构成】并列式合成词

【辨析】两者都可用于指数量，构词方式也相同。区别在于：1.读音有所不同：前者"少"读上声；后者"少"读轻声。2.词性有所不同：前者作名词、副词；后者作代词。3.词义着重点不同：前者表示数量时着重指"数量的大小，或多或少"；后者用于"询问数量"，并表示"不定的数量"。4.语法功能有所不同：前者在句子中作主语、宾语、状语；后者在句子中除作主语、宾语外，还可作定语、补语。

【辨读】不论我们每月收入有多少（duō·shao），多少（duōshǎo）都应该给父母付生活费。

垛口㊀duǒkǒu㊁duòkǒu

垛口㊀ duǒkǒu〈名〉城墙上两个垛子间的缺口；也指城墙上部呈凹凸形的短墙。

【用法】用于建筑物。1.作主语。例 城墙上的几处～已经毁坏。2.作宾语。例 他负责修建这段城墙的～。3.作定语。例 这些～的宽度大约一米。

【构成】偏正式合成词

垛口㊁ duòkǒu〈动〉指曲艺演员将好几句押韵的唱词一句紧接一句地唱出来。

【用法】用于曲艺表演。1.作主语。例 他的～赢得观众一阵阵热烈的掌声。2.作定语。例 她～的功夫令人叫绝。3.构成介宾短语作状语。例 人们对他的～连声赞叹。

【构成】偏正式合成词

【辨析】两者主要区别是：1.读音有所不同：前者"垛"读上声；后者"垛"读去声。2.词性不同：前者是名词；后者是动词。3.词义不同：前者指建筑物；后者表示人的动态。

【辨读】在长城垛口（duǒkǒu）背景的映衬下，他的垛口（duòkǒu）博得观众连声喝彩。

垛子㈠duǒ·zi㈡duò·zi

垛子㈠ duǒ·zi〈名〉墙上向外或向上突出的部分。

【用法】1.作主语。例 这城～是用条石砌成的。2.作宾语。例 工匠们正在修建门～。3.加“的”作定语。例 城～的修建计划正在制订。4.构成介宾短语作状语、补语。例 他远远看见在城～上聚集着一群人。|他独自一人站在城～上。

【构成】附加式合成词

垛子㈡ duò·zi〈名〉整齐地堆成的堆。

【用法】1.作主语。例 麦秸～堆在村边的场地上。2.作宾语。例 场院里堆着稻秆～。3.常加“的”作定语。例 稻秆～的右边站着一群人。4.构成介宾短语作状语、补语。例 他发现在麦秸～上躺着一个人。|他躺在稻秆～上。

【构成】附加式合成词

【辨析】两者词性、构词方式、语法功能均相同。区别在于：1.读音有所不同：前者“垛”读上声；后者“垛”读去声。2.指称对象不同：前者指建筑物；后者多指农副产品。

【辨读】吴大伯正在把城垛子（duǒ·zi）上堆放着的几捆麦秸垛子（duò·zi）搬到场地上。

F

发行㈠fāháng㈡fāxíng

发行㈠ fāháng〈动〉批发。

【用法】用于商业。1.作谓语，可带宾语、补语。例 这些商品正在～。|她的店铺专门～日用品。|这些货物已经～了一大半。2.作定语。例 这几种商品的～价格尚未确定。3.作主语。例 这些商品的～还没开始。4.作宾语。例 水果运回来后，他正忙着～。

【构成】支配式合成词

【近义】批发

发行㈡ fāxíng〈动〉发出新印制的货币、公债或新出版的书刊等。

【用法】常用于金融业、出版业。1.作谓语，可带宾语、补语。例 这套少儿读物已经正式出版～。|新近又～了一种语文双月刊。|这种邮票我国邮局曾经～过一次。2.常加“的”作定语。例 出版～部门也要引入竞争机制。|上半年～的国库券已经被认购一

空。3.构成介宾短语作状语。例这本书从出版～到现在已经整整一年了。4.作主语,或构成"的"字短语作主语。例该书的再次～,满足了读者的需求。|正在～的是一套科普读物。5.作宾语。例上级有关部门十分支持这套爱国主义教育丛书的出版和～。

【构成】并列式合成词

【近义】发售

【辨析】两者词性相同。区别在于:1.读音有所不同:前者"行"读háng;后者"行"读xíng。2.构词方式不同:前者构成支配式合成词;后者构成并列式合成词。3.词义着重点不同:前者作商业用语;后者作金融、出版等行业用语。4.适用对象不同:前者施动的对象是商品;后者施动的对象是新印制的货币、公债或新出版的书刊等。5.近义词不同:前者的近义词是"批发";后者的近义词是"发售"等。6.使用频率不同:前者不常用,使用频度较低;后者是常用词,使用频率高。

【辨读】他兄弟俩一个忙着发行(fāháng)家用电器,一个忙着发行(fāxíng)科技图书。

发蒙㊀fāmēng㊁fāméng

发蒙㊀ fāmēng〈动〉犯糊涂;弄不清楚。

【用法】用于口语。1.作谓语,可带补语。例她一时～,算错了账。|你平时很聪明,怎么这阵子倒～起来了?2.加"的"作定语。例她那～的样子,令人哭笑不得。3.加"地"作状语。例我～地跟着他往前走。4.作补语,要用"得"。例她被骂得～了。

【构成】支配式合成词

【近义】糊涂

【反义】清醒

发蒙㊁ fāméng〈动〉旧时指教少年、儿童开始识字读书。

【用法】用于书面语。1.作谓语。例等到孩子四五岁时,他便耐心地～。2.作定语。例母亲是他的～老师。3.作主语。例祖母的～给我留下了刻骨铭心的记忆。4.作宾语。例我永远感激林老师对我的～。

【构成】支配式合成词

【近义】启蒙

【辨析】两者主要区别是:1.读音有所不同:前者"蒙"读阴平;后者"蒙"读阳平。2.词义不同:前者表示意识状态;后者表示动作行为。3.感情色彩不同:前者是贬义词,含鄙视、贬斥的感情;后者是中性性,不带褒贬的色彩。4.语体色彩不同:前者用于口语;后者用于书面语。5.近义、反义词不同:前者的近义词是"糊涂",

后者的近义词是“启蒙”；前者有反义词“清醒”，后者没有反义词。

【辨读】这小孩子连很简单的数学题都算错，经老师发蒙（fāméng）后，不再发蒙（fāmēng）了。

发送㊀fāsòng㊁fā·song

发送㊀ fāsòng〈动〉发出；送出。

【用法】1.作谓语，可带宾语、补语。例 邮递员们正在～当天的报刊信件。|邮局已经把今天的邮件～出去。2.常加“的”作定语。例 今天下大雨，你要想办法完成～任务。|他今天～的文件特别多。3.构成介宾短语作状语。例 这些文件在～时要注意保密。4.构成“的”字短语作主语。例 老陈急于～的是一封加急文件。5.作宾语。例 你无论如何要完成这些重要信件的～。

【构成】并列式合成词

【近义】发出、送出

发送㊁ fā·song〈动〉办丧事，特指殡葬。

【用法】1.作谓语。例 他家老人逝世了，今天正在～。2.加“的”作定语。例 ～的时间定在明天上午八点。3.构成“的”字短语作主语。例 帮忙～的多是亲朋好友。4.作宾语。例 邻居死了人，正忙着～。

【构成】并列式合成词

【近义】送丧、送葬

【辨析】两者词性、构词方式相同，都表示“送出”的意思。区别在于：1.读音有所不同：前者“送”读去声；后者“送”读轻声。2.词义着重点不同：前者多作邮政通讯等专业用语；后者作殡葬用语。3.适用对象不同：前者施动的对象是“无线电信号、文件、报刊信件等”；后者施动的对象是“死者”。4.近义词不同：前者的近义词是“发出、送出”；后者的近义词是“送丧、送葬”。

【辨读】他接到弟弟发送（fāsòng）的电子邮件，获悉伯父明天发送（fā·song），立刻乘车往回赶。

翻腾㊀fānténg㊁fān·teng

翻腾㊀ fānténg〈动〉①（波浪等）上下滚动。

【用法】1.作谓语，可带宾语、补语。例 大海～着波浪。|愤怒的波涛～起来。2.加“的”作定语。例 飞机终于穿越过～的云海。

②在空中做翻转身体的动作。

【用法】1.加“的”作定语。例 体操运动员在训练空中～的动作。2.构成介宾短语作状语。例 她向内～三周后稳稳落地。

【构成】并列式合成词

【近义】①滚动；②翻转

翻腾㊁ fān·teng 〈动〉①比喻思绪起伏。

【用法】用于思想动态。作谓语。例 这些问题一直在他脑海里～。

②翻动。

【用法】用于手的动作。1.作谓语，可带补语。例 他把衣柜～遍了，还是找不到那件衣服。2.加"的"作定语。例 这些物品上出现了被人～过的痕迹。

【构成】并列式合成词

【近义】①翻滚；②翻动

【辨析】两者词性、构词方式、语法功能均相同。区别在于：1.读音有所不同：前者"腾"读阳平；后者"腾"读轻声。2.词义不同：前者表示"上下滚动，身体翻转的动作"；后者指"思绪起伏，手翻动的动作"。3.适用范畴不同：前者用于自然景观和体育活动；后者用于思想动态和手的动作。

【辨读】她倚在飞机窗口，看着翻腾(fānténg)的云海，万千思绪在脑海里翻腾(fān·teng)。

反叛㊀fǎnpàn㊁fǎn·pan

反叛㊀ fǎnpàn 〈动〉背叛；叛变。

【用法】1.作谓语。例 他终于彻底～了。2.加"的"作定语。例 这些～的军人企图发动政变。3.作主语，或构成"的"字短语作主语。例 这伙人的～使局面更加混乱。|～的是总统府警备连。4.作宾语。例 那些军人正准备～。

【构成】并列式合成词

【近义】叛变

反叛㊁ fǎn·pan 〈名〉叛变的人。

【用法】用于口语。1.作主语。例 这伙～受到了人民的惩罚。2.作宾语。例 他亲手铲除了这些～。3.常加"的"作定语。例 这伙～的下场是可悲的。4.构成介宾短语作状语。例 对这伙～绝不能手软。

【构成】并列式合成词

【近义】叛徒

【辨析】两者构词方式相同。区别在于：1.读音有所不同：前者"叛"读去声；后者"叛"读轻声。2.词性不同：前者是动词；后者是名词。3.词义不同：前者指"叛变"，表示动作行为；后者指"叛变的人"。4.语体色彩不同：前者多用于书面语；后者用于口语。5.修辞方式不同：前者用于本义，没有修辞的用法；后者借人的动作行为来指代某种人，用的是借代的修辞方式。

【辨读】这伙人的反叛(fǎnpàn)给革命事业带来极大损失，上级要求坚决铲除这些反叛(fǎn·pan)。

反正㊀fǎnzhèng㊁fǎn·zhèng

反正㊀ fǎnzhèng 〈动〉①敌方的军队或人员投到自己一方。

【用法】1.作谓语。例我军加强了政治攻势，敌人的军队纷纷～。2.加“的”作定语。例～的人员经过思想教育后，正式编入我们的部队。3.作主语，或构成“的”字短语作主语。例敌人骑兵团的～，为这次战斗胜利创造了有利条件。|～的是敌人的炮兵连。4.作宾语。例我军欢迎敌方官兵的～。

②回归到正道上。

【用法】用于成语“拨乱反正”。1.作谓语。例他全力拨乱～，挽救了国家和民族。2.加“的”作定语。例这些都是拨乱～的有力措施。3.作主语。例拨乱～是一项英明决策。4.作宾语。例人民支持拨乱～。

【构成】支配式合成词

【近义】①投诚；②回归

反正㊁ fǎn·zhèng〈副〉①表示情况不同而结果并无区别。

【用法】多用于句首，作状语。例不管你怎么说，～我是不会去的。

②表示坚决肯定的语气。

【用法】多用于句首，作状语。例～不是什么要紧事，你急着赶回去干什么？

【构成】并列式合成词

【近义】①横竖、横直；②既然

【辨析】两者主要区别是：1.读音不同：前者“正”读去声；后者“正”一般读轻声，有时也可读去声。2.构词方式不同：前者构成支配式合成词；后者构成并列式合成词。3.词性不同：前者是动词；后者是副词。4.词义不同：前者表示动作行为；后者指“情况不同而结果并无区别”，并表示“坚决肯定的语气”。5.近义词不同：前者的近义词是“投诚，回归”；后者的近义词是“横竖、横直，既然”。6.语法功能不同：前者在句子中作谓语、定语、主语、宾语；后者多用于句首作状语。

【辨读】无论情况如何变化，反正(fǎn·zheng)李团长已决定全团官兵凌晨三点反正(fǎnzhèng)。

方向㊀fāngxiàng㊁fāng·xiang

方向㊀ fāngxiàng〈名〉①指东、西、南、北等。

【用法】1.多作主语。例东北～传来隆隆的炮声。2.作宾语。例他在山里迷失了～。3.常加“的”作定语。例在大海上航行，～的测定还得靠罗盘。4.构成介宾短语作状语。例小孩走进了大森林，对～辨别不清。

②正对着的位置；前进的目标。

【用法】1.作主语。例行军的～已经确定。2.作宾语。例他为我们指明了前进的～。3.常加“的”作定语。例部队决定突围，～的选择至关重要。4.构成介宾短语作状语。例飞机朝首都的～飞行。

【构成】并列式合成词

【近义】①方位；②目标

方向㈡ fāng·xiang〈名〉情势。

【用法】用于方言。1.作主语。例～要看准，不能蛮干。2.作宾语。例做事要看～。

【构成】并列式合成词

【近义】情势

【辨析】两者词性、构词方式相同。区别在于：1.读音有所不同：前者"向"读去声；后者"向"读轻声。2.表义范畴不同：前者表示方位、处所；后者表示"情势"的意思。3.词语归属不同：前者是普通话词语；后者是方言词语。4.近义词不同：前者的近义词是"方位，目标"；后者的近义词是"情势"。

【辨读】他已经给你指明了努力的方向(fāngxiàng)，你投资要看准方向(fāng·xiang)。

方丈㈠fāngzhàng㈡fāng·zhang

方丈㈠ fāngzhàng〈量〉①一丈见方。

【用法】多作谓语。例房间不足～。

②平方丈。

【用法】1.作谓语。例地基面积约五～。2.作补语。例广场占地五百～。

【构成】偏正式合成词

方丈㈡ fāng·zhang〈名〉①佛寺或道观中长老、住持居住的房间。

【用法】1.作主语。例～在寺院的左侧。2.作宾语。例人们参观了高僧住过的～。3.常加"的"作定语。例～的陈设古朴典雅。4.构成介宾短语作状语。例人们在～里发现了不少唐代文物。

②对佛教、道教寺观内住持的尊称。

【用法】1.作主语。例这个寺院的～是个年逾九旬的高僧。2.作宾语。例那老和尚是这寺院的～。3.常加"的"作定语。例～的嘴唇微微发抖，气得说不出话来。4.构成介宾短语作状语。例大家对老～十分敬重。

【构成】偏正式合成词

【辨析】两者构词方式相同。区别在于：1.读音有所不同：前者"丈"读去声；后者"丈"读轻声。2.词性不同：前者是量词；后者是名词。3.指称对象不同：前者表示面积；后者指住所和某种人。4.语法功能不同：前者在句子中作谓语、补语；后者在句子中通常作主语、宾语、定语，并构成介宾短语作状语。

【辨读】这个寺院的方丈(fāng·zhang)住在不足两方丈(fāngzhàng)的房子里却很知足。

废物㊀fèiwù㊁fèi·wu

废物㊀ fèiwù〈名〉失去原有效用的东西。

【用法】1.作主语。例这些～要赶紧清除出去。2.作宾语。例这是一堆毫无使用价值的～。3.常加"的"作定语。例他平时很重视～的利用。4.构成介宾短语作状语。例他在～中发现了一份极珍贵的资料。

【构成】偏正式合成词

【近义】废品

【反义】宝物、珍宝、珍品

废物㊁ fèi·wu〈名〉无用或无能的人(骂人的话)。

【用法】用于贬义。1.作主语。例这个～什么都不会干。2.作宾语。例你真是一个～。3.作独立语,不跟别的词语发生结构关系。例～,还不快滚!

【构成】偏正式合成词

【近义】草包

【反义】能人

【辨析】两者词性、构词方式相同,都指"无用的东西"。区别在于:1.读音有所不同:前者"物"读去声;后者"物"读轻声。2.指称对象不同:前者用于指"失去原有效用的物品";后者用于骂人的话,指"无用或无能的人"。3.感情色彩不同:前者是中性词,不含褒贬的色彩;后者是贬义词,带厌恶、鄙视的感情。

【辨误】"物"左偏旁牜的第三笔是竖,第四笔是提。

【辨读】你竟然把这么珍贵的东西当成废物(fèiwù)扔掉了,真是个废物(fèi·wu)!

分子㊀fēnzǐ㊁fènzǐ

分子㊀ fēnzǐ〈名〉①一个分数中,写在分数线上面的数,如$\frac{2}{3}$,2是分子。

【用法】1.作主语。例$\frac{3}{5}$的～是3。2.作宾语。例把假分数化成整数或带分数,要用分母去除～。3.加"的"作定语。例他认真比较每个分数中～和分母的大小。4.构成介宾短语作状语。例判断两个分母相同的分数的大小,可以对～进行比较。

②物质中能够独立存在并保持原物质的一切化学性质的最小微粒,由原子组成。

【用法】1.作主语。例单质的～是由相同元素的原子组成的,化合物的～则由不同元素的原子所组成。2.作宾语。例H_2O表示水的～,O_2表示氧的～。3.常加"的"作定语。例～间的距离极小时,表现为斥力,距离较大时,表现为引力。4.构成介宾短语作状语。例化学家们对～进行认真的分析。

【构成】偏正式合成词

分子㊁ fènzǐ〈名〉属于一定阶级、阶层、集团或具有某种特征的人。

【用法】1.作主语。例我国绝大多数的知识～是爱国的。2.作宾语。例他也是劳动人民中的一～。3.常加"的"作定语。例这些先进～的事迹要及时给予通报表扬。4.构成介宾短语作状语。例我们对这些积极～要给予鼓励。

【构成】偏正式合成词

【辨析】两者词性、构词方式、语法功能相同。区别在于:1.读音有所不同:前者"分"读阴平;后者"分"读去声。2.指称对象不同:前者指数或微粒;后者指某种人。

【辨误】"分"上是八,不写作人、入。

【辨读】他是我国早期为数不多的从事研究分子(fēnzǐ)结构的知识分子(fènzǐ)之一。

风光㊀fēngguāng㊁fēng·guāng

风光㊀ fēngguāng〈名〉风景;景致。

【用法】1.作主语。例这里的山水～美极了。2.作宾语。例她十分喜爱家乡那秀丽的～。3.常加"的"作定语。例这个山村～的美丽,是我平生从未见过的。4.构成介宾短语作状语。例我对桂林的～真是百看不厌。

【构成】并列式合成词

【近义】风景、景象、景致

风光㊁ fēng·guāng〈形〉①光彩;体面。

【用法】用于口语。1.作谓语,可带补语。例这些戴红花的劳动模范真～。|什么时候我也要戴上奖章～一回。2.常加"的"作定语。例在战场上杀敌立功,这是多么～的事啊。3.构成"的"字短语作主语。例最～的要算村东头的林家,一家出了两个研究生。4.作宾语。例你家几个儿女个个考上大学,这才叫～哪。

以词为单位重叠成ABAB式,多作谓语。例孩子们多为国家做贡献,也让我们当父母的～～。

②铺张;热闹。

【用法】用于方言。1.作谓语。例小张的婚礼真～。2.加"的"作定语。例她很少见过这么～的场面。3.作宾语。例贺喜的人这么多,场面这么热闹,真是～呐!4.作补语,要用"得"。例这场喜事他办得够～喽。

以词为单位重叠成ABAB式,多作谓语。例以前母亲总不让我们为她祝寿,这次八十寿辰,我们一定要为她老人家～～。

【构成】并列式合成词
【近义】①光彩、露脸、体面；②排场、铺张、热闹
【反义】①丢脸；②冷清
【辨析】两者构词方式相同。区别在于：1.读音有所不同：前者“光”读阴平；后者“光”一般读轻声，有时也可读阴平。2.词性不同：前者是名词；后者是形容词。3.词义不同：前者表示事物名称；后者表示事物状态。4.词语使用方式不同：前者不能重叠使用；后者可重叠为ABAB式。5.词语使用情况不同：前者用于书面语；后者第①义项用于口语，第②义项用于方言。
【辨读】这个小山村风光（fēngguāng）真美，有一家出了两个博士，真叫风光（fēng·guang）哪！

风头㊀fēngtóu㊁fēng·tou

风头㊀ fēngtóu〈名〉风的势头；风来的方向。
【用法】1.作主语。例 这几天的～很猛，船只别出海了。2.作宾语。例 看这～，估计台风在10级以上。3.构成介宾短语作状语、补语。例 他在～上冷得直发抖。|为指挥战士们抗风抢险，他始终站在～上。
【构成】偏正式合成词
【近义】风势、风向
风头㊁ fēng·tou〈名〉①比喻事情发展的趋势或与个人有利害关系的情势。
【用法】1.作主语。例 这～对你不利，要小心提防。2.作宾语。例 这几天形势紧张，你要设法避避～。3.构成介宾短语作状语。例 为了革命事业，他对这危险的～全然不顾。
②出头露面，显示个人的表现（含贬义）。
【用法】1.作主语。例 看样子，他的～十足。2.作宾语。例 他平时很爱出～。
【构成】附加式合成词
【近义】①情势、趋势；②派头
【辨析】两者词性、语法功能相同。区别在于：1.读音有所不同：前者“头”读阳平；后者“头”读轻声。2.语素充任的构词成分不同：前者“头”作词根，用于体现这个词的根本的词汇意义；后者“头”作词缀，表示附加意义。3.词义不同：前者指“风的势头，风来的方向”；后者“比喻事情发展的趋势或与个人有利害关系的情势”，并指“出头露面，显示个人的表现”。4.近义词不同：前者的近义词是“风势、风向”；后者的近义词是“情势、趋势，派头”。
【辨读】每逢刮台风，他总是站在风头（fēngtóu）指挥抗灾，并不是为了出风头（fēng·tou）。

敷衍㊀fūyǎn㊁fū·yǎn

敷衍㊀ fūyǎn〈动〉叙述并发挥。

【用法】用于书面语。1.常作谓语，可带宾语、补语。例 他半辈子都在～经文要旨。|他将一段史实～为数百句，成为一篇叙事诗。2.加“的”作定语。例 老作家～的这段故事，来源于《诗经》。3.构成介宾短语作状语。例 这个典故经过他的～，成了一篇情节动人的小说。

【构成】并列式合成词

【近义】敷陈、铺陈

敷衍㊁ fū·yǎn〈动〉①做事不负责或待人不恳切，只做表面上的应付。

【用法】用于贬义。1.常作谓语，可带宾语、补语。例 做这种事，千万不能～。|平时，我老～他，避免和他争吵。|他说完后，我～了几句。2.加“的”作定语。例 你不想帮助他，光说几句～的话有什么用！3.作主语。例 他对工作的～，引起大家强烈的不满。4.作宾语。例 我们决不允许对教学工作的～。

用于成语“敷衍了事，敷衍塞责”，多作谓语。例 办案不能～了事。|他工作不认真，～塞责。

以词为单位重叠成ABAB式，多作谓语。例 事情紧急，你先去～～。

②勉强维持。

【用法】1.作谓语，可带宾语、补语。例 她的生活费没有保证，日子很难～。|收到他寄来的500元人民币，我可以～一些日子了。|这样做吃亏一点，总算可以～过去了。2.加“的”作定语。例 他～的结果，是使事情越来越难办。3.加“地”作状语。例 在那样的环境里，她能～地过下去，真不容易。4.作主语。例 必须设法改变企业这种被动局面，～不是长远之计。

【构成】并列式合成词

【近义】搪塞、应付

【辨析】两者词性、构词方式相同。区别在于：1.读音有所不同：前者“衍”读上声；后者“衍”一般读轻声，有时也可读上声。2.词义不同：前者是单义词，作写作用语；后者是多义词，多作日常生活或工作用语。3.使用方式不同：前者不能重叠使用，后者可重叠成ABAB式词语，并构成四字格成语。4.感情色彩不同：前者是中性词，不含褒贬的色彩；后者第①义项是贬义词，多带厌恶、贬斥的感情。5.语体色彩有所不同：前者用于书面语；后者可用于书面语，也可用于口语。6.近义词不同：前者的近义词是“敷陈、铺陈”；后者的近义词是“搪塞、应付”。

【辨读】领导让他把一段史实敷衍(fūyǎn)成一部大剧，他不敢敷衍(fū·yǎn)了事。

妇道㊀fùdào㊁fù·dao

妇道㊀ fùdào〈名〉旧时指妇女应该遵守的行为准则。

【用法】用于事物。1.作主语。例 这些～是旧社会束缚妇女的精神枷锁。2.作宾语。例 在封建社会，妇女们不能不谨守～。3.常加“的”作定语。例 她是～的叛逆者。

【构成】偏正式合成词

妇道㊁ fù·dao〈名〉指妇女。

【用法】用于人。1.作主语。例 ～人家做事特别细心。2.作宾语。例 大家都出门了，你在家里要照顾好老人和～。3.常加“的”作定语。例 她是这些～的总管。

【构成】偏正式合成词

【近义】妇女

【辨析】两者词性、构词方式、语法功能相同。区别在于：1.读音有所不同：前者“道”读去声；后者“道”读轻声。2.表义范畴不同：前者表示事物名称；后者用于指人。3.有无近义、反义词不同：前者没有近义、反义词，后者有近义词“妇女”。

【辨读】旧时人们认为妇道(fù·dao)人家就应该遵守妇道(fùdào)，这是封建思想在作祟。

G

嘎巴㊀gābā㊁gā·ba

嘎巴㊀ gābā〈拟声〉形容树枝等棍状物折断的声音。

【用法】1.作状语。例 小松树～一声折断了。2.作补语，要用“得”。例 他听得～一声响，竹竿断成两截。

【构成】联绵单纯词

嘎巴㊁ gā·ba ①〈动〉黏的东西干后附着在器物上。

【用法】用于方言。多作谓语，可带补语。例 饭粒都～在锅底上了。

②〈名〉用于“嘎巴儿”。附着在物体上的干了的粥、糨糊等。

【用法】用于方言。1.作主语。例 粥～儿黏在头发上了。2.作宾语。例 衣服上还有粥～儿。

【构成】①联绵单纯词；②附加式合成词

【辨析】两者主要区别是：1.读音有所不同：前者“巴”读阴平；后者“巴”读轻声，第②义项儿化。2.词性不同：前者是拟声词；后者是动词、名词。3.词义不同：前者表示“树枝等折断的声音”；后者表示物体存现和事物名称。4.词语归属不同：前者是普通话词语；后者是方言词语。5.语法功能不同：前者在句子中作状语、补语；后者在句子中作谓语、主语、宾语。6.修辞方式不同：前者用于模仿声音，是运用模拟的修辞方式；后者没有模拟的用法。

【辨读】面粉嘎巴(gā·ba)在锅底上，他用锅铲猛刮，只听得嘎巴(gābā)一声，锅铲柄儿断成两截。

嘎嘎㊀gāgā㊁gá·ga

嘎嘎㊀ gāgā〈拟声〉形容鸭子、大雁等叫的声音。

【用法】1.加"的"作定语。例 头顶上空传来大雁～的叫声。2.常加"地"作状语。例 一群鸭子～地叫个不停。3.作补语。例 只听得空中大雁叫～。

【构成】重叠式合成词

嘎嘎㊁ gá·ga〈名〉同"尜尜"。一种儿童玩具，两头尖，中间大。也叫尜儿。

【用法】1.作主语。例 这个～儿真好玩。2.作宾语。例 爸爸给小东买回了一个～儿。3.常加"的"作定语。例 这个～儿的样子好看极了。

【构成】叠音单纯词

【辨析】两者主要区别是：1.读音不同：前者两音都读阴平；后者前一音节读阳平，后一音节读轻声。2.构词方式不同：前者构成重叠式合成词；后者构成叠音单纯词。3.词性不同：前者是拟声词；后者是名词。4.词义不同：前者表示鸭子、大雁等的叫声；后者用于玩具。5.语法功能有所不同：前者在句子中作定语、状语、补语；后者在句子中除作定语外，通常作主语、宾语。6.修辞方式不同：前者用于模仿声音；后者没有模拟的用法。7.词语规范程度不同：前者是规范词语；后者是"尜尜"的异形词，通常用"尜尜"。

【辨读】不远处传来鸭子嘎嘎(gāgā)的叫声，孩子们立刻放下嘎嘎(gá·ga)追鸭子去了。

干将㊀gānjiāng㊁gànjiàng

干将㊀ gānjiāng〈名〉原为古人名，后用于古剑名。

【用法】1.作主语。例 ～是春秋时吴国人。2.作宾语。例 夫妇俩历经数载，才铸成～、镆铘二剑。3.加"的"作定语。例 传说莫邪是～的妻子。4.构成介宾短语作状语。例 楚王怒其造剑迟缓，把～杀了。

【构成】联绵单纯词

干将㊁ gànjiàng〈名〉称能干的或敢干的人。

【用法】1.作主语。例 他的手下～被一个个隔离审查。2.作宾语。例 他真不愧是教育战线上的～。

3. 加"的"作定语。例这些～们的功绩不可抹杀。4. 构成介宾短语作状语。例她用金钱将他的手下～一个个收买了。

【构成】偏正式合成词

【辨析】两者词性、语法功能相同。区别在于：1. 读音不同：前者两音都读阴平；后者两音都读去声。2. 构词方式不同：前者构成联绵单纯词；后者构成偏正式合成词。3. 适用对象不同：前者用于古人名、古剑名；后者用于指"能干或敢干的人"。4. 修辞方式不同：前者用人名代替宝剑名，是运用借代的修辞方式；后者没有借代的用法。5. 词语沿革状况不同：前者是古语词，现罕用；后者是古今通行词语，现仍常用。

【辨误】"将"右上是夕，不写作⺤、夕。

【辨读】他是总统的得力干将(gànjiàng)，据说他的祖父曾经收藏过干将(gānjiāng)宝剑。

杆子㊀gān·zi㊁gǎn·zi

杆子㊀ gān·zi〈名〉①有一定用途的细长的木头或类似的东西(多直立在地上，上端较细)。

【用法】1. 作主语。例这些电线～全部用水泥制成。2. 作宾语。例大风吹倒了一根电线～。3. 常加"的"作定语。例～的上端顶着天花板。4. 构成介宾短语作状语、补语。例小李在电线～上检修电线。｜一只喜鹊落在～上。

②指土匪武装。

【用法】用于方言。1. 作主语。例～拉大了，受了招抚，变成了军阀部队。2. 作宾语。例这些年轻人有的去吃粮当兵，有的当土匪，拉～。3. 作定语。例这些～的势力很大，官府奈何不得。

【构成】附加式合成词

杆子㊁ gǎn·zi〈名〉器物的像棍子的细长部分(包括中空的)。

【用法】1. 作主语。例枪～必须牢牢抓住不放。2. 作宾语。例他手里掌握着枪～。3. 常加"的"作定语。例你可别轻视笔～的作用。

【构成】附加式合成词

【辨析】两者词性、构词方式相同，都可用于指细长的棍状物。区别在于：1. 读音有所不同：前者"杆"读阴平；后者"杆"读上声。2. 指称对象不同：前者所指的一般体积较大；后者所指的通常体积较小。3. 适用范围不同：前者除指"细长的棍状物"外，还用于指"土匪武装"，适用范围宽；后者只指"器物的棍状部分"，适用范围窄。4. 词语修辞对象不同：两者都运用借代的修辞方式，前者第②义项用于指代土匪武装；后者构成"枪杆子"，用于指代"军队"，构成

"笔杆子",用于指代笔或能写文章的人。

【辨误】"杆"左边是木,不是禾。

【辨读】国旗杆子(gān·zi)的两边并排肃立着两名紧握着枪杆子(gǎn·zi)的战士。

赶场㊀gǎn//cháng㊁gǎn//chǎng

赶场㊀ gǎn//cháng 〈动〉赶集。

【用法】用于方言。1. 作谓语。例张大伯～去了,下午才能回来。2. 加"的"作定语。例～的人们从四方的乡村涌来。3. 构成介宾短语作状语。例他在～时买下了这台彩电。4. 构成"的"字短语作主语、宾语。例这些～的是一群来自乡间的姑娘。|一会儿,来了几个～的。5. 作宾语。例她白天忙着～,晚上还要料理家务。

中间可插入其他词语。例她周末准备去镇上赶个场。

【构成】支配式离合词

【近义】赶集

赶场㊁ gǎn//chǎng 〈动〉演员须在同一天内去两个地方演出时,在其中一个地方表演完后,赶紧去另一个地方演出。

【用法】1. 作谓语。例这几天,演员们都要～。2. 加"的"作定语。例这些～的演员们真够辛苦的。3. 构成介宾短语作状语。例演员们对于～已经习惯了。4. 构成"的"字短语作主语、宾语。例今晚～的是小刘,车子正在剧场门口等着她呢。|他来得这么急,莫非是～的。5. 作宾语。例她今晚忙着～,连家也回不了。

中间可插入其他词语。例小敏今天是赶了好几个场。

【构成】支配式离合词

【辨析】两者词性、构词方式、语法功能均相同。区别在于:1. 读音有所不同:前者"场"读阳平;后者"场"读上声。2. 词义不同:前者指"赶集",作贸易用语;后者作戏剧和影视行业用语。3. 词语归属不同:前者是方言词语;后者是普通话词语。4. 有无近义词不同:前者有近义词"赶集";后者一般没有近义词。

【辨读】孙大叔今天要和大女儿去赶场(gǎnchǎng),没时间去赶场(gǎncháng)。

告诉㊀gàosù㊁gào·su

告诉㊀ gàosù 〈动〉向法院起诉。

【用法】作司法用语。1. 作谓语。例他忍无可忍,将对方～到法院。2. 加"的"作定语。例她要～的人是她的丈夫。3. 构成介宾短语作状语。例法庭对他的～不予受理。4. 作宾语。例高级法院接受了她的～。

【构成】并列式合成词

【近义】控告、起诉

告诉㊁ gào·su〈动〉说给别人听，使人知道。

【用法】1.作谓语，可带宾语。例 这件事谁都别～。|他把事情的原委一五一十地～大家。2.加“的”作定语。例 他～的事情不一定是真的。

【构成】并列式合成词

【近义】告知、诉说

【辨析】两者词性相同。区别在于：1.读音有所不同：前者“诉”读去声；后者“诉”读轻声。2.词义不同：前者是司法用语；后者表示言语动态。3.近义词不同：前者的近义词是“起诉”；后者的近义词是“告知、诉说”。

【辨读】法院工作人员告诉(gào·su)她，法院已经接受了她的告诉(gàosù)。

格格㊀gēgē㊁gé·ge

格格㊀ gēgē〈拟声〉同“咯咯”。①形容笑声。

【用法】1.加“的”作定语。例 屋里传来～的笑声。2.加“地”作状语。例 他～地笑着。3.作补语，要用“得”。例 他笑得～响。

②形容机枪的射击声。

【用法】1.常加“的”作定语。例 阵地上传来机枪～的射击声。2.加“地”作状语。例 敌人碉堡里的重机枪～地吼叫着。

③形容某些鸟的叫声。

【用法】1.加“的”作定语。例 森林里小鸟～的叫声吸引了他。2.作状语。例 小鸟在树上～直叫。

【构成】叠音单纯词

格格㊁ gé·ge〈名〉满族称公主、小姐、女儿。

【用法】1.作主语。例 他最小的～尚在襁褓中。2.作宾语。例 皇帝十分宠爱三～。3.常加“的”作定语。例 三～的性情温驯，惹人喜爱。4.构成介宾短语作状语。例 他对小～特别疼爱。

【构成】音译单纯词

【辨析】两者主要区别是：1.读音有所不同：前者两音都读阴平；后者第一音节读阳平，第二音节读轻声。2.构词方式不同：前者构成叠音单纯词；后者构成音译单纯词。3.词性不同：前者是拟声词；后者是名词。4.词义不同：前者表示声音；后者用于满族称谓。5.修辞方式不同：前者用于模仿笑声、机枪声、鸟叫声；后者没有摹声的用法。6.词源不同：前者是汉语原有词语；后者是满语音译词。

【辨读】格格(gé·ge)说罢格格(gēgē)地笑个不停。

隔断㊀géduàn㊁gé·duàn

隔断㊀ géduàn〈动〉阻隔；使断

绝。

【用法】1.作谓语,可带宾语、补语。例从那时起,我和家庭的联系完全～了。|高山大河不能～我们两国人民之间的往来。|我竟和他～到这种地步了。2.加"的"作定语。例他俩～的关系又恢复了。3.作主语。例海峡两岸这种人为的～已有几十年了。

【构成】补充式合成词

【近义】断绝、隔绝、阻隔

【反义】连接

隔断㊁ gé·duàn〈名〉把一间屋子隔成几间的遮挡的东西,如板壁、隔扇等。

【用法】1.作主语。例～是用胶合板做成的。2.作宾语。例他用画屏做～,把房间分成里外两间。3.常加"的"作定语。例～的尺寸早已量好了。

【构成】补充式合成词

【近义】隔扇

【辨析】两者构词方式相同。区别在于:1.读音有所不同:前者"断"读去声;后者"断"一般读轻声,有时也可读去声。2.词性不同:前者是动词;后者是名词。3.词义不同:前者表示动作行为;后者表示事物名称。4.有无近义、反义词不同:前者的近义词是"断绝、隔绝、阻隔",后者的近义词是"隔扇"等;前者有反义词"连接",后者一般没有反义词。5.语法功能有所不同:前者在句子中除作定语、主语外,通常作谓语;后者在句子中除作主语、定语外,还可作宾语。6.修辞方式不同:前者是一般词语,没有修辞的用法;后者用物体的功用来指代物体名称,是运用借代的修辞方式。

【辨读】他用三合板做成的隔断(gé·duan),把一个大房间隔断(géduàn)成两间卧室。

跟前㊀gēnqián㊁gēn·qian

跟前㊀ gēnqián〈名〉①身边;附近。

【用法】1.作主语。例她的～摆着一大堆书。2.作宾语。例我不在～,你事事要加倍小心。3.加"的"作定语。例窗户～的桌子上放着一个精美的花瓶。4.构成介宾短语作状语、补语。例你可别在老师～逞能。|他默默地站在桌子～。

②临近的时间。

【用法】1.作主语。例春节～一直下雪。2.作宾语。例他们完成这次实验,刚好是国庆节～。3.加"的"作定语。例春节～的演员们,正忙着排练春节晚会节目,真够辛苦的。4.构成介宾短语作状语。例他在元旦～出国考察去了。

【构成】偏正式合成词

【近义】①面前、附近、前面、身边；②前夕

跟前㊁ gēn·qian〈名〉身体的近旁（专指有无儿女而言）。

【用法】1.作主语。例 他～只有一个女儿。2.作宾语。例 远方的儿女们来到母亲～。3.加“的”作定语。例 如今，母亲～的儿女们都已长大成人。4.构成介宾短语作状语。例 孩子们在母亲～长大，母亲熟知每个孩子的性情。

【构成】偏正式合成词

【近义】身旁、膝下

【辨析】两者词性、构词方式、语法功能相同。区别在于：1.读音有所不同：前者“前”读阳平；后者“前”读轻声。2.词义着重点不同：前者着重指“身边，附近”，表示方位；后者着重表示“身体的近旁有无儿女”。3.适用对象及范围不同：前者用于泛指时，可用于人，也可用于物，还指“临近的时间”，适用范围较广；后者专指有无儿女而言，只用于指人，适用范围较窄。4.近义词不同：前者的近义词是“面前、附近、前面、身边，前夕”；后者的近义词是“身旁、膝下”。

【辨读】春节跟前（gēnqián）返乡车票真难买，他想尽办法终于回到了父母亲跟前（gēn·qian）。

公差㊀gōngchā㊁gōngchāi

公差㊀ gōngchā〈名〉①等差级数中每相邻两个数之间的差。如在等差级数 2 + 5 + 8 + 11 + 14 + ……中，3 是公差。

【用法】用作数学术语。1.作主语。例 ～是指等差级数中任意一项与它的前一项永远相等的差。2.作宾语。例 等差级数中相等的差叫作～。3.常加“的”作定语。例 通过讲解，同学们明确了～的概念。4.构成介宾短语作状语。例 他对什么是～仍然不理解。

②机器制造业中指制造的机器零件尺寸所允许的误差。

【用法】用作机器制造业术语。1.作主语。例 这批机器零件的～很小。2.作宾语。例 图纸上已经标明了这些机械零件的～。3.常加“的”作定语。例 ～的大小可以衡量机器零件的质量。4.构成介宾短语作状语。例 他对这些零件的～进行认真的测算。

【构成】偏正式合成词

公差㊁ gōngchāi〈名〉①临时派遣到外地去办理的公务。

【用法】用于对外事务。1.作主语。例 上个月的～特别多。2.作宾语。例 他明天要出～。3.常加“的”作定语。例 ～的补贴参照有

关规定执行。

②旧时官府的差役。

【用法】多用于小说、戏曲中。1.作主语。例两个～押解着林冲向沧州进发。2.作宾语。例他俩在包公手下当～。3.常加"的"作定语。例那～的态度十分蛮横。4.构成介宾短语作状语。例他对～一点也不敢得罪。

【构成】偏正式合成词

【辨析】两者词性、构词方式、语法功能均相同。区别在于:1.读音有所不同:前者"差"读 chā;后者"差"读 chāi。2.词义不同:前者作数学和机器制造业用语;后者多作行政用语并指某种人。

【辨误】"公"上是八,不写作人、入;"差"上是⺶,不写作⺷。

【辨读】王工程师即使在出公差(gōngchāi)途中也在认真测算着导弹零件的公差(gōngchā)。

公道㊀gōngdào㊁gōng·dao

公道㊀ gōngdào〈名〉公正的道理。

【用法】1.作主语。例在旧社会,～根本是行不通的。2.作宾语。例他向来能为百姓主持～。3.构成介宾短语作状语。例领导按～办事,群众就会更加拥护。

【构成】偏正式合成词

【近义】公理

公道㊁ gōng·dao〈形〉公平;合理。

【用法】1.作谓语。例这些商品的价钱很～。2.常加"的"作定语。例他说的都是～话。|大人欺负小孩,是不～的事。3.加"地"作状语。例他很～地处理了这件事。4.常加"得"作补语。例他的话说得很～。5.作宾语。例他办事是多么～。

【构成】附加式合成词

【近义】公平、公正、合理

【辨析】两者主要区别是:1.读音有所不同:前者"道"读去声;后者"道"读轻声。2.构词方式不同:前者构成偏正式合成词;后者构成附加式合成词。3.词性不同:前者是名词;后者是形容词。4.词义不同:前者表示事物名称;后者表示性质状态。5.近义词不同:前者的近义词是"公理";后者的近义词是"公平、公正、合理"。6.语法功能有所不同:前者在句子中作主语、宾语,并构成介宾短语作状语;后者在句子中除作宾语外,通常作谓语、定语、状语、补语。

【辨读】林村长能为村民主持公道(gōngdào),处理事情又很公道(gōng·dao),深受村民爱戴。

供养㊀gōngyǎng㊁gòngyǎng

供养㊀ gōngyǎng〈动〉供给长辈或

年长的人生活所需。

【用法】用于日常生活。1.作谓语，可带宾语、补语。例 父母理所当然由我～。|工蜂用采来的花精～蜂王。|她把这些孤寡老人～得很好。2.加“的”作定语。例 子女对父母应尽～的义务。3.构成“的”字短语作主语。例 她～的并非她的亲人。

【构成】并列式合成词

【近义】奉养、赡养

供养㊁ gòngyǎng〈动〉用供品祭祀（神佛、祖先）。

【用法】用于迷信活动。1.作谓语。例 祖先牌位面前，老人长年用香花～。2.加“的”作定语。例 她～的神佛总也不见显灵。3.构成“的”字短语作主语。例 母亲～的是一尊观音菩萨塑像。

【构成】并列式合成词

【近义】供奉

【辨析】两者词性、构词方式、语法功能均相同。区别在于：1.读音有所不同：前者“供”读阴平；后者“供”读去声。2.词义不同：前者表示“赡养”义，是日常生活用语；后者表示“用供品祭祀”，作迷信用语。3.适用对象不同：前者施动的对象是“长辈或年长的人”；后者施动的对象是“神佛或祖先”。4.近义词不同：前者的近义词是“奉养、赡养”；后者的近义词是“供奉”。

【辨读】她平时总是用供品供养（gòngyǎng）神佛、祖先，却不愿意供养（gōngyǎng）父母。

咕嘟㊀gūdū㊁gū·du

咕嘟㊀ gūdū〈拟声〉形容液体沸腾、水流涌出或大口喝水的声音。

【用法】1.作状语。例 小刘端起一碗水，～一声喝了下去。2.作补语，要用“得”。例 他听得～一声响，水从刚挖的坑里冒了出来。

以词为单位重叠成 ABAB 式。1.加“的”作定语。例 洞里一个人也没有，只听到泉水～～的响声。2.常加“地”作状语。例 锅里的粥～～响。|泉水～～地往外冒。3.作补语，要用“得”。例 锅里的水烧得～～响。

【构成】联绵单纯词

咕嘟㊁ gū·du〈动〉①长时间地煮。

【用法】多作谓语，可带补语。例 海带已经～烂了。

②（嘴）噘着；鼓起。

【用法】用于方言。多作谓语，可带宾语。例 他～着嘴，半天不说话。

【构成】联绵单纯词

【辨析】两者构词方式相同。区别在于：1.读音有所不同：前者“嘟”读阴平；后者“嘟”读轻声。2.词性不同：前者是拟声词；后者是动词。3.词义不同：前者用于表示声音；后者表示动作。4.使用方式不同：前者可重叠成ABAB式词语；后者不能重叠使用。5.语法功能不同：前者在句子中作定语、状语、补语；后者在句子中主要作谓语。6.修辞方式不同：前者用于模拟声音，是运用摹声的修辞方式；后者用于描绘人或物体动态，没有摹声的用法。

【辨读】她拿起一瓶啤酒咕嘟(gūdū)咕嘟喝了个精光，坐在那儿咕嘟(gū·du)着嘴生闷气。

咕叽㊀gūjī㊁gū·ji

咕叽㊀ gūjī〈拟声〉形容水受压力向外排出时的声音。

【用法】常加“得”作补语。例 他听得～一声响，低头一看，原来右脚踩在水坑里了。

以词为单位重叠成ABAB式。1.加“的”作定语。例 他的鞋进了水，踩下去发出～～的声音。2.加“地”作状语。例 他在雨地里走着，脚底下～～地直响。

【构成】联绵单纯词

咕叽㊁ gū·ji〈动〉小声交谈或自言自语。

【用法】1.作谓语，可带补语。例 她俩在屋里～着。｜两人交头接耳地～了半天。2.加“的”作定语。例 我听不见他们～的声音。

【构成】联绵单纯词

【辨析】两者构词方式相同。区别在于：1.读音有所不同：前者“叽”读阴平；后者“叽”读轻声。2.词性不同：前者是拟声词；后者是动词。3.词义不同：前者表示声音；后者表示言语动态。4.使用方式不同：前者可重叠成ABAB式词语；后者不能重叠使用。5.语法功能有所不同：前者在句子中作定语、状语、补语；后者在句子中除作定语外，通常作谓语。6.修辞方式不同：前者用于模仿声音，是运用摹声的修辞方式；后者没有摹声的用法。

【辨读】屋外传来咕叽(gūjī)一声响，接着是小孩儿的哭声，婆媳俩顾不得咕叽(gū·ji)赶紧往外跑。

咕噜㊀gūlū㊁gū·lu

咕噜㊀ gūlū〈拟声〉形容水流动或东西滚动的声音。

【用法】多作状语。例 他端起一杯水～一口就喝完了。

以词为单位重叠成ABAB式。1.加“的”作定语。例 他坐在小溪边，听着溪水～～的响声。2.加“地”作状语。例 大石头～～地滚下山去。

【构成】联绵单纯词

咕噜㊁ gū·lu〈动〉小声说话(多指自言自语，并带不满情绪)。

【用法】作谓语，可带宾语。例 她嘴

里一个劲地～着。|他低着头，嘴里～着什么。

【构成】联绵单纯词

【近义】咕哝

【辨析】两者构词方式相同。区别在于：1.读音有所不同：前者“噜”读阴平；后者“噜”读轻声。2.词性不同：前者是拟声词；后者是动词。3.词义不同：前者表示声音；后者表示言语动态。4.使用方式不同：前者可重叠成ABAB式词语；后者不能重叠使用。5.语法功能不同：前者在句子中作定语、状语；后者在句子中通常作谓语。6.修辞方式不同：前者用于模仿声音，是运用摹声的修辞方式；后者没有摹声的用法。

【辨读】水龙头咕噜（gūlū）咕噜的流水声她似乎没听见，自个儿在屋子里咕噜（gū·lu）个没完。

呱呱㊀gūgū㊁guāguā

呱呱㊀ gūgū〈拟声〉形容小儿哭声。

【用法】用于书面语。作状语。例小儿～而泣。|那时她～坠地，一转眼，已是亭亭玉立的大姑娘了。

【构成】叠音单纯词

呱呱㊁ guāguā ①〈拟声〉形容鸭子、青蛙等的叫声。

【用法】多用于口语。1.加“的”作定语。例田野里传来青蛙～的叫声。2.常加“地”作状语。例青蛙～叫。|鸭子～地叫个不停。3.作补语。例小鸭子叫～。

②〈形〉用于“呱呱叫，顶呱呱”。形容极好。

【用法】用于口语。1.作谓语。例他的能力顶～。2.加“的”作定语。例他是个～叫的小伙子。3.作补语，要用“得”。例他的英语说得～叫。

【构成】叠音单纯词

【辨析】两者构词方式相同，都可用于模仿声音。区别在于：1.读音不同：前者两音都读gū；后者两音都读guā。2.词性有所不同：前者作拟声词；后者除作拟声词外，还可作形容词。3.语体色彩不同：前者用于书面语；后者用于口语。4.语法功能有所不同：前者在句子中主要作状语；后者在句子中除作状语外，还可作谓语、定语、补语。5.修辞对象不同：前者用于模仿小儿哭声；后者用于模仿鸭子、青蛙等的叫声，并用于形容人的某种状况。6.使用频率不同：前者多见于文言文，不常用，使用频率低；后者是常用词，使用频率较高。

【辨读】一群鸭子突然呱呱（guāguā）叫，小女孩吓得呱呱（gūgū）而泣。

姑娘㊀gūniáng㊁gū·niang

姑娘㊀ gūniáng 〈名〉①姑母。

【用法】用于方言。1. 作主语。例 ～待我们兄妹如亲生儿女。2. 作宾语。例 她是我的大～,今年已经73岁了。3. 常加“的”作定语。例 ～的一席话我至今难忘。4. 构成介宾短语作状语。例 奶奶对～很关心。

②丈夫的姐妹。

【用法】用于方言。1. 作主语。例 她家的～对兄嫂很敬重。2. 作宾语。例 她俩一个是大嫂,一个是～,简直形影不离。3. 常加“的”作定语。例 嫂子正在一心一意帮着张罗～的嫁妆。4. 构成介宾短语作状语。例 大嫂平时对二～特别亲热。

【构成】偏正式合成词

【近义】姑妈、姑母

姑娘㊁ gū·niang 〈名〉①未婚的女子。

【用法】1. 作主语。例 ～们穿着节日的盛装,唱着,跳着。2. 作宾语。例 她是一个美丽的～。3. 常加“的”作定语。例 这是～的心意,你一定要收下。4. 构成介宾短语作状语。例 他对这小～十分喜欢。5. 作同位语。例 林英～真是好样的。

②女儿。

【用法】用于口语。1. 作主语。例 我的二～考上了大学。2. 作宾语。例 这是我的三～。3. 常加“的”作定语。例 二～的性格很直率。4. 构成介宾短语作状语。例 她对最小的～特别宠爱。

【构成】偏正式合成词

【近义】①女子;②女儿

【辨析】两者词性、语法功能均相同。区别在于:1. 读音有所不同:前者“娘”读阳平;后者“娘”读轻声。2. 指称对象不同:前者指“姑母,丈夫的姐妹”;后者指“未婚的女子,女儿”。3. 词语归属不同:前者是方言词语;后者是普通话词语。4. 近义词不同:前者的近义词是“姑妈、姑母”;后者的近义词是“女子,女儿”。

【辨读】小姑娘(gū·niang)看见二姑娘(gūniáng)回家来,高兴得拉着她的手一个劲儿地问这问那。

姑爷㊀gūyé㊁ gū·ye

姑爷㊀ gūyé 〈名〉父亲的姑父。

【用法】1. 作主语。例 ～今年八十岁了。2. 作宾语。例 今年春节我到上海看望～。3. 加“的”作定语。例 ～的老家在山东。4. 构成介宾短语作状语。例 全家人兴高采烈地为～祝寿。

【构成】偏正式合成词

姑爷㊁ gū·ye〈名〉岳父母家称呼女婿。

【用法】用于口语。1. 作主语。例～举止大方，一表人才。2. 作宾语。例妈妈十分疼爱～。3. 加“的”作定语。例～的英语讲得很流利。4. 构成介宾短语作状语。例丈母娘正在向～问寒问暖。

【构成】偏正式合成词

【辨析】两者词性、构词方式、语法功能均相同。区别在于：1. 读音有所不同：前者“爷”读阳平；后者“爷”读轻声。2. 指称对象不同：前者指“父亲的姑父”；后者指“岳家称呼女婿”。3. 语体色彩不同：前者多用于书面语；后者用于口语。

【辨读】祖母八十大寿家里摆酒席庆祝，两个姑爷（gūyé）和三个姑爷（gū·ye）都来喝长寿酒了。

骨朵㊀gǔduǒ㊁gū·duor

骨朵㊀ gǔduǒ〈名〉古兵器，用铁或硬木制成，像长棍子，顶端瓜形。后来只用作仪仗，叫金瓜。

【用法】1. 作主语。例这～大约有50斤重。2. 作宾语。例历史博物馆里陈设着一对用生铁打造的～。3. 常加“的”作定语。例这根～的造型十分美观。4. 构成介宾短语作状语。例工匠们在～上刻上精致的图案。

【构成】联绵单纯词

骨朵儿㊁ gū·duor〈名〉花蕾的俗称。

【用法】用于口语。1. 作主语。例这些～还没开放呢。2. 作宾语。例他摘下一枝～，把它插在花瓶里。3. 常加“的”作定语。例这花～的香气真诱人。4. 构成介宾短语作状语。例蜜蜂在花～上飞来飞去。

【构成】附加式合成词

【辨析】两者词性、语法功能相同。区别在于：1. 读音有所不同：前者“朵”读上声，不儿化；后者“朵”读轻声，儿化。2. 构词方式不同：前者构成联绵单纯词；后者构成附加式合成词。3. 指称对象不同：前者指一种古兵器；后者指“没有开放的花朵”。4. 语体色彩不同：前者用于书面语；后者用于口语。5. 词语沿革状况不同：前者是古语词，现少用；后者是古今传承词，现仍常用。

【辨误】“骨”有gǔ，gū两种读音。《审音表》注：除“骨碌、骨朵”读gū外，都读gǔ。

【辨读】他放下手中的骨朵（gǔduǒ），给小女儿买了一枝梅花骨朵儿（gū·duor）。

故事㊀gùshì㊁gù·shi

故事㊀ gùshì〈名〉过去的制度、办法；例行的事。

【用法】1.作主语。例这些～不宜照搬。2.作宾语。例这回他只好奉行～。

【构成】偏正式合成词

【近义】成例

故事㊁ gù·shi〈名〉①真实的或虚构的用作口头讲述或文字表现对象的事情，情节富有生动性和连贯性，能感染人。

【用法】1.作主语。例这个～深深地吸引了她。2.作宾语。例他讲了一个生动的～。3.常加"的"作定语。例他简单地叙述了～的梗概。4.构成介宾短语作状语。例我们从这个～中受到了深刻的教育。

②文艺作品中用于表现人物性格和展示主题的情节。

【用法】1.作主语。例《水浒传》中的许多～耐人寻味。2.作宾语。例《聊斋志异》中有很多优美、动人的～。3.作定语。例这些～情节引人入胜。4.构成介宾短语作状语。例人们从这些富有哲理性的～中受到启发。

【构成】偏正式合成词

【辨析】两者词性、构词方式相同。区别在于：1.读音有所不同：前者"事"读去声；后者"事"读轻声。2.指称对象不同：前者指"旧日的典章制度或行事制度，成例"；后者指"用作讲述或文字表现对象的事情，文艺作品中用来表现人物性格和展示主题的情节"。3.有无近义词不同：前者有近义词"成例"；后者一般没有近义词。4.使用频率不同：前者不常用，使用频率较低；后者是常用词，使用频率高。

【辨读】你们听了《水浒传》的故事（gù·shi）后，可不能因袭故事（gùshì），做出不合时宜的事。

呱嗒㊀guādā㊁guā·da

呱嗒㊀ guādā〈拟声〉形容脚踩在地面上发出的声音。

【用法】多作状语。例他听见～一声响。

以词为单位重叠成 ABAB 式。1.加"的"作定语。例她听见～～的脚步声由远而近。2.要加"地"作状语。例地是冻硬的，走起来～～地响。

【构成】联绵单纯词

呱嗒㊁ guā·da〈动〉①因不高兴而板起（脸）。

【用法】用于方言。作谓语，可带宾语。例他～着脸，不说一句话。

②说话（含贬义）。

【用法】用于方言。作谓语，可带补语。例别瞎～了，快回去吧。

【构成】联绵单纯词

【辨析】两者构词方式相同。区别

在于:1.读音有所不同:前者"嗒"读阴平;后者"嗒"读轻声。2.词性有所不同:前者作拟声词;后者作动词。3.词义不同:前者用于模拟声音;后者表示"因不高兴而板起脸",并指"说话"。4.词语使用方式不同:前者可重叠成ABAB式词语;后者不能重叠使用。5.词语归属不同:前者是普通话词语;后者是方言词语。6.语法功能有所不同:前者可在句子中作谓语、定语、状语、补语;后者在句子中主要作谓语。

【辨读】小孩故意呱嗒(guādā)着泥玩的响声,气得爸爸呱嗒(guā·da)着脸,扭头就走了。

乖乖㊀guāiguāi㊁guāi·guai

乖乖㊀ guāiguāi ①〈形〉也说乖乖儿的。顺从;听话。

【用法】多作状语,常加"地"。例 敌人～儿地举手投降。

②〈名〉对小孩儿的爱称。

【用法】1.作主语。例 ～要听话,不能哭。2.作宾语。例 妈妈怀里抱着小～。3.常加"的"作定语。例 这小～的模样真可爱。4.作称呼语。例 ～,快过来!

【构成】重叠式合成词

【近义】顺从、听话

乖乖㊁ guāi·guai〈叹〉表示惊讶或赞叹。

【用法】多用于句首作感叹语,不跟别的词语发生结构关系。例 ～,外边真冷!｜～,这幅画画得真好!

【构成】重叠式合成词

【辨析】两者构词方式相同。区别在于:1.读音有所不同:前者第二音节读阴平;后者第二音节读轻声。2.词性不同:前者作形容词、名词;后者作叹词。3.词义不同:前者指"顺从,听话",并用于对小孩儿的爱称;后者表示惊讶或赞叹。4.有无近义词不同:前者有近义词"顺从、听话";后者一般没有近义词。5.句法功能不同:前者在句子中作状语、主语、宾语、定语,并作称呼语;后者多用于句首作感叹语。

【辨读】乖乖(guāi·guai),这幅水彩画是你家小乖乖(guāiguāi)画的吗?

灌肠㊀guàn//cháng ㊁guàn·cháng

灌肠㊀ guàn//cháng〈动〉把水、液体药物或营养物从肛门灌入肠道,以便清洗肠道,治疗疾病或供给养料。

【用法】1.作谓语。例 医生正在给病人～。2.常加"的"作定语。例 ～药物已经准备好了。｜他是～的医生。3.作主语。例 ～要马上进行。4.作宾语。例 王医师正忙着给病人～。

中间可插入其他词语。例 医生已经给病人灌过一次肠。

【构成】支配式离合词

灌肠㊁ guàn·cháng〈名〉一种食品，原来是用肠衣塞进肉末和淀粉，现在多用淀粉制成，吃时切成片，用猪油煎熟。

【用法】1.作主语。例 这些～价廉物美。2.作宾语。例 她买了两斤～。3.加"的"作定语。例 这种～的味道鲜美。4.构成介宾短语作状语。例 他很快将这些～吃了个精光。

【构成】偏正式合成词

【辨析】两者主要区别是：1.读音有所不同：前者"肠"读阳平；后者"肠"一般读轻声，有时也可读阳平。2.词语构成及使用方式不同：前者构成支配式离合词，中间可插入其他词语；后者构成偏正式合成词，中间不能插入其他词语。3.表义功能不同：前者用于动作义，表示"把水、液体药物或营养物从肛门灌入肠道"；后者用于名物义，指一种食品。4.语法功能及要求有所不同：前者在句子中除作定语、主语、宾语外，通常作谓语；后者在句子中作主语、宾语、定语，并构成介宾短语作状语。

【辨读】这孩子吃了变质的灌肠（guàn·chang）中毒了，正在医院里灌肠（guàncháng）。

裹脚㊀guǒ//jiǎo㊁guǒ·jiao

裹脚㊀ guǒ//jiǎo〈动〉旧时汉族统治阶级所造成的一种摧残妇女身体的陋习，把女孩子的脚用长布条紧紧地缠住，使脚骨变成畸形。

【用法】1.作谓语。例 女儿不～，爹娘真拿她没办法。2.加"的"作定语。例 她是一个～的女人。3.作主语。例 ～是旧社会一种摧残妇女身体的陋习。4.作宾语。例 她坚决反对～。

中间可插入其他词语。例 那时的女孩子，长到十几岁就开始裹起了脚。

可用于比喻行动受约束，动作迟缓。例 步伐要加快，不要像～女人那样迟迟不前。

【构成】支配式离合词

【近义】缠足

裹脚㊁ guǒ·jiao〈名〉旧时妇女裹脚用的长布条。也叫裹脚布。

【用法】1.作主语。例 这条～是旧社会统治阶级摧残妇女的见证。2.作宾语。例 这是母亲用过的～。3.常加"的"作定语。例 那条～的颜色是黑色的。4.构成介宾短语作状语。例 女孩把～一扔，哭着往门外跑去。

可用于比喻说话或写文章时过于多余。例 他的那篇文章像懒婆娘的～，又长又臭。

【构成】支配式合成词

【辨析】两者主要区别是：1. 读音有所不同：前者“脚”读上声；后者“脚”读轻声。2. 词语构成及使用方式不同：前者构成支配式离合词，中间可插入其他词语；后者构成支配式合成词，中间不能插入其他词语。3. 表义功能不同：前者用于动作义；后者用于名物义。4. 有无近义词不同：前者有近义词“缠足”；后者没有近义词。5. 词语修辞对象不同：前者用于比喻义时，喻指“行动受约束，动作迟缓”；后者用于比喻义时，比喻“说话或写文章时过于多余”。

【辨读】记得那时母亲要她裹脚(guǒjiǎo)，她坚决不从，还把裹脚(guǒ·jiao)扔到垃圾堆里。

过来㊀guò//·lái ㊁//·guò//·lái

过来㊀ guò//·lái〈动〉从另一个地点向说话人或叙述的对象这边来。

【用法】1. 作谓语，可带宾语、补语。例 你快～，我有话跟你说。｜那边～了一只小船。｜你们～一下，看看这到底是怎么回事。2. 加“的”作定语。例 从那边～的旅客有几百人。3. 作主语，或构成“的”字短语作主语。例 隔着一条大河，～不是一件容易的事。｜～的有一个团的人马。4. 作宾语。例 他在那边看书，不想～。

中间可插入“得、不”。例 没有船只，你过得来吗？｜水流湍急，大队人马过不来。

【构成】并列式离合词

【反义】过去

过来㊁ //·guò//·lái〈动〉用在动词后，表示能达到的较高的程度；恢复正常的状态；来到自己所在的地方；正面对着自己。

【用法】多作补语。例 他醒～了。｜敌人冲～，被我们打退了。｜你把脸转～。

动词后插入“得、不”。例 这么多活，他一个人忙得～？｜行李太重，他搬不～。

两字之间可插入宾语。例 她转过身来，我这才看清她的脸。｜她笑得喘不过气来。

【构成】并列式离合词

【反义】过去

【辨析】两者词性、构词方式相同，都含“来到自己所在的地方”的意思。区别在于：1. 读音不同：前者中间没有插入其他成分时，“来”读轻声，中间插入“得、不”时，“来”读阳平；后者两字紧接动词后时，都读轻声，动词后插入“得、不”时，“过”读去声，“来”读阳平，两字之间再加宾语时，“过”读去声，“来”读轻声。2. 词义着重点不同：前者着重指“从另一个地点向说话人或叙述的对象这边来”；后者着重表示“能达到的较高的程度，恢复正常的状态，来到自己所在的地方，正面对着自己”。3. 语法功能不同：前者在句子中作谓语、定语、主语、宾语；后者用于动词后，通常作补语。

【辨读】洪水马上要到了，你赶快走过来(·guo·lai)，过一会儿就没法过来(guò·lai)了。

过年㊀guò//nián㊁guò·nián

过年㊀ guò//nián〈动〉①在新年或春节期间进行庆祝等活动。

【用法】1. 作谓语，或构成连动短语作谓语。例 我们全家欢欢喜喜地～。｜他从北京赶回老家～。2. 常加“的”作定语。例 我国各地～的风俗不同。3. 作宾语。例 小孩子们盼望着～。

中间可插入其他词语。例 母亲盼望我们回家过个年。

②指过了新年或春节。

【用法】作状语。例 ～后大家又忙着上班了。

中间可插入其他词语。例 过了年我们又忙开了。

【构成】支配式离合词

过年㊁ guò·nián〈名〉来年；明年。

【用法】用于口语。作状语。例 这孩子～该上学了。

【构成】偏正式合成词

【近义】来年、明年

【辨析】两者主要区别是：1. 读音有所不同：前者“年”读阳平；后者“年”一般读轻声，有时也可读阳平。2. 词语构成及使用方式不同：前者构成支配式离合词，中间可插入其他词语；后者构成偏正式合成词，中间不能插入其他词语。3. 表义功能不同：前者用于动作义；后者用于名物义。4. 语体色彩不同：前者可用于书面语，也可用于口语；后者只用于口语。5. 有无近义词不同：前者一般没有近义词；后者有近义词“来年、明年”。6. 语法功能有所不同：前者在句子中除作状语外，通常作谓语、定语、宾语；后者在句子中主要作状语。

【辨读】他从深圳赶回辽宁老家过年(guònián)，过年(guò·nian)准备把全家都带到深圳。

过去㊀guòqù㊁guò//·qù㊂//·guò//·qù

过去㊀ guòqù〈名〉时间词。现在以前的时期。

【用法】1. 作主语。例 ～是～，现在是现在，不能混为一谈。2. 作宾语。例 他总是留恋～。3. 加“的”

作定语。例 ～的事情别提了吧！4.用于句首或句中，作状语。例 ～，他曾经在这里住过。|她～很会打扮，现在变得朴素多了。

【构成】并列式合成词

【近义】从前、以前

【反义】将来、现在

过去㈡ guò//·qù〈动〉①离开或经过说话人（或叙述的对象）所在地向另一个地方去。

【用法】1.作谓语，可带宾语、补语。例 你快点～，不然来不及了。|刚才从这里～了两个人。|事情已经～两年了。2.加"的"作定语。例 从桥上～的车被拦住了。3.构成"的"字短语作主语。例 刚才～的是一辆货车。4.作宾语。例 江面上水流湍急，船工不敢～。

中间可插入"得、不"。例 这条路车子过得去吗？|这条独木桥，两个人过不去。

②婉辞，死，故去。

【用法】1.作谓语。例 她家老太太前天～了。2.构成"的"字短语作主语。例 昨夜～的是他的祖母。

【构成】并列式离合词

【近义】②辞世、故去、过世、逝世、死亡

【反义】①过来；②健在

过去㈢ //·guò//·qù〈动〉用在动词后，表示离开或经过自己所在的地方；反面对着自己；失去原来的、正常的状态；通过。

【用法】多作补语。例 他终于鼓起勇气走了～。|她把脸转～。|他再次昏～了。

动词后插入"得、不"。例 不用搀扶，他走得～。|这次他混不～了。

两字之间可插入宾语。例 他很快走过桥去。

【构成】并列式离合词

【反义】过来

【辨析】三者主要区别是：1.读音不同：前者两音都读去声；㈡者中间没有插入其他成分时，"去"读轻声，中间插入"得、不"时，"去"读去声；㈢者紧接动词后时，两音都读轻声，动词后插入"得、不"时，两音都读去声，两字之间再加宾语时，"过"读去声，"去"读轻声。2.词性有所不同：前者是名词；㈡㈢者是动词。3.词义不同：前者指"现在以前的时期"，表示时间；㈡者表示"离开或经过说话人（或叙述的对象）所在地向另一个地方去，死亡"；㈢者表示"离开或经过自己所在的地方，反面对着自己，失去原来的正常的状态，通过，超过"。4.有无近义、反义词不同：前者的近义词是"从前、以前"，㈡者第②义项的近义词是"辞世、故去、过世、逝世、死亡"，㈢者没有近义词；前者的反义词是“将来、现在”，㊁者的反义词是“过来，健在”，㊂者的反义词是“过来”。5.语法功能及要求有所不同：前者在句子中作主语、宾语、定语、状语；㊁者在句子中除作定语、宾语外，通常作谓语，须构成“的”字短语才能作主语；㊂者用在动词后，通常作补语。

【辨读】过去（guòqù）这河上没有桥，乘船过去（guò·qu）需要一个多小时，大桥建成后，人从桥上走过去（·guo·qu）只需 5 分钟。

H

孩儿㊀hái'ér㊁háir

孩儿㊀ hái'ér〈名〉父母称呼儿女或儿女对父母的自称。

【用法】用于旧时称呼。1.作主语。例～记住母亲的话了。2.作宾语。例你不要责备～了。3.常加“的”作定语。例你知道～的脾气。4.构成介宾短语作状语。例父母为～操尽了心。

【构成】并列式合成词

【近义】儿子、女儿

孩儿㊁ háir〈名〉孩子。

【用法】多用于对他人孩子的称呼。1.作主语。例这～很懂事。2.作宾语。例这对夫妻只有一个～。3.常加“的”作定语。例小～的身体很结实。4.构成介宾短语作状语。例她把～抱在怀里。

【构成】附加式合成词

【近义】孩子

【辨析】两者词性、语法功能相同。区别在于：1.读音有所不同：前者“儿”读阳平，不儿化；后者“儿”读轻声，儿化。2.构词方式不同：前者构成并列式合成词；后者构成附加式合成词。3.语素充任的构词成分不同：前者“儿”作词根，用于体现这个词的根本的词汇意义；后者“儿”作词缀，表示附加意义。4.适用对象不同：前者用于父母对儿女的称呼或儿女对父母的自称；后者多用于对他人孩子的称呼。5.近义词不同：前者的近义词是“儿子、女儿”；后者的近义词是“孩子”。6.词语沿革状况不同：前者多见于早期白话；后者常用于现代口语。

【辨读】母亲不用再为孩儿（hái'ér）操心了，我已经不是小孩儿（háir）了。

行道㊀háng·dao㊁xíngdào

行道㊀ háng·dao〈名〉行业。

【用法】用于方言。1.作主语。例他俩一个是记者，一个是教师，～不同。2.作宾语。例从部队转业后，他改了～。3.常加“的”作定语。例～的不同，使他们在思想感情上产生了距离。4.构成介宾短语作状语。例他对这～不感兴趣。

【构成】并列式合成词

【近义】行业

行道㈡ xíngdào〈动〉旧指推行自己的政治主张。

【用法】1.作谓语。例王安石积极～，推行新法。2.作宾语。例孔子坚持～，周游列国均不见用。

【构成】支配式合成词

【辨析】两者主要区别是：1.读音不同：前者“行”读 háng，后者“行”读 xíng；前者“道”读轻声，后者“道”读去声。2.构词方式不同：前者构成并列式合成词；后者构成支配式合成词。3.词性不同：前者作名词；后者作动词。4.词义不同：前者指“行业”；后者指“推行自己的政治主张”。5.词语归属不同：前者是方言词语；后者是普通话词语。6.有无近义词不同：前者有近义词“行业”；后者一般没有近义词。

【辨读】这一对挚友行道（háng·dao）不同，一个投笔从戎，一个积极行道（xíngdào）。

号丧㈠háo∥sāng ㈡háo·sang

号丧㈠ háo∥sāng〈动〉办丧事时，吊唁或守灵的人大声干哭。

【用法】1.作谓语。例亲属们正围着老人的遗体～。2.加“的”作定语。例屋里～的声音渐渐小了。3.构成“的”字短语作主语。例正在～的是死者的老伴。4.作宾语。例经人们劝慰，她这才停止～。

中间可插入其他词语。例他还活着，你号什么丧！

【构成】支配式离合词

【近义】哭丧

号丧㈡ háo·sang〈动〉哭（骂人的话）。

【用法】用于方言。1.作谓语，可带补语。例你再～，我就揍你！｜他～得真起劲。2.加“的”作定语。例这里不是你～的地方。

【构成】支配式合成词

【辨析】两者都表示动作义，都含“哭”的意思。区别在于：1.读音有所不同：前者“丧”读阴平；后者“丧”读轻声。2.词语构成方式不同：前者构成支配式离合词；后者构成支配式合成词。3.词义着重点不同：前者着重指“办丧事时，吊唁或守灵的人大声干哭”；后者指“哭”，用于骂人的话。4.感情色彩不同：前者是中性词，含悲哀的感情；后者是贬义词，带憎恨、厌恶的色彩。5.词语归属不同：前者是普通话词语；后者是方言词语。6.近义词不同：前者的近义词是“哭丧”;后者一般没有近义词。

【辨读】那家人老人去世在号丧(háosāng),你号丧(háo·sang)什么!

豪横㊀háohèng ㊁háo·heng

豪横㊀ háohèng〈形〉强暴蛮横。

【用法】用于贬义。1.作谓语,可带补语。例 这伙人真~。|那家伙~极了。2.加“的”作定语。例 瞧他那~的样子,劝他也没用。3.构成介宾短语作状语。例 对于他的~,人们无不义愤填膺。4.作补语,要用“得”。例 他变得十分~。5.作主语。例 他的~激怒了围观的群众。6.作宾语。例 他是那样~。

【构成】并列式合成词

【近义】蛮横、强横

豪横㊁ háo·heng〈形〉性格刚强有骨气。

【用法】用于方言。含褒义。1.作谓语,可带补语。例 他的性格十分~。|他比你~多了。2.常加“的”作定语。例 他生就一副~的性格。3.作补语,要用“得”。例 他变得很~。4.作主语。例 他的~使敌人胆寒。5.作宾语。例 在敌人面前,他是那样~。

【构成】并列式合成词

【近义】刚强

【辨析】两者词性、构词方式相同。区别在于:1.读音有所不同:前者“横”读去声;后者“横”读轻声。2.词义不同:前者指对待别人的态度;后者指人的性格。3.感情色彩不同:前者是贬义词,含憎恨、厌恶的色彩;后者是褒义词,带喜爱、赞许的感情。4.词语归属不同:前者是普通话词语;后者是方言词语。5.近义词不同:前者的近义词是“蛮横、强横”;后者的近义词是“刚强”。

【辨读】他在敌人面前十分豪横(háo·heng),对乡亲们一点都不豪横(háohèng)。

好事㊀hǎoshì㊁hàoshi

好事㊀ hǎoshì〈名〉①好事情;有益的事。

【用法】1.作主语。例 班级中的好人~不胜枚举。2.作宾语。例 每个人都能为他人做一些~,世界就会变得更美好。3.加“的”作定语。例 ~的记载要及时,免得遗漏。

用于成语“好事多磨”,作相应的句子成分。例 他俩的婚姻经历了十年磨难,终于成功,这真是~多磨。

②旧时指慈善的事情。

【用法】1.作主语。例 施舍别人之类的~,母亲最乐意做。2.作宾语。例 她老人家喜欢做~。3.构成介宾短语作状语。例 她常为~

四处奔走。

③喜庆的事。

【用法】1.作主语。例一开春,他家的～接连不断。2.作宾语。例他的儿子结婚,今天家里正在做～。3.构成动宾短语作定语,要加“的”。例这几天,做～的人家真多。

④反话,讥讽别人做了不该做的事情。

【用法】1.作主语。例～做太多了,他才有那样的下场。2.作宾语。例把树苗全给砍了,是你做的～!

【构成】偏正式合成词

好事㊁ hàoshì〈形〉喜欢多事;爱管闲事。

【用法】1.作谓语。例你不要～,免得招惹是非。2.作定语。例他是个～之徒。3.作宾语。例他是那么～,常常吃亏。

【构成】支配式合成词

【辨析】两者主要区别是:1.读音有所不同:前者“好”读上声;后者“好”读去声。2.构词方式不同:前者构成偏正式合成词;后者构成支配式合成词。3.词性不同:前者是名词;后者是形容词。4.词义不同:前者是多义词,表示事物名称;后者是单义词,表示行为状态。5.感情色彩不同:前者①②③义项是褒义词,含赞许、肯定的意味,第④义项是贬义词,带憎恨、责备的感情;后者是贬义词,含厌恶、鄙视的色彩。6.词语修辞方式不同:前者第④义项把别人做的坏事说成好事,是运用反语的修辞方式;后者没有这种用法。

【辨读】这位年轻人常常做好事(hǎoshì)不留名,并非好事(hàoshì)之徒。

合计㊀héji㊁hé·ji

合计㊀ héjì〈动〉总共;合在一起计算。

【用法】1.作谓语,可带补语。例两处～三千人。|你～一下,看看还剩多少资金。2.加“的”作定语。例～的数字与原先数字有出入。3.构成介宾短语作状语。例经过～,他们发现账目有差错。4.作主语。例最后一次的～特别认真。5.作宾语。例他们开始第二次～。

以词为单位重叠成 ABAB 式,作谓语。例你们再～～数字,看看错在哪里。

【构成】偏正式合成词

【近义】总共、总计

合计㊁ hé·ji〈动〉①盘算。

【用法】1.作谓语,可带宾语、补语。例她仔细～着。|他一天到晚心里老～着这件事。|他认真～了一番,认为这事弊多利少。2.加“的”作定语。例～的结果,他决

定还是要干。3.作主语。例她的～似乎很有道理。

②商量。

【用法】1.作谓语,可带宾语、补语。例大伙儿反复～着,还是拿不出主意来。|大家正在～着这件事。|他们～了一下,决定分头行动。2.加“的”作定语。例上午～的那件事,还没有定下来。

以词为单位重叠成 ABAB 式,作谓语。例大家～～这事该怎么办。

【构成】偏正式合成词

【近义】①盘算;②商量

【辨析】两者词性、构词方式相同。区别在于:1.读音有所不同:前者“计”读去声;后者“计”读轻声。2.词义着重点不同:前者表示动作行为;后者表示心理和言语动态。3.适用对象不同:前者施动的对象是“数字、账目”等;后者施动的对象是“事情、问题”等。4.近义词不同:前者的近义词是“总共、总计”;后者的近义词是“盘算,商量”。

【辨误】“合”上是人,不写作八、入。

【辨读】经认真合计(héjì),可供周转的资金已经不多,两人仔细合计(hé·ji)着如何使用这笔资金。

合子㊀hézǐ㊁hé·zi

合子㊀ hézǐ〈名〉生物体进行有性繁殖时,雌性和雄性生殖细胞互相融合形成的一个新细胞。合子逐渐发育,成为新的生物体。

【用法】1.作主语。例这些～发育很快。2.作宾语。例雌雄生殖细胞在生物体内互相融合形成了～。3.常加“的”作定语。例～的形成必须具备相应的条件。4.构成介宾短语作状语。例生物学家们对～进行了细心的观察。

【构成】偏正式合成词

合子㊁ hé·zi〈名〉类似馅儿饼的一种食品。

【用法】1.作主语。例～是孩子们喜爱的食品。2.作宾语。例这是大家喜欢吃的～。3.常加“的”作定语。例这些～的味道可口。4.构成介宾短语作状语。例孩子们对～特别喜欢。

【构成】附加式合成词

【辨析】两者词性、语法功能相同。区别在于:1.读音有所不同:前者“子”读上声;后者“子”读轻声。2.构词方式不同:前者构成偏正式合成词;后者构成附加式合成词。3.语素充任的构词成分不同:前者“子”作词根,用于体现这个词的根本的词汇意义;后者“子”作词缀,表示附加意义。4.指称对象不同:前者用作生物学名词;后者用于食品名称。

【辨读】他正在观察合子(hézǐ)的形

成过程，女儿给他端来了一盘合子（hé·zi）当点心。

后晌㊀hòushǎng㊁hòu·shang

后晌㊀ hòushǎng〈名〉下午。

【用法】用于方言。1.加“的”作定语。例～的太阳不那么烤人了。2.用于句首或句中，作状语。例～他在地里干活儿。｜他平时上午干活儿，～睡觉。3.作补语。例会议安排在～。

【构成】偏正式合成词

【近义】下午

后晌㊁ hòu·shang〈名〉晚上。

【用法】用于方言。1.作定语。例他正在吃～饭。2.用于句首或句中，作状语。例～他们全家在电视机前收看足球赛实况转播。｜他白天休息，～到工厂上班。3.作补语。例他把会见客人的时间安排在～。

【构成】偏正式合成词

【近义】晚上

【辨析】两者词性、构词方式、语法功能相同，都用于方言，都表示时间。区别在于：1.读音有所不同：前者“晌”读上声；后者“晌”读轻声。2.词义着重点不同：前者着重指“下午”；后者着重指“晚上”。3.近义词不同：前者的近义词是“下午”；后者的近义词是“晚上”。

【辨读】他后晌（hòushǎng）已经草拟了公司年度工作计划，准备后晌（hòu·shang）拿到公司理事会上讨论。

呼号㊀hūháo㊁hūhào

呼号㊀ hūháo〈动〉大声哭叫；为寻求援助而叫喊。

【用法】1.作谓语。例他为募款救灾而四处奔走～。2.常加“的”作定语。例窗外传来他仰天～的声音。3.作主语。例老大娘悲哀的～令人心碎。4.作宾语。例我听着她的～，禁不住流下同情的眼泪。

【构成】并列式合成词

【近义】号叫、叫喊、叫号、哭喊、哭叫

呼号㊁ hūhào〈名〉①广播或通讯中使用的各种代号，也指表示广播电台名称的字母代号。

【用法】1.作主语。例这个电台的～很好记。2.作宾语。例请记住电台的～。3.常加“的”作定语。例各种无线电通信设备，～的使用不同。

②某些组织专用的口号。

【用法】1.作主语。例中国少年先锋队的～是：“准备着，为共产主义事业而奋斗！”2.作宾语。例新队员们高喊～，宣誓入队。3.常加“的”作定语。例～的书写要工整、美观。

【构成】偏正式合成词

【近义】①代号;②口号

【辨析】两者主要区别是:1.读音有所不同:前者"号"读阳平;后者"号"读去声。2.构词方式不同:前者构成并列式合成词;后者构成偏正式合成词。3.词性不同:前者是动词;后者是名词。4.词义不同:前者表示动作行为;后者表示事物名称。5.近义词不同:前者的近义词是"号叫、叫喊、哭喊、哭叫";后者的近义词是"代号,口号"。

【辨读】他看到祖国广播电台的呼号(hūhào)后,为募款抗日在华侨中奔走呼号(hūháo)。

呼噜㊀hūlū㊁hū·lu

呼噜㊀ hūlū 〈拟声〉形容打鼾或吞食等从喉咙发出的声音。

【用法】作状语。例 他喉咙里～一声响。

以词为单位重叠成 ABAB 式。1.加"的"作定语。例 站得老远,还听得见他喉咙里～～的响声。2.常加"地"作状语。例 他喉咙里～～地直响。

【构成】联绵单纯词

呼噜㊁ hū·lu 〈名〉睡觉时因呼吸受阻而发出的粗重的呼吸声。

【用法】用于口语。作宾语。例 他睡觉时常常打～。

【构成】联绵单纯词

【辨析】两者构词方式相同,都用于模拟声音。区别在于:1.读音有所不同:前者"噜"读阴平;后者"噜"读轻声。2.词语使用方式不同:前者可单独使用,还可重叠成 ABAB 式词语;后者和"打"连用,不能重叠使用。3.词语修辞作用不同:前者用于模拟喉咙等发出的声音;后者没有这种模拟方法。

【辨读】他刚睡着就打呼噜(hū·lu),呼噜(hūlū)呼噜地响个不停,吵得别人没法入睡。

忽闪㊀hūshǎn㊁hū·shan

忽闪㊀ hūshǎn 〈动〉形容闪光。

【用法】作状语。例 闪光弹～一亮,又～一亮。

以词为单位重叠成 ABAB 式,作谓语。例 照相机的闪光灯～～的。

【构成】偏正式合成词

忽闪㊁ hū·shan 〈动〉闪动;闪耀。

【用法】作谓语,可带宾语、补语。例 小姑娘～着一双大眼睛。|小孩的眼睛～了一下。

【构成】偏正式合成词

【近义】闪动、闪耀

【辨析】两者词性、构词方式相同。区别在于:1.读音有所不同:前者"闪"读上声;后者"闪"读轻声。

2.词义不同：前者用于“形容闪光”；后者指“闪动、闪耀”，表示动作。3.词语使用方式不同：前者可重叠成ABAB式词语；后者不能重叠使用。4.有无近义词不同：前者一般没有近义词；后者有近义词“闪动、闪耀”。5.语法功能不同：前者在句子中主要作状语，作谓语时不能带宾语、补语；后者在句子中作谓语，可带宾语、补语。

【辨读】照相机忽闪(hūshǎn)一亮，老大娘的眼睛忽闪(hū·shan)了一下。

胡同㊀hútòng㊁hú·tong

胡同㊀ hútòng 〈名〉也说胡同儿。巷；小街道。

【用法】1.作主语。例 这条～很长。2.作宾语。例 这是一条死～。3.常加“的”作定语。例 ～的转弯处放着一辆摩托车。4.构成介宾短语作状语、补语。例 她向那条～走去。|他走进一个小～。

【构成】联绵单纯词

胡同㊁ hú·tong 〈名〉用作巷名。

【用法】用于巷名后面。1.作主语。例 上街～离这儿不远。2.构成介宾短语作状语、补语。例 他在金菊～租了一间套房。|他住在后拐棒～。

【构成】联绵单纯词

【辨析】两者词性、构词方式相同，都指“巷子”。区别在于：1.读音有所不同：前者“同”读去声；后者“同”读轻声。2.词语使用方式不同：前者泛指“巷子，小街道”；后者用于巷名。

【辨误】“同”不读tóng，作巷名时，“同”读轻声不儿化。

【辨读】北京有名的胡同(hútòng)有很多条，他住在什刹海胡同(hú·tong)。

花费㊀huāfèi㊁huā·fei

花费㊀ huāfèi 〈动〉因使用而消耗掉。

【用法】1.作谓语，可带宾语、补语。例 夺取这项冠军，要～很大的力气。|为了我的进步，何老师～了不少心血。2.加“的”作定语。例 母亲在儿子身上～的精力是无法计算的。3.构成介宾短语作状语。例 对于钱财的～他从来不过问。4.作主语。例 他为我的大量～使我深感不安。5.作宾语。例 我反对他无节制的～。

【构成】并列式合成词

【近义】耗费、付出、支付

花费㊁ huā·fei 〈名〉消耗的钱。

【用法】1.作主语。例 到广州的～都是他出的。2.作宾语。例 这次搬家要准备不少～。3.加“的”作定语。例 出国探亲，～的问题你不必考虑，由我负责。4. 构成介宾短语作状语。例 他把大伙儿旅游的～全包下了。

【构成】偏正式合成词

【近义】费用、花销、开销、开支

【辨析】两者主要区别是：1. 读音有所不同：前者"费"读去声；后者"费"读轻声。2. 构词方式不同：前者构成并列式合成词；后者构成偏正式合成词。3. 词性不同：前者是动词；后者是名词。4. 词义不同：前者指"因使用而消耗掉"，表示动作行为；后者指"消耗的钱"，表示事物名称。5. 近义词不同：前者的近义词是"耗费、付出"；后者的近义词是"费用、花销、开销、开支"。

【辨读】我们这次到哈尔滨旅游花费(huāfèi)了不少钱，其中包括乘坐松花江索道等的花费(huā·fei)。

回来㊀huí//·lái ㊁//·huí//·lái

回来㊀ huí//·lái 〈动〉从别处到原来的地方来。

【用法】1. 作谓语，可带补语。例 他刚从国外～。｜她已经～三天了。2. 加"的"作定语。例 这次～的留学生不少。3. 作主语，或构成"的"字短语作主语。例 远隔重洋，～不是很容易的事。｜刚才～的是我哥哥。4. 作宾语。例 他在外地暂时不想～。5. 作独立语，不跟别的词语发生结构关系。例 ～！快点！

中间可插入"得、不"。例 工作这么忙，我回得来吗？｜买不到车票，他一时回不来了。

【构成】并列式离合词

【近义】归来

【反义】回去

回来㊁ //·huí//·lái 〈动〉用在动词后，表示到原来的地方。

【用法】多作补语。例 他气喘吁吁地跑～。

动词后插入"得、不"。例 伤不重，他走得～。｜下午他赶不～。

两字之间可插入宾语。例 她把孩子送回家来。

【构成】并列式离合词

【反义】回去

【辨析】两者词性、构词方式相同，都可表示"到原来的地方"的意思。区别在于：1. 读音不同：前者中间没有插入其他成分时，"来"读轻声，中间插入"得、不"时，"来"读阳平；后者两字紧接动词后时，都读轻声，动词后插入"得、不"时，两音都读阳平，两字之间再加宾语时，"回"读阳平，"来"读轻声。2. 词语使用方式不同：前者可单独使用；后者须与动词连用。3. 语法功能不同：前者在句子中作谓语、定语、主语、宾语，还可作独立语；后者用于动词后，通常作补语。

【辨读】小梁下午两点乘火车回来(huí·lai)，到站已凌晨三点，从火车站一路走回来(·hui·lai)的。

回去㊀huí//·qù㊁//·huí//·qù

回去㊀ huí//·qù〈动〉从别处到原来的地方去。

【用法】1.作谓语，可带补语。例 他到广州一年了还不曾～。｜新年后她～过一次。2.加"的"作定语。例 ～的人陆续回来了。3.作主语，或构成"的"字短语作主语。例 交通不便，～可真不容易。｜～的是家在外地的民工。4.作宾语。例 这里挺好，她根本不想～。5.可作独立语，不和别的词语发生结构关系。例 ～！你听见了吗？

中间可插入"得、不"。例 天黑路滑，你回得去吗？｜她落入魔窟，再也回不去了。

【构成】并列式离合词

【反义】回来

回去㊁ //·huí//·qù〈动〉用于动词后，表示到原来的地方去。

【用法】多作补语。例 你赶快把这些东西拿～。

动词后插入"得、不"。例 你身体这么虚弱，走得～吗？｜没有车子，这批货物运不～。

两字之间可插入宾语。例 他出来没两天，就跑回家去了。

【构成】并列式离合词

【反义】回来

【辨析】两者词性、构词方式相同，都表示"到原来的地方去"。区别在于：1.读音不同：前者中间没有插入其他成分时，"去"读轻声，中间插入"得、不"时，"去"读去声；后者两字紧接动词后时，都读轻声，动词后插入"得、不"时，"回"读阳平，"去"读去声，两字之间再加宾语时，"回"读阳平，"去"读轻声。2.词语使用方式不同：前者可单独使用；后者须与动词连用。3.语法功能不同：前者在句子中作谓语、定语、主语、宾语，还可作独立语；后者用于动词后，通常作补语。

【辨读】她临时决定回去(huí·qu)一趟，因为走得匆忙，那些行李没有带回去(·hui·qu)。

活路㊀huólù㊁huó·lu

活路㊀ huólù〈名〉① 可以通行的道路。

【用法】1.作主语。例 ～在山洞的出口处。2.作宾语。例 顺着坑道向右转是一条～。

②比喻维持生活的门路和办法。

【用法】1.作主语。例 出来打工，～

要靠自己找。2.作宾语。例 旧社会,穷苦人哪有～?

③比喻行得通的办法。

【用法】1.作主语。例 动动脑筋,～还是有的。2.作宾语。例 大家觉得他的办法是条～。

【构成】偏正式合成词

【近义】①通道;②门路、生计;③办法

【反义】①死路

活路㊁ huó·lu〈名〉泛指体力活儿。

【用法】1.作主语。例 这些～难不倒他。2.作宾语。例 通过四处奔走,他揽了不少～。3.加"的"作定语。例 那些～的工钱已经付清了。4.构成介宾短语作状语。例 他对那些～不感兴趣。

【构成】偏正式合成词

【辨析】两者词性、构词方式相同。区别在于:1.读音有所不同:前者"路"读去声;后者"路"读轻声。2.词义不同:前者是多义词,有比喻义;后者是单义词,只指"体力活儿",没有比喻义。3.近义、反义词不同:前者的近义词是"通道,门路、生计,办法",后者没有近义词;前者的反义词是"死路",后者没有反义词。

【辨读】对这些外地来的农民工来说,只要能揽到活路(huó·lu),就不怕没有活路(huólù)。

J

鸡子㊀jī·zi㊁jīzǐr

鸡子㊀ jī·zi〈名〉鸡。

【用法】用于方言。1.作主语。例 一群～在场地上觅食。2.作宾语。例 外婆养了许多～。3.常加"的"作定语。例 屋外传来小～的叫声。4.构成介宾短语作状语。例 他朝那群～望去,只见两只良种鸡正在格斗。

【构成】附加式合成词

鸡子儿㊁ jīzǐr〈名〉鸡蛋。

【用法】用于口语。1.作主语。例 这个～是刚从鸡窝里捡到的。2.作宾语。例 你快吃下这碗～。3.作定语。例 他喝下一碗～汤。4.构成介宾短语作状语。例 你别在～里挑骨头。

【构成】偏正式合成词

【近义】鸡蛋

【辨析】两者词性、语法功能相同。区别在于:1.读音有所不同:前者"子"读轻声;后者"子"读上声。2.构词方式不同:前者构成附加式合成词,不儿化;后者构成偏正式合成词,儿化。3.语素充任的构词成分不同：前者“子”作词缀，表示附加意义；后者“子”作词根，用于体现这个词的根本的词汇意义。4. 指称对象不同：前者指“鸡”；后者指“鸡蛋”。5. 词语归属和语体色彩不同：前者是方言词语；后者是普通话口语词。

【辨读】婆婆养了许多鸡子（jī·zi），还有好多鸡子儿（jīzǐr），准备给儿媳妇坐月子时补身子。

犄角㊀jījiǎo㊁jī·jiao

犄角㊀ jījiǎo〈名〉也说犄角儿。①物体两个边沿相接的地方；棱角。

【用法】用于口语。1. 作主语。例 桌子～裂开了一个大口子。2. 作宾语。例 她站在门口，不时地望着东南～，盼望出门已久的丈夫回家来。3. 常加“的”作定语。例 墙～儿的那块砖头松动了，要用水泥加固。4. 构成介宾短语作状语、补语。例 敌人的哨兵从东北～向这边走来。｜他站在墙～儿已经好一会儿了。

②角落。

【用法】用于口语。1. 作主语。例 屋子～儿放着一架洗衣机。2. 作宾语。例 她望着院子～儿，默默地想着心事。3. 常加“的”作定语。例 房间～的那堆垃圾还没有清除。4. 构成介宾短语作状语、补语。例 她朝屋子～儿望了一眼，只见工具横七竖八地堆在那儿。｜那架古老的钢琴放在房间～，已经好久没人动过了。

【构成】偏正式合成词

【近义】①棱角；②角落

犄角㊁ jī·jiao〈名〉牛、羊、鹿等头上长出的坚硬的东西，上端较尖，形状细长而弯曲。

【用法】用于口语。1. 作主语。例 这头水牛的～好长。2. 作宾语。例 小羊倌用力扳着那头羊的～，不让它爬上山坡。3. 常加“的”作定语。例 羚羊～的药用价值很高。4. 构成介宾短语作状语、补语。例 他朝羊～狠狠敲了一鞭杆。｜小孩把书包挂在牛～上，边放牛边看书。

【构成】偏正式合成词

【辨析】两者词性、构词方式、语法功能相同，都用于口语。区别在于：1. 读音有所不同：前者“角”读上声，常常儿化；后者“角”读轻声，不儿化。2. 指称对象不同：前者指“物体两个边沿相接的地方，棱角，角落”；后者指“牛、羊、鹿等头上长出的坚硬的东西”。3. 有无近义词不同：前者有近义词“棱角，角落”；后者一般没有近义词。

【辨读】墙西北犄角（jījiǎo）那儿站着一头犄角（jī·jiao）很长的老黄牛。

计数㊀jìshǔ㊁jì//shù

计数㊀ jìshǔ 〈动〉计算；统计（数目）。

【用法】1.作谓语，可带补语。例 他给灾区人民的捐款难以～。|这笔经费她认真～了三次。2.常加“的”作定语。例 经她手上～的希望工程款额不下千万。3.构成介宾短语作状语。例 通过～，厂里的收支情况更清楚了。

【构成】并列式合成词

【近义】计算、统计

计数㊁ jì//shù 〈动〉统计数量。

【用法】1.作谓语。例 人们现在大多用计算器～。2.加“的”作定语。例 他～的速度快极了。3.作宾语。例 他由于会计出身擅长～。

中间可插入其他词语。例 这些书，他计好数，就可以领走了。

【构成】支配式离合词

【近义】数（shǔ）数（shù）

【辨析】两者主要区别是：1.读音有所不同：前者“数”读上声；后者“数”读去声。2.词语构成及使用方式不同：前者构成并列式合成词，中间不能插入其他词语；后者构成支配式离合词，中间可插入其他词语。3.词义不同：前者表示“计算，统计”；后者指“统计数量”。4.近义词不同：前者的近义词是“计算、统计”；后者的近义词是“数（shǔ）数（shù）”。

【辨读】他负责边登记边计数（jìshù），在他手上发放的赈灾款难以计数（jìshǔ）。

见长㊀jiàncháng㊁jiànzhǎng

见长㊀ jiàncháng 〈动〉在某方面显示出有特长。

【用法】用于人或动物、文章等。作谓语。例 他以美术～。|老黄牛以吃苦耐劳～。|这篇散文以抒情～。

【构成】支配式合成词

见长㊁ jiànzhǎng 〈动〉看着比以前大或高。

【用法】用于植物、动物，也可用于人。作谓语，可带补语。例 下了一场透雨，秧苗立刻～了。|这几个月，小牛犊很～。|一个多月不见，孩子～了许多。

【构成】支配式合成词

【辨析】两者词性、构词方式相同。区别在于：1.读音有所不同：前者“长”读 cháng；后者“长”读 zhǎng。2.词义着重点不同：前者着重指“在某方面显示出有特长”；后者着重指“看着比以前大或高”。3.语法功能有所不同：前者在句子中作谓语，不能带补语；后者作谓语时，可带补语。

【辨读】几个月不见，女儿见长（jiànzhǎng）了不少，还以画画见长（jiàncháng），受到老师的表扬。

教授㊀jiāoshòu㊁jiàoshòu

教授㊀ jiāoshòu〈动〉讲解，传授。

【用法】1. 作谓语。例 他在复旦大学～历史。2. 常加"的"作定语。例 我很喜欢听王老师～的果树栽培技术课。3. 作主语。例 她～的是高中物理。

【构成】并列式合成词

【近义】讲解、讲授、传授

教授㊁ jiàoshòu〈名〉高等学校教师最高一级的职称。

【用法】1. 作主语。例 王～长期从事航天技术研究。2. 作宾语。例 他是南开大学的～。3. 常加"的"作定语。例 他们都是徐～的得意门生。

【构成】并列式合成词

【辨析】两者主要区别是：1. 读音有所不同：前者"教"读阴平；后者"教"读去声。2. 表义功能不同：前者用于动作义；后者用于名物义。

【辨误】"教"左下"子"的一横变提，右是攵，不写作夂。

【辨读】杨教授（jiàoshòu）早年曾在清华大学教授（jiāoshòu）原子物理课。

教学㊀jiāo∥xué㊁jiàoxué

教学㊀ jiāo∥xué〈动〉教书。

【用法】用于工作动态。1. 作谓语。例 他一丝不苟地～，深受师生赞扬。2. 常加"的"作定语。例 张老师～的态度十分认真。3. 构成介宾短语作状语。例 李老师从～中总结出了一套快速记忆英语单词的方法。

中间可插入其他词语。例 他在农村教了几年学。

【构成】支配式离合词

【近义】教书

教学㊁ jiàoxué〈名〉教师传授知识技能和学生学习知识技能的活动；也指教师传授知识技能的工作。

【用法】用于工作名称。1. 作主语。例 ～要以学生为主体。2. 作宾语。例 他认真搞好～，从不敷衍塞责。3. 常加"的"作定语。例 这一节信息技术课，～的目的是使学生学会用电脑设计图纸。4. 构成介宾短语作状语。例 杨老师在～上精益求精。

【构成】并列式合成词

【辨析】两者都含有"传授知识"的意思。区别在于：1. 读音有所不同：前者"教"读阴平；后者"教"读去声。2. 词语构成方式不同：前者构成支配式离合词，中间可插入其他词语；后者构成并列式合成词，中间不能插入其他词语。3. 表义功能不同：前者用于动作义；后者用于名物义。

【辨读】李老师认真教学(jiāoxué),做到教学(jiàoxué)相长。

矫情㈠jiǎoqíng㈡jiáo·qing

矫情㈠ jiǎoqíng〈动〉故意违反常情,以示与众不同。

【用法】多用于书面语。1.作谓语,可带补语。例他~自饰,别人的话丝毫不起作用。2.常加“的”作定语。例他的举止言谈给人一种~的感觉。3.构成介宾短语作状语。例我对他的~深感厌恶。4.作主语。例他的~使人反感。5.作宾语。例他是那样~,令人生厌。

【构成】支配式合成词

矫情㈡ jiáo·qing〈动〉指强词夺理。

【用法】用于口语。1.作谓语。例事情明摆着,你不要~了。2.加“的”作定语。例他~的毛病仍然没法改。3.构成介宾短语作状语。例我对他的~看不惯。4.作主语。例他的~激怒了在场的观众。5.作宾语。例他老犯~,还是改不过来。

【构成】支配式合成词

【辨析】两者词性、构词方式、语法功能相同。都指人的不良行为。区别在于:1.读音不同:前者“矫”读上声,后者“矫”读阳平;前者“情”读阳平,后者“情”读轻声。2.词义着重点不同:前者着重指“故意违反常情,以示与众不同”,后者着重指“强词夺理”。3.语体色彩不同:前者多用于书面语;后者用于口语。

【辨误】此处的“矫”不写作娇。

【辨读】她明知自己理亏,还是故意矫情(jiáo·qing),大伙儿对她的矫情(jiǎoqíng)十分反感。

结果㈠jiē//guǒ㈡jiéguǒ

结果㈠ jiē//guǒ〈动〉结出果实。

【用法】用于植物生长动态。1.作谓语。例这棵梨树~了。2.加“的”作定语。例桃树~的季节最怕连日阴雨。3.构成介宾短语作状语。例这些果树在~时遭受了虫害,产量很低。

中间可插入其他词语。例这棵苹果树结了不少果。

用于比喻生儿育女或成就事业。例愿儿女们早日开花~。|我们要在群众中生根、开花、~。

【构成】支配式离合词

结果㈡ jiéguǒ ①〈名〉事情的结局;事物发展变化的最后状态。

【用法】用于事情结局。1.作主语。例经过反复争夺,~是甲队输给了乙队。2.作宾语。例这些成绩的取得,是大家共同努力的~。3.构成介宾短语作状语。例人们对这件事的~看法不一。

②〈动〉将人杀死（多见于早期白话）。

【用法】用于杀人的动作。1.作谓语，可带宾语。例 连长一刀～了匪徒的性命。2.加“的”作定语。例 他～的那家伙是一个十恶不赦的汉奸。

【构成】支配式合成词

【近义】①结局；②杀死

【辨析】两者都可表示动作义。区别在于：1.读音有所不同：前者“结”读阴平，后者“结”读阳平。2.词语构成及使用方式不同：前者构成支配式离合词，中间可插入其他词语；后者构成支配式合成词，中间不能插入其他词语。3.表义功能不同：前者用于动作义；后者既用于动作义，也用于名物义。4.词语修辞方式不同：前者可用于比喻生儿育女或成就事业；后者没有比喻的用法。

【辨读】这一大片杂交的芙蓉李已经结果（jiēguǒ）了，这是大家辛勤劳动的结果（jiéguǒ）。

结实㊀jiē// shí㊁jiē·shi

结实㊀ jiē// shí〈动〉长出果实。

【用法】1.作谓语。例 这些果树正在～。2.加“的”作定语。例 现在正是花生～的季节。

中间可插入其他词语。例 这些果树都结了实，挂了果了。

【构成】支配式离合词

【近义】结果

结实㊁ jiē·shi ①〈形〉坚固；牢固。

【用法】1.作谓语。例 这双布鞋很～。2.作补语。例 绳子绑得很～。

②〈形〉健壮。

【用法】1.作谓语。例 他的身体很～。2.作补语。例 这小孩子长得很～。

【构成】支配式合成词

【近义】①坚固、牢固；②健壮、强壮

【反义】①脆弱；②虚弱

【辨析】两者区别在于：1.读音有所不同：前者“实”读阳平，后者“实”读轻声。2.词语构成及使用方式不同：前者构成支配式离合词，中间可插入其他词语；后者构成支配式合成词，中间不能插入其他词语。3.表义功能不同：前者用于动作义，指植物生长动态；后者用于形容义，表示物体状态。4.近义词不同：前者的近义词是“结果”；后者的近义词是“坚固、牢固，健壮、强壮”。5.有无反义词不同：前者没有反义词；后者有反义词“脆弱、虚弱”。

【辨读】这株水蜜桃嫁接的部位绑得很结实（jiē·shi），如今已经结实（jiēshí）了。

接头㊀jiē// tóu㊁jiē·tóur

接头㊀ jiē// tóu〈动〉①使两个物

体接在一起。

【用法】1.作谓语。例 绳子断成两截,他正在～。2.加“的”作定语。例 电灯线～的地方要缠上胶布。

中间可插入其他词语。例 断了的电线已经接上了头。

②接洽;联络。

【用法】用于口语。1.作谓语,或构成兼语短语作谓语。例 她已于昨日乘飞机到达,你要赶快和她～。|组织上叫我来跟你～。2.加“的”作定语。例 ～的人是该公司的副经理。3.作主语,或构成“的”字短语作主语。例 在敌占区,～可不是一件容易的事。|～的是一位老交通。

中间可插入其他词语。例 组织上已经派人和他接上了头。

③熟知某事的头绪。

【用法】1.作谓语。例 这件事我不～。2.加“的”作定语。例 这个案件他是个～的人。

【构成】支配式离合词

【近义】连接;接洽、联系;了解、熟悉

接头儿㊁ jiē·tóur〈名〉两个物体的连接处。

【用法】1.作主语。例 纱线的～露出来了。2.作宾语。例 这条绳子有个～。3.常加“的”作定语。例 电线～的胶布脱落了。4.构成介宾短语作状语、补语。例 她很快用尼龙丝线把皮鞋的～钉了个结实。|她把胶布小心翼翼地缠在电线～上。

【构成】偏正式合成词

【辨析】两者主要区别是:1.读音有所不同:前者“头”读阳平;后者“头”一般读轻声,有时也可读阳平。2.词语构成及使用方式不同:前者构成支配式离合词,不儿化,中间可插入其他词语;后者构成偏正式合成词,儿化词,中间不能插入其他词语。3.表义功能不同:前者用于动作义;后者用于名物义。4.有无近义词不同:前者有近义词“连接,接洽、联系,了解、熟悉”;后者没有近义词。5.语法功能有所不同:前者在句子中作谓语、定语、主语;后者在句子中除作定语、主语外,还可作宾语,并构成介宾短语作状语、补语。

【辨读】小东接头(jiētóu)的电灯线,有一处接头儿(jiē·tour)松动了,快去拧紧。

解难㊀jiě//nán㊁jiě//nàn

解难㊀ jiě//nán〈动〉解决困难;解释疑难。

【用法】1.作谓语。例 老师不厌其烦地给学生答疑～。2.常加“的”作定语。例 给孩子们～的老师很耐心。3.构成介宾短语作状语。例 他为～不辞辛苦,从大老远赶来了。4.构成“的”字短语作主语。例 ～的是那些邻里乡亲。5.作宾语。例教师的职责之一是为学生释疑～。

中间可插入其他词语。例他耐心讲解,帮同学解了难。

【构成】支配式离合词

【近义】解困、解疑、释疑

解难㊁ jiě∥nàn〈动〉解除危险或灾难。

【用法】1.作谓语。例领导为群众排忧～。2.常加"的"作定语。例他是个经常为工人～的好厂长。3.构成介宾短语作状语。例他为灾区人民～四处奔走,募集捐款。4.构成"的"字短语作主语。例为这次火灾～的是一场及时雨。5.作宾语。例在灾害面前,领导的职责是帮助群众消灾～。

中间可插入其他词语。例多亏政府帮咱们排了忧,解了难。

【构成】支配式离合词

【近义】救难、救灾

【辨析】两者词性、构词方式、语法功能均相同。区别在于:1.读音有所不同:前者"难"读 nán;后者"难"读 nàn。2.词义不同:前者指"解决困难,解释疑难";后者表示"解除危险或灾难"。3.近义词不同:前者的近义词是"解困、解疑、释疑";后者的近义词是"救难、救灾"。

【辨读】范老师不仅为学生释疑解难(jiěnán),还经常为乡亲排忧解难(jiěnàn)。

尽量㊀jǐnliàng㊁jìnliàng

尽量㊀ jǐnliàng〈副〉力求达到最大限度。

【用法】用于动词、形容词前,作状语。例工作忙,学习的时间要～保证。|说话、写文章应该～的简明扼要。

【构成】支配式合成词

尽量㊁ jìnliàng〈动〉(酒量、饭量等)达到最大限度。

【用法】1.作谓语。例他平时酒量不大,今天已经～。2.常加"地"作状语。例这些酒是专门为你准备的,你～喝吧。|你整天东奔西跑,肚子容易饿,饭要～地吃饱。

【构成】支配式合成词

【辨析】两者构词方式相同,都含"达到最大限度"的意思。区别在于:1.读音有所不同:前者"尽"读上声;后者"尽"读去声。2.词性不同:前者是副词;后者是动词。3.词义着重点不同:前者着重表示"力求达到最大限度";后者着重指"酒量、饭量等达到最大限度"。4.语法功能有所不同:前者在句子中作状语;后者在句子中除作状语外,通常作谓语。

【辨读】你们这些年轻人饭要尽量(jìnliàng)吃饱,活儿要尽量(jǐnliàng)干好。

进来㊀jìn//·lái㊁//·jìn//·lái

进来㊀ jìn//·lái〈动〉从外面到里面来。

【用法】1.作谓语,可带宾语、补语。例 你们～吧。|门外～了两个人。|他刚才～过一次。2.加"的"作定语。例 ～的那些人我一个也不认识。3.构成"的"字短语作主语。例 ～的是一个英俊的青年。4.作宾语。例 屋里太闷热,他不想～。5.作独立语,不跟别的词语发生结构关系。例 报告!——～!

中间可插入"得、不"。例 大门关着,我能进得来吗?|洞口堵得严严实实的,敌人进不来。

【构成】并列式离合词

【反义】出去

进来㊁ //·jìn//·lái〈动〉用在动词后,表示到里面来。

【用法】多作补语。例 一个男孩从外面跑～。

动词后插入"得、不"。例 东西那么多,我一个人搬得～吗?|门关得紧紧的,风一点儿也透不～。

两字之间可插入宾语。例 他从外边带进一个人来。

【构成】并列式离合词

【反义】出去

【辨析】两者词性、构词方式相同,都可表示"从外面到里面来"。区别在于:1.读音不同:前者中间没有插入其他成分时,"来"读轻声,中间插入"得、不"时,"来"读阳平;后者两字紧接动词后时,都读轻声,动词后插入"得、不"时,"进"读去声,"来"读阳平,两字之间再加宾语时,"进"读去声,"来"读轻声。2.词语使用方式不同:前者可独立使用;后者须与动词连用。3.语法功能不同:前者在句子中作谓语、定语、主语、宾语,还可作独立语;后者用于动词后,通常作补语。

【辨读】房间卫生已经搞好了,你们都进来(jìn•lai)吧,把行李也搬进来(•jin•lai)。

进去㊀jìn//·qù㊁//·jìn//·qù

进去㊀ jìn//·qù〈动〉从外面到里面去。

【用法】1.作谓语,可带补语。例 你先～,我过一会儿就来。|他已经～好长时间了。2.加"的"作定语。例 ～的人又出来了。3.作主语,或构成"的"字短语作主语。例 敌司令部戒备森严,～可不是那么容易。|刚才～的是谁?4.作宾语。例 他站在门外,不敢～。5.作独立语,不跟别的词语发生结构关系。例 ～,快点儿!

中间可插入"得、不"。例 这天门

阵，你进得去，休想出得来。｜门口站着敌人的哨兵，他进不去。

【构成】并列式离合词

【反义】出来

进去㊁ //·jìn//·qù〈动〉用在动词后，表示到里面去。

【用法】作补语。例 大家把这些家具搬～。

动词后插入"得、不"。例 人群里三层，外三层，哪能挤得～？｜门太矮，骆驼钻不～。

两字之间可插入宾语。例 他从窗口伸进手去。

【构成】并列式离合词

【反义】出来

【辨析】两者词性、构词方式相同，都可表示"从外面到里面去"。区别在于：1.读音不同：前者中间没有插入其他成分时，"去"读轻声，中间插入"得、不"时，"去"读去声；后者两字紧接动词后时，都读轻声，动词后插入"得、不"时，两音都读去声，两字之间再加宾语时，"进"读去声，"去"读轻声。2.词语使用方式不同：前者可单独使用；后者须与动词连用。3.语法功能不同：前者在句子中作谓语、定语、主语、宾语，还可作独立语；后者用在动词后，通常作补语。

【辨读】洞里很黑，你们进去（jìn·qu）要小心，记得把手电筒带进去（·jìn·qu）。

近乎㊀jìnhū㊁jìn·hu

近乎㊀ jìnhū〈动〉近似于。

【用法】多作谓语。例 他那歇斯底里的样子～疯狂。

【构成】补充式合成词

【近义】近似、接近

近乎㊁ jìn·hu〈形〉也说近乎儿。（关系）亲密；密切。

【用法】用于方言。1.作谓语，可带补语。例 她俩关系挺～。｜他和小李～得很。2.加"的"作定语。例 他俩那～的样子就像一对夫妻。3.作补语，要用"得"。例 他们现在的关系变得很～。4.作宾语。例 她和小刘套～。

【构成】附加式合成词

【近义】亲近、亲密、密切

【反义】疏远、生疏、陌生

【辨析】两者主要区别是：1.读音有所不同：前者"乎"读阴平；后者"乎"读轻声。2.构词方式不同：前者构成补充式合成词；后者构成附加式合成词。3.语素充任的构词成分不同：前者"乎"作词根，用于体现这个词的根本的词汇意义；后者"乎"作词缀，表示附加意义。4.词性不同：前者是动词；后者是形容词。5.词义不同：前者表示行为动态；后者表示人与人之间的状态。6.近义、反义词不同：前者的近义词是"近似、接近”，后者的近义词是“亲近、亲密、密切”；前者一般没有反义词，后者有反义词“疏远、生疏、陌生”。7.词语归属不同：前者是普通话词语；后者是方言词语。8.语法功能有所不同：前者在句子中只作谓语，且不能带补语；后者在句子中作谓语时可带补语，还可作定语、补语、宾语。

【辨读】他俩那么近乎(jìn·hu)的样子，近乎(jìnhū)一对热恋的情侣。

经纱㊀jīngshā㊁jìng//shā

经纱㊀ jīngshā 〈名〉织布时与梭的运动方向垂直的纱。

【用法】1.作主语。例～已经梳整好了。2.作宾语。例她正在织布机前绷～。3.常加“的”作定语。例这些～的颜色五彩缤纷，十分好看。4.构成介宾短语作状语。例她把～密密地绷在织布机上。

【构成】偏正式合成词

经纱㊁ jìng//shā 〈动〉织布之前，把纺好的纱或线密密地绷起来，来回梳整，使成为经(jīng)纱或经线。

【用法】1.作谓语。例纺织工们正在织布机前～。2.加“的”作定语。例她干的是～的活儿。3.构成介宾短语作状语。例她在～时用力过猛，把经线绷断了。4.作主语，或构成“的”字短语作主语。例～是一种精细活儿。｜站在织布机前～的是王英。5.作宾语。例她正忙着～。

中间可插入其他词语。例她经了一会儿纱，就起身走出车间。

【构成】支配式离合词

【辨析】两者都作纺织业用语。区别在于：1.读音有所不同：前者“经”读阴平；后者“经”读去声。2.词语构成及使用方式不同：前者构成偏正式合成词，中间不能插入其他词语；后者构成支配式离合词，中间能插入其他词语。3.表义功能不同：前者用于名物义；后者用于动作义。

【辨读】小梅是厂里的经纱(jìngshā)能手，她把经纱(jīngshā)绷在织布机上绷得又快又好。

惊醒㊀jīngxǐng㊁jīng·xing

惊醒㊀ jīngxǐng 〈动〉①受惊动而醒来。

【用法】1.作谓语，可带补语。例他突然从梦中～。｜小孩从睡梦中～过来。2.加“的”作定语。例听到救火的喊声，从睡梦中～的人们纷纷加入救火的行列。

②使惊醒。

【用法】作谓语，可带宾语。例你们说话小声点，别把孩子～了。｜茶杯掉在地上的响声～了小孩。

【构成】补充式合成词

惊醒㊁ jīng·xing 〈形〉睡眠时容易醒来。

【用法】1.作谓语,可带补语。例 他睡觉时很～,有点儿响动都知道。|她睡觉时～得很,人家说话她都听得见。2.作补语,要用“得”。例 他现在睡觉变得很～。

【构成】补充式合成词

【辨析】两者构词方式相同。区别在于:1.读音有所不同:前者“醒”读上声;后者“醒”读轻声。2.词性不同:前者是动词;后者是形容词。3.词义不同:前者表示人的动态;后者表示睡眠状态。

【辨误】“惊”左偏旁的忄先写两点。

【辨读】这小孩儿睡觉很惊醒(jīng·xing),只要一点儿响声就会惊醒(jīngxǐng)过来。

精神㊀jīngshén㊁jīng·shen

精神㊀ jīngshén 〈名〉①指人的主观世界,包括意识、思想、品质、作风和一般心理状态。

【用法】1.作主语。例 ～可以转化为物质。|这种爱国主义～值得发扬光大。2.作宾语。例 我们要发扬艰苦奋斗的～。3.作定语。例 你的一番话加重了他的～负担。4.构成介宾短语作状语。例 对这些青年人,我们在～上要加以鼓励。

②宗旨;内容实质。

【用法】1.作主语。例 会议的～已经认真传达下去了。2.作宾语。例 我们要加强学习,进一步理解文件的～。3.常加“的”作定语。例 我们要深刻领会这次会议～的实质,结合实际,把工作向前推进一步。4.构成介宾短语作状语。例 大家对文件的～理解得很透彻。

【构成】并列式合成词

【近义】①思想;②宗旨

精神㊁ jīng·shen ①〈名〉表现出来的活力;精力。

【用法】多用于人。1.作主语。例 他的～十分旺盛。2.作宾语。例 我们要振作～,以新的姿态开始新的生活。

②〈形〉活跃;有生气。

【用法】用于人或动植物。1.作谓语,可带补语。例 小孩的眼睛挺～。|小马儿踢蹬着腿,怪～的。|小伙子穿上军装,～得很。2.作补语,要用“得”。例 经过一番休整,运动员们变得更～了。3.作宾语。例 这姑娘是那样～。

以语素为单位重叠成AABB式。1.作谓语。例 小伙子一身戎装,精精神神的。2.加“的”作定语。例 看他那精精神神的样子,姑娘心里好不喜欢。3.加“地”作状语。例 他精精神神地走进办公室。

【构成】并列式合成词
【近义】①精力；②活跃
【辨析】两者构词方式相同，都可作名词。区别在于：1. 读音有所不同：前者“神”读阳平；后者“神”读轻声。2. 词性有所不同：前者作名词；后者除作名词外，还作形容词。3. 词义不同：前者指“人的主观世界，宗旨，内容实质”；后者指“人表现出来的活力”，并表示“活跃、有生气”。4. 词语使用方式有所不同：前者不能重叠使用；后者可重叠成 AABB 式词语。5. 适用对象不同：前者多用于静态的、抽象的事物；后者多用于动态的、具体的人或动植物。6. 近义词不同：前者的近义词是“思想，宗旨”；后者的近义词是“精力，活跃”。
【辨读】我们要认真学习和理解这次会议的精神（jīngshén），振奋精神（jīng·shen），迎接新的挑战。

居处㊀jūchǔ㊁jūchù

居处㊀ jūchǔ 〈动〉居住。
【用法】1. 作谓语。例 晚年的她～陋巷，穷困潦倒。2. 加“的”作定语。例 先生目前～的环境很差。3. 构成介宾短语作状语。例 他对～一点也不在乎。
【构成】并列式合成词
【近义】居住
居处㊁ jūchù 〈名〉住所；住处。
【用法】1. 作主语。例 ～已经装修好了。2. 作宾语。例 他选好了～，准备月底搬过去。3. 常加“的”作定语。例 新～的环境比先前舒适多了。4. 构成介宾短语作状语。例 老人对～很满意。
【构成】偏正式合成词
【近义】住所、住处
【辨析】两者主要区别是：1. 读音不同：前者“处”读上声；后者“处”读去声。2. 构词方式不同：前者构成并列式合成词；后者构成偏正式合成词。3. 词性不同：前者是动词；后者是名词。4. 词义不同：前者表示动作，指“居住”；后者表示处所，指“住处”。
【辨读】他虽然居处（jūchǔ）在十几平方米的斗室里，但他对这里的居处（jūchù）条件已经很知足了。

卷子㊀juǎn·zi㊁juàn·zi

卷子㊀ juǎn·zi 〈名〉一种面食品，和（huó）面制成薄片，一面涂上油盐等，再卷起蒸熟。
【用法】1. 作主语。例 这些～是用面粉做成的。2. 作宾语。例 他饿极了，一口气吃下两碗～。3. 常加“的”作定语。例 这些～的味道特别好。4. 构成介宾短语作状语。例 他在～上加了些糖，味道更可口了。
【构成】附加式合成词
卷子㊁ juàn·zi〈名〉①用于考试作答用的薄本子或单页纸；试卷。
【用法】1.作主语。例考试的～还没有发下来。2.作宾语。例老师们正在办公室里改～。3.常加“的”作定语。例这张～的字迹模糊。4.构成介宾短语作状语。例教师们正在对这张～进行认真的分析。
②指可以卷起来的古抄本。
【用法】1.作主语。例这～已经珍藏三十多年了。2.作宾语。例这是祖父手上传下来的～。3.常加“的”作定语。例这些～的研究价值很高。4.构成介宾短语作状语。例他用布将～裹了个严实。
【构成】附加式合成词
【辨析】两者词性、构词方式、语法功能均相同。区别在于：1.读音有所不同：前者“卷”读上声；后者“卷”读去声。2.指称对象不同：前者指一种食品；后者指“试卷、古抄本”。
【辨误】“卷”下是㔾，不写作己、已、巳。
【辨读】苏老师为了抓紧时间改语文卷子（juàn·zi），饿了就用卷子（juǎn·zi）充饥。

K

开发㊀kāifā㊁kāi·fa

开发㊀ kāifā〈动〉①以荒地、矿山、森林、水力等自然资源为对象进行劳动，以达到利用的目的；开拓。
【用法】1.作谓语，可带宾语、补语。例黄河水利资源正在逐步～。|人们正在～这里的矿藏。|这里的荒山～得差不多了。2.常加“的”作定语。例荒山～的速度要加快。3.构成介宾短语作状语。例国家对水利资源的～投入了大量的人力物力。4.作主语。例长江水利资源的～必须进一步加紧。5.作宾语。例全国上下关注着三门峡水利资源的～。
②开导；启迪。
【用法】1.作谓语，可带宾语。例儿童的智力要及早～。|我们要及时～儿童的智力。2.加“的”作定语。例智力～的根本目的是为了早出人才，多出人才。3.构成介宾短语作状语。例父母对于幼儿智力的～不可掉以轻心。4.作主语。例全脑的～是一项艰巨的工

作。5.作宾语。例 要重视儿童早期智力的～。

【构成】并列式合成词

【近义】①开拓；②开导、启迪

开发㊁ kāi·fa〈动〉支付。

【用法】1.作谓语，可带宾语。例 酒钱全由他～了。|他已经～了车钱。2.加“的”作定语。例 这一趟到天津，～的费用够大了。3.构成介宾短语作状语。例 对于这笔钱的～，他认为值得。4.作主语。例 旅游经费的～全由他的公司包了。5.作宾语。例 回国探亲的费用由他负责～。

【构成】并列式合成词

【近义】支付

【辨析】两者词性、构词方式、语法功能均相同。区别在于：1.读音有所不同：前者“发”读阴平；后者“发”读轻声。2.词义不同：前者表示“开创性的劳动，开导，启迪”；后者表示“支付”的意思。3.适用对象及范围不同：前者施动的对象是“荒地、矿藏、森林、水利资源、智力”等，适用范围较广；后者施动的对象是钱物，适用范围窄。4.近义词不同：前者的近义词是“开拓，开导、启迪”；后者的近义词是“支付”。5.使用频率不同：前者多义项，常用词，使用频率高；后者单义项，不常用，使用频率较低。

【辨读】这次长江水利资源开发(kāifā)座谈会的一切费用全部由他的公司开发(kāi·fa)。

开通㊀kāitōng㊁kāi·tong

开通㊀ kāitōng〈动〉①使原来闭塞的不闭塞。

【用法】1.作谓语，可带宾语。例 老大爷的思想已经～了。|我们要努力～风气。2.加“的”作定语。例 这些年轻人具有～的思路。3.作主语。例 民智的～要靠大家共同努力。4.作宾语。例 为了适应新的形势，首先要～思想。

②交通、通信等线路开始使用。

【用法】1.作谓语，可带宾语。例 新的电话线路昨日～。|这里已经～了卫星通信网。2.加“的”作定语。例 ～的河道可以行船了。3.作主语。例 铁路的～使这里的经济发展更加迅速。4.作宾语。例 要发展经济，首先要～道路。

【构成】补充式合成词

开通㊁ kāi·tong ①〈形〉(思想)不守旧；不拘泥固执。

【用法】1.作谓语，可带补语。例 这位老人家思想真～。|这老太太～得很。2.加“的”作定语。例 光有一个～的脑筋还不够，还要讲究工作方法。3.构成介宾短语作状语。例 我对老人的～很敬佩。

4.作补语,要用“得”。例她现在变得很～了。5.作宾语。例他是多么～。

②〈动〉使开通。

【用法】作谓语,可带宾语。例多看看新闻,就能～思想。

可重叠成ABAB式。例让他们多去外面看看,～～思路。

【构成】并列式合成词

【近义】开明

【反义】保守、固执、拘泥、守旧

【辨析】两者主要区别是:1.读音有所不同:前者“通”读阴平;后者“通”读轻声。2.构词方式不同:前者构成补充式合成词;后者构成并列式合成词。3.表义功能不同:前者用于动作义;后者用于形容义。4.有无近义、反义词不同:前者一般没有近义词和反义词;后者有近义词“开明”,反义词“保守、固执、拘泥、守旧”。

【辨读】这里和外界交流的渠道早已开通(kāitōng),人们的思想也非常开通(kāi·tong)。

磕碰㊀kēpèng㊁kē·pengr

磕碰㊀ kēpèng 〈动〉①东西互相撞击。

【用法】1.作谓语,可带补语。例这些货物没有包装,容易～。|这几箱啤酒～在一起,碎了几瓶。2.作宾语。例这些玻璃制品经不起～。

以语素为单位重叠成AABB式,多作谓语。例车上这一箱瓷器没包装好,一路上磕磕碰碰的,碎了不少。

②人和东西相撞。

【用法】用于方言。1.作谓语,可带补语。例衣架放在走廊里,晚上走路的时候会～。|他一趔趄,～在一块大石头上。2.作宾语。例人经不起石头～。

以语素为单位重叠成AABB式,多作谓语。例电线拉得太低,磕磕碰碰的,赶快拉高一点。

③比喻冲突。

【用法】1.作谓语,可带补语。例这几个人性格不同,时常～。|小两口又～了一回。2.作主语。例一群小孩子整天在一起,～是难免的。3.作宾语。例几家住一个院子,容易出现～。

以语素为单位重叠成AABB式,多作谓语。例邻居之间要友好相处,不要磕磕碰碰的。

【构成】并列式合成词

【近义】①撞击;②碰撞;③冲突

磕碰儿㊁ kē·pengr 〈名〉①器物上碰伤的痕迹。

【用法】用于方言。1.作主语。例这脸盆边沿的～很明显。2.作宾语。例花瓶口有处～。3.常加

“的”作定语。例脸盆～的下边绘着一朵鲜艳的牡丹。4.构成介宾短语作状语、补语。例他在搪瓷碗的～上涂上油漆。|她把白色的油漆抹在脸盆的～上。

②比喻挫折。

【用法】用于方言。1.作主语。例干工作，～是免不了的。2.作宾语。例他不怕～。

【构成】附加式合成词

【近义】①伤痕；②挫折

【辨析】两者主要区别是：1.读音有所不同：前者“碰”读去声，不儿化；后者“碰”读轻声，儿化。2.词语构成及使用方式不同：前者构成并列式合成词，可重叠成AABB式；后者加后缀“儿”构成附加式合成词，不能重叠使用。3.词性不同：前者是动词；后者是名词。4.词义不同：前者表示人或事物动态；后者表示事物名称。5.词语归属不同：前者第②义项是方言词语，①③义项是普通话词语；后者是方言词语。6.近义词不同：前者的近义词是“撞击，碰撞，冲突”；后者的近义词是“伤痕，挫折”。7.词语修辞作用不同：前者可用于比喻人与人之间发生的冲突；后者可用于比喻挫折。

【辨读】这些瓷器在运输中经不起磕碰（kēpèng），有几个大花瓶出现了磕碰儿（kē·pengr）。

空心㊀kōngxīn㊁kòngxīn

空心㊀ kōngxīn ①〈动〉树木或蔬菜等的心被蛀蚀或长得不实。

【用法】1.作谓语。例这株老榆树～了。2.加“的”作定语。例他买了一棵～的大白菜。3.构成“的”字短语作主语。例这些树木中，～的是梧桐。

中间可插入其他词语。例大萝卜空了心。

②〈形〉东西的内部是空的。

【用法】1.作谓语。例这种面条～。2.常加“的”作定语。例这是个～坝。|这是个～的泥球。3.构成“的”字短语作主语。例～的是梧桐木。

用于“空心菜、空心砖、空心莲子草”等词语，作相应的句子成分。例～菜是一种普通蔬菜。|这种～砖的保暖和隔音性能很好。|水沟中长着许多～莲子草。

【构成】偏正式合成词

空心㊁ kòngxīn 〈动〉没吃东西，空着肚子。

【用法】1.作谓语。例干这种重活，你可不能～儿。2.作定语。例～酒尽量少喝，以免妨害身体。3.作状语。例这剂药要～吃。

【构成】支配式合成词

【辨析】两者都含“内部空着”的意

思。区别在于：1. 读音不同：前者“空”读阴平；后者“空”读去声。2. 词语构成方式不同：前者构成偏正式合成词，不儿化；后者构成支配式合成词，可儿化。3. 词义着重点不同：前者着重指“东西的内部是空的”；后者着重指“没吃东西，空着肚子”。4. 适用对象不同：前者用于树木、蔬菜、砖头、堤坝等物；后者用于人。

【辨读】把车上的空心(kōngxīn)砖搬运到工地，你们可不能空心(kòngxīn)去干，吃了饭再去吧。

口角㊀kǒujiǎo㊁kǒujué

口角㊀ kǒujiǎo 〈名〉嘴边。

【用法】1. 作主语。例 他的～糜烂，张嘴时感到刺痛。2. 构成介宾短语作状语。例 涎水从狐狸的～直往下流。

用于成语“口角春风、口角流涎”，作相应的句子成分。例 夫人的话～春风，使他一步登天。|他望着这些玉液琼浆，止不住～流涎。

用于“口角炎”，作相应的句子成分。例 ～炎大多是由缺乏维生素B2引起的。

【构成】偏正式合成词

【近义】嘴边

口角㊁ kǒujué 〈动〉争吵。

【用法】1. 作谓语。例 他两人为了一点小事正在～。2. 常加“的”作定语。例 他俩～的原因无非是为了一些鸡毛蒜皮的事。3. 构成介宾短语作状语、补语。例 小两口自从～后谁也不理谁。|事故发生在～后。4. 构成“的”字短语作主语。例 ～的是小王和小陈。5. 作宾语。例 她平时喜欢和别人～。

【构成】陈述式合成词

【近义】吵嘴、争吵

【辨析】两者主要区别是：1. 读音有所不同：前者“角”读 jiǎo；后者“角”读 jué。2. 构词方式不同：前者构成偏正式合成词；后者构成陈述式合成词。3. 词性不同：前者是名词；后者是动词。4. 词义不同：前者表示“嘴边”，指身体部位；后者指“争吵”，表示言语动态。5. 近义词不同：前者的近义词是“嘴边”；后者的近义词是“吵嘴、争吵”。6. 词语修辞方式不同：前者构成“口角春风”，用于比喻替别人说好话，是运用借喻的修辞方式，构成“口角流涎”，用于模拟贪求的馋相，是运用摹状的修辞手法；后者没有比喻和模拟的用法。

【辨读】小夫妻俩口角(kǒujué)，是因为小儿子口角(kǒujiǎo)炎，妻子怪丈夫忙于工作没带孩子去看病。

口音㊀kǒuyīn㊁kǒu·yīn

口音㊀ kǒuyīn〈名〉发音时软腭上升，阻住鼻腔的通道，气流专从口腔出来的叫作口音（区别于鼻音和鼻化元音）。

【用法】1.作主语。例 他的～发音不是很准。2.作宾语。例 普通话语音中 m，n，ng 三个是鼻音，ng 尾韵儿化以后前面的元音变成鼻化元音，其余都是～。3.常加"的"作定语。例 学生们掌握了～的发音方法。

【构成】偏正式合成词

口音㊁ kǒu·yīn〈名〉①说话的声音。

【用法】1.作宾语。例 听你的～，我就知道你是广东人。2.构成介宾短语作状语。例 他根据～断定对方是山东人。

②方音。

【用法】1.作主语。例 他的上海～很浓重。2.作宾语。例 她说话带有四川～。

【构成】偏正式合成词

【近义】①话音；②方音

【辨析】两者词性、构词方式相同。区别在于：1.读音有所不同：前者"音"读阴平；后者"音"一般读轻声，有时也可读阴平。2.指称对象不同：前者指"从口腔发出的音"；后者指"说话的声音，方音"。3.有无近义词不同：前者没有近义词；后者有近义词"话音，方音"。

【辨读】她的口音（kǒuyīn）很准，一听口音（kǒu·yīn）就知道她是北京人。

苦头㊀kǔtóu㊁kǔ·tóu

苦头㊀ kǔtóu〈名〉也说苦头儿。稍苦的味道。

【用法】用于食品。1.作主语。例 这茶叶的～儿不明显。2.作宾语。例 这剂中药带点～儿。

【构成】偏正式合成词

【近义】苦味

苦头㊁ kǔ·tóu〈名〉也说苦头儿。苦痛；磨难；挫折。

【用法】用于指生活境遇。1.常作主语。例 他因为这事，～吃了不少。2.作宾语。例 由于家境贫困，他从小就吃尽了～。

【构成】附加式合成词

【近义】不幸、苦楚、苦难、苦痛、磨难

【反义】甜头

【辨析】两者词性、语法功能相同。区别在于：1.读音有所不同：前者"头"读阳平；后者"头"一般读轻声，有时也可读阳平。2.构词方式不同：前者构成偏正式合成词；

后者构成附加式合成词。3.语素充任的构词成分不同:前者“头”作词根,用于体现这个词的根本的词汇意义;后者“头”作词缀,表示附加意义。4.词义不同:前者表示“稍苦的味道”,指食品;后者表示“苦痛,磨难,挫折”,指生活境遇。5.近义、反义词不同:前者的近义词是“苦味”,后者的近义词是“不幸、苦楚、苦难、苦痛、磨难”;前者一般没有反义词,后者有反义词“甜头”。

【辨读】她患癌症吃尽了苦头(kǔ·tóu),动手术后每天服一剂带苦头(kǔtóu)的中药,身体正在逐步康复。

库藏㊀kùcáng㊁kùzàng

库藏㊀ kùcáng ①〈动〉在库房里储藏。

【用法】1.作谓语,可带宾语、补语。例 图书馆里～图书三十万册。|这个图书室图书～得很少。2.常加“的”作定语。例 这种钢材的～量很小。|他正在清点～的物资。3.作主语。例 图书的～必须增加。4.作宾语。例 粮食部门采取一系列措施,保证了夏粮的～。

②〈名〉仓库里储藏的物品。

【用法】1.作主语。例 ～正在登记造册。2.作宾语。例 管理员正忙着清点～。3.常加“的”作定语。例 ～的清理要抓紧时间。

【构成】陈述式合成词

库藏㊁ kùzàng〈名〉仓库。

【用法】用于书面语。1.作主语。例 ～充实。2.作宾语。例 他掌管～钱粮。3.常加“的”作定语。例 ～的粮草储备十分充足。

【构成】并列式合成词

【近义】仓库

【辨析】两者主要区别是:1.读音有所不同:前者“藏”读 cáng;后者“藏”读 zàng。2.构词方式不同:前者构成陈述式合成词;后者构成并列式合成词。3.词义着重点不同:前者指“仓库里储藏”,表示动作行为;后者表示“仓库”义,指建筑物。4.有无近义词不同:前者一般没有近义词;后者有近义词“仓库”。

【辨读】库藏(kùcáng)的物资清点后要登记造册,还必须加强库藏(kùzàng)的安全管理。

狂劲㊀kuángjìn㊁kuángjìng

狂劲㊀ kuángjìn〈名〉也说狂劲儿。张狂的劲头。

【用法】1.作主语。例 他那～吓了我一跳。2.作宾语。例 他身上有一股～。

【构成】偏正式合成词
【近义】狠劲、猛劲
狂劲㊁ kuángjìng 〈形〉狂放刚劲。
【用法】1. 作谓语，可带补语。例 这音乐真～。| 他的草书～得很。2. 常加"的"作定语。例 舞厅里响起～的乐曲。3. 作补语，要用"得"。例 他的草书变得越来越～。4. 作宾语。例 骤然响起的音乐是那么～。
【构成】并列式合成词
【近义】狂放、刚劲、强劲、雄劲
【反义】柔弱、柔细
【辨析】两者主要区别是：1. 读音有所不同：前者"劲"读 jìn；后者"劲"读 jìng。2. 构词方式不同：前者构成偏正式合成词；后者构成并列式合成词。3. 词性不同：前者是名词；后者是形容词。4. 表义功能不同：前者表示名物义；后者形容事物状态。5. 近义、反义词不同：前者的近义词是"狠劲、猛劲"，后者的近义词是"狂放、刚劲、强劲、雄劲"；前者一般没有反义词，后者有反义词"柔弱、柔细"。6. 语法功能有所不同：前者在句子中作主语、宾语；后者在句子中除作宾语外，主要作谓语、定语、补语。
【辨读】这伙年轻人有一股狂劲(kuángjìn)，跳起霹雳舞真是狂劲(kuángjìng)得很。

L

落空㊀là // kòng㊁luò // kōng

落空㊀ là // kòng〈动〉错过机会。
【用法】用于口语。1. 作谓语。例 这场国际篮球联赛，他～了。2. 加"的"作定语。例 这次春游活动，我班～的学生有两个。3. 构成介宾短语作状语。例 今晚单位举办音乐会，她对自己的～感到很遗憾。
中间可插入其他词语。例 学校每年组织一次旅游活动，他从没落过空。
【构成】补充式离合词
落空㊁ luò // kōng〈动〉没有达到目的或目标；没有着落。
【用法】多用于书面语。1. 作谓语。例 他的希望竟然～了。2. 构成介宾短语作状语。例 他对计划～感到十分意外。3. 作宾语。例 她不愿意看到自己的希望～。
中间可插入其他词语。例 这个计划两头落了空。
【构成】补充式离合词
【辨析】两者词性、语法功能相同。

区别在于:1.读音不同:前者“落”读 là,后者“落”读 luò;前者“空”读去声,后者“空”读阴平。2.词义着重点不同:前者着重表示“错过机会”;后者指“目的未达到,没有着落”。3.语体色彩不同:前者用于口语;后者多用于书面语。

【辨误】“落”是上下结构,不是左右结构。

【辨读】他没想到这次羽毛球赛竟然落空(làkòng),这意味着自己的冠军梦落空(luòkōng)了。

来路㊀láilù㊁lái·lu

来路㊀ láilù〈名〉①向这里来的道路。

【用法】1.作主语。例 敌军的～已经被我军切断。2.作宾语。例 三连挡住了敌人的～。3.构成介宾短语作状语。例 他朝～上望去,只见一队敌人的骑兵飞奔而来。

②来源。

【用法】1.作主语。例 这笔巨款的～不明。2.作宾语。例 上级正在调查他这笔钱的～。3.构成介宾短语作状语。例 缉私人员对这些走私物品的～进行侦查。

【构成】偏正式合成词

【近义】①通道;②来源

【反义】①去路、退路;②去向

来路㊁ lái·lu〈名〉来历。

【用法】1.作主语。例 这人～不明。2.作宾语。例 谁也摸不清他的～。3.构成介宾短语作状语。例 我对他的～一无所知。

【构成】偏正式合成词

【近义】来历、来头

【反义】去处

【辨析】两者词性、构词方式、语法功能均相同。区别在于:1.读音有所不同:前者“路”读去声;后者“路”读轻声。2.词义不同:前者是多义词;后者是单义词。3.近义、反义词不同:前者的近义词是“通道,来源”;后者的近义词是“来历、来头”;前者的反义词是“去路、退路,去向”,后者的反义词是“去处”。

【辨读】通往村里的来路(láilù)已经被堵死,谁也不知道这伙人的来路(lái·lu)。

捞着㊀lāo//zháo㊁lāo·zhe

捞着㊀ lāo//zháo〈动〉得到机会(做某事)。

【用法】1.作谓语。例 那天的联欢会,我没～参加。2.加“的”作定语。例 这是他好不容易才～的机会。中间可插入其他词语。例 这样的机会以后捞不着了。

【构成】补充式离合词

捞着㊁ lāo·zhe〈动〉①正在从水里或其他液体里取东西。

【用法】作谓语,可带宾语。例 东西

掉到河里,他～,～,还是没法捞上来。|他在齐腰深的池塘里～鱼。②用不正当的手段获取着。

【用法】作谓语,可带宾语。例 他想方设法～钱。

【构成】补充式合成词

【辨析】两者都表示动作义。区别在于:1.读音有所不同:前者"着"读 zháo;后者"着"读 zhe。2.词语构成及使用方式不同:前者构成补充式离合词,中间可插入其他词语;后者构成补充式合成词,中间不能插入其他词语。3.词义着重点不同:前者着重表示动作行为的结果;后者着重表示动作行为正在进行。4.语法功能有所不同:前者在句子中除作谓语外,还可作定语;后者在句子中一般只作谓语。

【辨读】他在湖里捞着(lāo·zhe),捞着,终于捞着(lāozháo)了一条大鲤鱼。

劳动㊀láodòng㊁láo·dong

劳动㊀ láodòng ①〈名〉人类创造物质或精神财富的活动。

【用法】1.作主语。例 ～创造了世界。2.作宾语。例 写文章是一种脑力～。3.常加"的"作定语。例 ～课要认真上好。|工人们很遵守～的纪律。

②〈动〉进行创造物质和精神财富的活动。

【用法】1.作谓语,可带补语。例 他到果园里～。|他已经在地里～一会儿了。2.常加"的"作定语。例 他从小养成～的习惯。3.作主语。例 ～刚刚结束,他又参加篮球比赛。4.作宾语。例 高中毕业后,他回乡参加生产～。

以词为单位重叠成 ABAB 式,多作谓语。例 你们多～～,吃一点苦嘛。

【构成】并列式合成词

劳动㊁ láo·dong〈动〉敬辞,烦劳。

【用法】用于客套话。多构成兼语短语作谓语。例 这事要～您跑一趟。

【构成】补充式合成词

【近义】烦劳

【辨析】两者都可用于动作义。区别在于:1.读音有所不同:前者"动"读去声;后者"动"读轻声。2.构词方式不同:前者构成并列式合成词;后者构成补充式合成词。3.词性有所不同:前者作动词、名词;后者只作动词。4.词义不同:前者是多义词;后者是单义词。5.构词能力不同:前者可构成"劳动法、劳动服、劳动节、劳动力、劳动日、劳动者、劳动模范"等词语;后者不能构成其他词语。6.语法功能有所不同:前者在句子中作谓语、定语、主语、宾语;后者在句子中只作谓语。7.使用频率不同：前者多义项，常用词，使用频率高；后者单义项，不常用，使用频率低。

【辨读】这种重体力劳动(láodòng)孩子吃不消，劳动(láo·dong)您走一趟，请领导多多照顾他。

老公㊀lǎogōng㊁lǎo·gong

老公㊀lǎogōng〈名〉丈夫(fu)。

【用法】用于口语。1.作主语。例她的～对她很好。2.作宾语。例她找了一个做生意的～。3.常加"的"作定语。例她那～的为人很厚道。4.构成介宾短语作状语。例她对～十分体贴。

【构成】附加式合成词

【近义】丈夫

老公㊁ lǎo·gong〈名〉太监。

【用法】用于口语。1.作主语。例～在皇上面前多为他美言几句。2.作宾语。例他是皇上最宠信的～。3.常加"的"作定语。例这些～的权势可真大。4.构成介宾短语作状语。例老百姓对这些～十分痛恨。

【构成】附加式合成词

【近义】太监

【辨析】两者词性、构词方式、语法功能均相同，都用于称呼。区别在于：1.读音有所不同：前者"公"读阴平；后者"公"读轻声。2.指称对象不同：前者指"丈夫"；后者指"太监"。3.近义词不同：前者的近义词是"丈夫"；后者的近义词是"太监"。4.词语沿革状况不同：前者是古今传承词，现仍常用；后者是古语词，现罕用。

【辨误】"公"上是八，两笔相离，不是相接，不写作人、入。

【辨读】小菊的老公(lǎogōng)有一个很要好的朋友在宫廷里当老公(lǎo·gong)。

老婆㊀lǎo·po㊁lǎopór

老婆㊀ lǎo·po〈名〉妻子(zi)。

【用法】用于口语。1.作主语。例他的～很年轻。2.作宾语。例他娶了一个聪明能干的～。3.常加"的"作定语。例他～的贤惠是出了名的。4.构成介宾短语作状语。例他以前对～态度粗暴，现在好得多了。

【构成】附加式合成词

【近义】妻子

老婆儿㊁ lǎopór〈名〉年老的妇女(含亲热意)。

【用法】多用于口语。1.作主语。例这～待人和蔼，大家都喜欢她。2.作宾语。例孩子们围着～，要她讲故事。3.常加"的"作定语。例这～的记性真好。4.构成介宾短语作状语。例我们对这～很尊敬。

【构成】偏正式合成词

【辨析】两者词性、语法功能相同。区别在于:1.读音有所不同:前者“婆”读轻声;后者“婆”读阳平。2.构词方式不同:前者构成附加式合成词,不儿化;后者构成偏正式合成词,儿化。3.语素充任的构词成分不同:前者“老”作词缀,表示附加意义;后者“老”作词根,用于体现这个词的根本的词汇意义。4.指称对象不同:前者指“妻子”;后者指“年老的妇女”。5.有无近义词不同:前者有近义词“妻子”;后者一般没有近义词。

【辨读】小金的老婆(lǎo·po)生孩子时,请了一位邻村的老婆儿(lǎopór)照顾她坐月子。

老子㊀Lǎozǐ㊁lǎo·zi

老子㊀ Lǎozǐ〈名〉春秋末年老聃(dān),即李耳。古代道家主要代表人物。相传《老子》(道家的主要经典)是李耳所作。

【用法】1.作主语。例 ～是我国古代的一位思想家。2.作宾语。例 春秋末年道家的代表人物是～。3.常加“的”作定语。例 ～的哲学思想含有某些朴素辩证法因素。4.构成介宾短语作状语。例 这些人对～十分崇拜。

【构成】附加式合成词

老子㊁ lǎo·zi〈名〉①父亲。

【用法】用于口语。1.作主语。例 ～英雄儿好汉。2.作宾语。例 这是他的～。3.加“的”作定语。例 他很听他～的话,从来不敢违拗。4.构成介宾短语作状语。例 他对～很孝敬。

②骄傲的人自称(一般人只用于气愤或开玩笑的场合)。

【用法】用于口语。1.作主语。例 别人怕你,～可不怕你。2.作宾语。例 你敢骂～,跟你拼了!3.常加“的”作定语。例 你难道还不知道～的脾气?4.构成介宾短语作状语。例 你敢跟～过不去,有你的好果子吃。

【构成】附加式合成词

【辨析】两者词性、语法功能相同,都用于指人。区别在于:1.读音有所不同:前者“子”读上声;后者“子”读轻声。2.语素充任的构词成分不同:前者“子”作词根,用于体现这个词的根本的词汇意义;后者“子”作词缀,表示附加意义。3.指称对象不同:前者指春秋末年道家的代表人物老聃;后者指父亲,并用于骄傲的人自称。4.语体色彩不同:前者多用于书面语;后者用于口语。5.词语沿革状况不同:前者是古语词,只用于古人名和古书名;后者是古今传承词语,现仍常用。

【辨读】我的老子(lǎo·zi)平时喜欢

看《老子》(Lǎozǐ)、《庄子》之类的书。

累累㊀léiléi㊁lěilěi

累累㊀ léiléi〈形〉①憔悴颓丧的样子。

【用法】用于书面语。作状语。例 逃荒者～若丧家之犬。

②接连成串的样子。

【用法】用于书面语。1. 作谓语。例 树上果实～。2. 作定语。例 辛勤的耕耘终于结出了～硕果。

【构成】叠音单纯词

累累㊁ lěilěi ①〈副〉屡屡。

【用法】作状语。例 他～违反纪律，受到校方处分。

②〈形〉形容累积得多。

【用法】1. 作谓语。例 他是个杀人魔王，罪行～。2. 作定语。例 人们纷纷上台控诉恶霸的～罪行。

【构成】重叠式合成词

【近义】①屡屡

【辨析】两者都可作形容词，语法功能也相同。区别在于：1. 读音不同：前者两音都读阳平；后者两音都读上声。2. 构词方式不同：前者构成叠音单纯词；后者构成重叠式合成词。3. 词性有所不同：前者作形容词；后者除作形容词外，还作副词。4. 词义不同：前者表示人和事物状态；后者表示频率、数量。5. 形象色彩不同：前者具有直感的形象色彩；后者不具备。6. 修饰对象不同：前者用于形容"人、果实"等，指具体的人或事物；后者作形容词时用于形容"罪行"等，多指抽象的事物。

【辨读】这个罪行累累(lěilěi)的杀人凶手，正在四处逃窜，累累(léiléi)如丧家之犬。

冷战㊀lěngzhàn㊁lěng·zhan

冷战㊀ lěngzhàn〈名〉指国际除了直接武装进攻以外的敌对活动。

【用法】多用于书面语。1. 作主语。例 ～结束后，两国建立了外交关系。2. 作宾语。例 第二次世界大战后，东西方一些敌对国家之间便开始了长期的～。3. 加"的"作定语。例 ～的双方断绝了往来。4. 构成介宾短语作状语。例 人们对于～已经厌倦了。

【构成】偏正式合成词

【反义】热战

冷战㊁ lěng·zhan〈动〉因害怕或寒冷，浑身不由自主地突然发抖。

【用法】用于口语。作宾语。例 她听到这个消息，打了一个～。

【构成】偏正式合成词

【辨析】两者构词方式相同。区别在于：1. 读音有所不同：前者"战"读去声；后者"战"读轻声。2. 词性不同：前者是名词；后者是动词。3. 词义不同：前者指"国际除了直接武装进攻以外的敌对活动”，是较大规模的行动；后者指“因害怕或寒冷浑身突然发抖”，表示个人的身体动态。4.语体色彩不同：前者多用于书面语；后者用于口语。5.有无反义词不同：前者有反义词“热战”；后者没有反义词。6.语法功能有所不同：前者在句子中作主语、宾语、定语，并构成介宾短语作状语；后者在句子中只作宾语。

【辨读】和A国之间的冷战(lěng-zhàn)还在升级，想到这些，总统不禁打了个冷战(lěng·zhan)。

利害㊀lìhài㊁lì·hai

利害㊀ lìhài〈名〉利益和损害；利弊。

【用法】1.作主语。例 两人的～密切相关。2.作宾语。例 一事当前，他反复权衡～。3.构成介宾短语作状语。例 他把个人～置之脑后，全心全意为大伙谋福利。

【构成】并列式合成词

【近义】利弊

利害㊁ lì·hai〈形〉同“厉害”。难以对付或忍受；过分；剧烈；凶猛。

【用法】1.作谓语，可带补语。例 他这一着棋可真～。|这人～得很。2.常加“的”作定语。例 这是个十分～的女人。3.作补语，要用“得”。例 他心跳得很～。4.作宾语。例 她这一招是多么～！

【构成】并列式合成词

【近义】剧烈、凶猛

【辨析】两者构词方式相同。区别在于：1.读音有所不同：前者“害”读去声；后者“害”读轻声。2.词性不同：前者是名词；后者是形容词。3.词义不同：前者表示事物名称；后者表示性质状态。4.近义词不同：前者的近义词是“利弊”；后者的近义词是“剧烈、凶猛”等。5.语法功能有所不同：前者在句子中作主语、宾语，并构成介宾短语作状语；后者在句子中除作宾语外，通常作谓语、定语、补语。

【辨误】“利”左偏旁木的一捺变点；“害”中间是丰，不写作⺶。

【辨读】董事会上大家反复权衡利害(lìhài)，觉得对手的这一招真够利害(lì·hai)。

粒子㊀lìzǐ㊁lì·zi

粒子㊀ lìzǐ〈名〉构成物体的比原子核更简单的物质，包括电子、质子、中子、光子、介子、超子、变子、反粒子等。

【用法】1.作主语。例 每种～都有确定的质量、电荷、自旋、平均寿命等。2.作宾语。例 科学家们在高能物理实验中发现了一系列～。3.常加“的”作定语。例 ～的特征之一是能相互转化。4.构成介宾短语作状语。例 他曾经对～进行过深入的研究。

【构成】偏正式合成词

粒子㊁ lì·zi 〈名〉小圆珠形或小碎块形的东西。

【用法】1. 作主语。例 这些豆～很饱满。2. 作宾语。例 她在菜里放了一些盐～。3. 常加"的"作定语。例 这些珍珠～的大小不一。4. 构成介宾短语作状语。例 淘米时，她将沙～一个个拣出来。

【构成】附加式合成词

【辨析】两者词性、语法功能相同。区别在于：1. 读音有所不同：前者"子"读上声；后者"子"读轻声。2. 构词方式不同：前者构成偏正式合成词；后者构成附加式合成词。3. 语素充任的构词成分不同：前者"子"作词根，用于体现这个词的根本的词汇意义；后者"子"作词缀，表示附加意义。4. 指称对象不同：前者是物理学名词；后者是一般物品名称。5. 语体色彩不同：前者多用于书面语；后者多用于口语。

【辨读】谁能说出宇宙究竟有多少粒子(lìzǐ)？一颗黄豆粒子(lì·zi)里就包含着无数基本粒子。

咧咧㊀liē·lie㊁liēliē

咧咧㊀ liē·lie 〈动〉①乱说；乱讲。

【用法】用于方言。作谓语，可带宾语。例 你瞎～什么？

②小儿哭。

【用法】用于方言。作谓语。例 你别在这儿～了，快走吧！

【构成】叠音单纯词

咧咧㊁ liēliē ①〈形〉用于"大大咧咧"。形容随随便便，满不在意。

【用法】1. 作谓语。例 他平时大大～，对什么都不在乎。2. 加"的"作定语。例 他那大大～的样子，真叫人看不惯。3. 加"地"作状语。例 他大大～地在街上走，被特务认出来，把他抓走了。4. 作补语，要用"得"。例 他以前作风非常严谨，现在变得大大～。

②〈形〉用于"骂骂咧咧"。指在说话中夹杂着骂人的话。

【用法】1. 作谓语。例 他一遇上不顺心的事，就骂骂～的。2. 加"的"作定语。例 你那骂骂～的习惯非改不可。3. 加"地"作状语。例 事情没法解决，他骂骂～地走了。4. 作补语，要用"得"。例 儿子做错了事，老人气得骂骂～的。

【构成】叠音语素

【辨析】两者主要区别是：1. 读音有所不同：前者第二音节读轻声；后者第二音节读阴平。2. 词语构成方式不同：前者构成叠音单纯词；后者作叠音语素构成 AABB 式词语。3. 表义功能不同：前者用于动作义；后者用于形容义。4. 词语归属不同：前者是方言词语；后者是普通话词语。5. 语法功能有所不同：前者在句子中主要作谓语；后者在句子中除作谓语外，还可作定语、状语、补语。

【辨读】阿三在街上大大咧咧(liēliē)地走着，嘴里一个劲儿地瞎咧咧(liē·lie)着什么。

裂开㊀liè//kāi㊁liě//kāi

裂开㊀ liè//kāi〈动〉物体破裂而分开。

【用法】1. 作谓语。例 天寒地冻，他手上的皮肤都～了。2. 加"的"作定语。例 他～的嘴唇疼得钻心。3. 作补语，要用"得"。例 西瓜摔得～了。

中间可插入其他词语。例 风吹日晒，种子的外壳慢慢裂了开来。

【构成】补充式离合词

【近义】破开

【反义】合拢

裂开㊁ liě//kāi〈动〉东西的两部分朝两边分开。

【用法】用于方言。1. 作谓语。例 麻袋缝儿～了。2. 加"的"作定语。例 她把孩子～的衣裙裹紧了。3. 作补语，要用"得"。例 袋子绷得～了。

中间可插入其他词语。例 这口袋裂不开。

【构成】补充式离合词

【近义】散开、分开

【反义】扣紧、合并

【辨析】两者词性、构词方式、语法功能相同，都可表示"分开"的意思。区别在于：1. 读音有所不同：前者"裂"读 liè；后者"裂"读 liě。2. 词义着重点不同：前者着重指"物体破裂而分开"；后者着重指"东西的两部分朝两边分开"。3. 近义、反义词不同：前者的近义词是"破开"，后者的近义词是"散开、分开"；前者的反义词是"合拢"，后者的反义词是"扣紧、合并"。

【辨读】他咬着裂开(lièkāi)的嘴唇，背着沉重的箱子一步一步往前挪，裂开(liěkāi)的上衣被汗水湿透了。

笼子㊀lóng·zi㊁lǒng·zi

笼子㊀ lóng·zi〈名〉用竹篾、木条、树枝或铁丝等制成的器具，用来养虫鸟或装东西。

【用法】1. 作主语。例 ～里养着一只鹦鹉。2. 作宾语。例 这是一个用竹篾编成的～。3. 常加"的"作定语。例 这个～的造型很美观。4. 构成介宾短语作状语、补语。例 他在鸟～里加了点水。｜他把鸽子放进～里。

【构成】附加式合成词

笼子㊁ lǒng·zi〈名〉比较大的箱

子。

【用法】1. 作主语。例 这个～是用来装衣服的。2. 作宾语。例 衣橱上还摆着两个油漆的～。3. 常加"的"作定语。例 这～的图案十分精美。4. 构成介宾短语作状语、补语。例 她从～里拿出一件外套。|他把衬衫放进～里。

【构成】附加式合成词

【辨析】两者词性、构词方式、语法功能均相同，都指用来装东西的器具。区别在于：1. 读音有所不同：前者"笼"读阳平；后者"笼"读上声。2. 指称对象不同：前者指"用来养虫鸟或装东西的器具"；后者指"较大的箱子"。

【辨读】小江一边手拎着一个笼子(lóng·zi)，另一边手提着一个笼子(lǒng·zi)，急急忙忙往车站赶。

露头㊀lòu// tóu㊁lùtóu

露头㊀ lòu// tóu〈动〉也说露头儿。①露出头部。

【用法】1. 作谓语。例 他在洞口刚一～儿，就被敌人发现了。2. 加"的"作定语。例 在河对岸～儿的男孩水性很好。

中间可插入其他词语。例 他扒开草丛，慢慢露出头来。

②比喻刚出现。

【用法】1. 作谓语。例 太阳还没～，他们就下地了。2. 常加"的"作定语。例 等问题～的时候再采取措施就晚了。3. 作主语。例 这家伙的～，使案情有了重大突破。4. 作宾语。例 一连几天没有什么动静，这伙匪徒开始～。

中间可插入其他词语。例 外面风声很紧，你们不要露了头。

【构成】支配式离合词

【近义】出现

露头㊁ lùtóu〈名〉岩石和矿床露出地面的部分。也叫矿苗。

【用法】1. 作主语。例 这些矿床的～终于被发现了。2. 作宾语。例 勘探队员们在森林的边缘找到了铁矿的～。3. 常加"的"作定语。例 这个矿床～的面积特别大。4. 构成介宾短语作状语。例 勘探队员们立即在～上做好标记。

【构成】偏正式合成词

【辨析】两者主要区别是：1. 读音不同：前者"露"读 lòu，"头"常儿化；后者"露"读 lù，"头"不儿化。2. 词语构成及使用方式不同：前者构成支配式离合词，中间可插入其他词语；后者构成偏正式合成词，中间不能插入其他词语。3. 表义功能不同：前者用于动作义；后者用于名物义。4. 语体色彩不同：前者用于口语；后者用于书面语。5. 有无近义词不同：前者的近义词是"出现"；后者没有近义词。6. 语法功能及要求有所不同：前者在句子中除作定语、主语、宾语外，通常作谓语；后者在句子中作主语、宾语、定语，并构成介宾短语作状语。7. 修辞方式不同：前者可用于比喻人或事物刚出现，是运用借喻的修辞方式；后者没有比喻的用法。8. 使用频率不同：前者多义项，较常用，使用频率较高；后者单义项，不常用，使用频率较低。

【辨读】这些不法分子计划在金矿露头(lùtóu)上开采金矿，他们一露头(lòutóu)就被抓住了。

卵子㊀luǎnzǐ㊁luǎn·zi

卵子㊀ luǎnzǐ〈名〉动植物的雌性生殖细胞，与精子结合后产生第二代。

【用法】1. 作主语。例 ～已孵出雏鸡来了。2. 作宾语。例 黄瓜鱼正在排～。3. 常加"的"作定语。例 这些～的成活率较高。4. 构成介宾短语作状语。例 他将鱼～放进河里。

【构成】偏正式合成词

卵子㊁ luǎn·zi〈名〉某些地区称睾丸或阴茎(多指人的)。

【用法】用于方言。1. 作主语。例 ～也叫精巢。2. 作宾语。例 医生正在检查他的～。3. 常加"的"作定语。例 ～的形状为椭圆形。4. 构成介宾短语作状语。例 妈妈把小孩的～洗干净了。

【构成】附加式合成词

【辨析】两者词性、语法功能相同。区别在于：1. 读音有所不同：前者"子"读上声；后者"子"读轻声。2. 构词方式不同：前者构成偏正式合成词；后者构成附加式合成词。3. 指称对象不同：前者指"动植物的雌性生殖细胞"；后者指"睾丸或阴茎"。4. 词语归属不同：前者是普通话词语；后者是方言词语。

【辨读】医生检查他的卵子(luǎn·zi)后，发现他的精子无法与卵子(luǎnzǐ)结合。

罗锅㊀luóguō㊁luó·guo

罗锅㊀ luóguō ①〈动〉也说罗锅儿。驼背。

【用法】1. 作谓语。例 他有点～儿。2. 常加"的"作定语。例 他那～儿的样子，姑娘一点儿也不嫌弃，仍然细心地照料他。

②〈名〉也说罗锅儿。指驼背的人。

【用法】1. 作主语。例 这～儿挺厚道。2. 作宾语。例 他是个～儿。3. 常加"的"作定语。例 这～儿的性情温和，待人和蔼。

③〈形〉拱形。

【用法】作定语。例 这是一座～桥。

【构成】联绵单纯词

【近义】①驼背；②驼子；③拱形

罗锅㊁ luó·guo〈动〉弯(腰)。

【用法】用于口语。作谓语,可带宾语。例 他～着腰,坐在炕上。

【构成】联绵单纯词

【近义】弯曲

【辨析】两者构词方式相同,都含“弯曲”的意思。区别在于:1.读音有所不同:前者“锅”读阴平;后者“锅”读轻声。2.词性不同:前者作动词、名词、形容词;后者作动词。3.词义着重点不同:前者着重指“身体畸形而弯曲”,并指建筑物的形状;后者着重指腰部弯曲,是人体的动作。4.近义词不同:前者的近义词是“驼背,驼子,拱形”;后者的近义词是“弯曲”。5.语法功能有所不同:前者在句子中作谓语、定语、主语、宾语;后者在句子中主要作谓语。

【辨读】老余整天罗锅(luó·guo)着腰背,看他的样子像个罗锅(luóguō)儿。

落落㊀luòluò㊁luōluō

落落㊀luòluò〈形〉①形容举止潇洒自然;仪态疏朗端庄。

【用法】用于成语“落落大方、落落穆穆”。1.作谓语。例 姑娘举止文雅,～大方。2.加“的”作定语。例 小姐～穆穆的仪态令他神魂颠倒。3.常加“地”作状语。例 她～大方地接待着来访的客人。4.作补语,要用“得”。例 她以前很拘谨,现在变得～大方了。

②形容跟别人合不来。

【用法】用于成语“落落寡合”。1.作谓语。例 他平时～寡合,很少跟人交往。2.加“的”作定语。例 他那～寡合的性格,使他在班上很孤立。3.作补语,要用“得”。例 她的性情越来越孤僻,变得～寡合了。

③用于“零零落落”。形容稀疏不集中。

【用法】1.作谓语。例 枪炮声零零～,战斗快要结束了。2.加“的”作定语。例 会场上响起零零～的掌声。3.常加“地”作状语。例 草丛中零零～地杂着一些白色野花。4.作补语,要用“得”。例 果园里的桃花开得零零～的。

【构成】①②叠音单纯词;③叠音语素

落落㊁ luōluō〈形〉用于“大大落落”。形容态度大方。

【用法】用于方言。1.作谓语。例 小敏在那么多客人面前大大～,一点也不拘束。2.常加“的”作定语。例 姑娘大大～的态度使他更加难堪。3.常加“地”作状语。例 她大大～地走上领奖台。4.作补语,要用“得”。例 她现在变得大大～,比以前老练多了。

【构成】叠音语素

【辨析】两者都用于形容义。区别在于：1. 读音不同：前者两音都读 luò；后者两音都读 luō。2. 构成的词语不同：前者构成“落落大方、落落寡合、落落穆穆、零零落落”等词语；后者构成“大大落落”。3. 词义不同：前者用于形容“举止潇洒自然，性格跟别人合不来，仪态疏朗端庄，稀疏不集中”；后者用于形容“态度大方”。

【辨误】“落”是上下结构，不是左右结构。

【辨读】这对孪生姐妹性格迥异，一个落落（luòluò）寡合，一个大大落落（luōluō）。

M

摩挲㊀mā·sa㊁mósuō

摩挲㊀ mā·sa〈动〉用手轻轻按着并一下一下地移动。

【用法】1. 作谓语，可带宾语。例 奶奶用手在衣服上～着。｜她轻轻地～着衣裳。2. 加“的”作定语。例 她～的动作很轻。

【构成】联绵单纯词

摩挲㊁ mósuō〈动〉用手抚摩。

【用法】1. 作谓语，可带宾语。例 她用手在小孩的头上～着。｜妈妈～着孩子胖乎乎的脸。2. 常加“的”作定语。例 听了这句话，她正在～的手停了下来。

【构成】联绵单纯词

【近义】抚摩

【辨析】两者词性、构词方式、语法功能相同，都表示手的动作。区别在于：1. 读音不同：前者“摩”读 mā，后者“摩”读 mó；前者“挲”读 sa，后者“挲”读 suō。2. 词义着重点不同：前者着重表示“用手轻轻按着并一下一下地移动”；后者着重表示“用手抚摩”的意思。3. 适用对象不同：前者施动的对象是衣物；后者施动的对象是身体等。4. 有无近义词不同：前者一般没有近义词；后者有近义词“抚摩”。

【辨读】奶奶轻轻摩挲（mā·sa）着孙子的衣服，又摩挲（mósuō）着孙子的头，抿着嘴笑个不停。

忙活㊀máng//huór㊁mánghuór㊂máng·huo

忙活儿㊀ máng//huór〈动〉急着做活儿。

【用法】多作谓语。例 他这几天正～，连家也顾不上了。

中间可插入其他词语。例 你在忙什么活儿？

【构成】支配式离合词

忙活儿㊁ mánghuór〈名〉需要赶快做的活儿。

【用法】1.作主语。例 这几天～很多，只好晚上加班。2.作宾语。例 这是件～，要先做。3.加“的”作定语。例 这～的工资待遇较高。4.构成介宾短语作状语。例 他把～尽推给别人去做。

【构成】偏正式合成词

忙活㊂ máng·huo〈动〉忙碌地做。

【用法】用于口语。1.作谓语，可带补语。例 她整天～着，事情总是做不完。|他俩已经～了大半天了。2.加“的”作定语。例 ～的人群穿梭似的来来往往。3.作补语，要用“得”。例 他当厂长后，变得～多了。4.作主语。例 长年累月的～，使她变得憔悴了。5.作宾语。例 他是那么～，我不想打扰他。

【构成】并列式合成词

【辨析】三者主要区别是：1.读音有所不同：㊀㊁者“活”读阳平，读成儿化韵；后者“活”读轻声，不读儿化韵。2.词语构成及使用方式不同：前者构成支配式离合词，中间可插入其他词语；㊁者构成偏正式合成词，后者构成并列式合成词，㊁㊂中间不能插入其他词语。3.表义功能不同：前者用于动作义，指“急着做活”；㊁者用于名物义，指“要赶快做的活”；后者用于形容义，指“忙碌”。

【辨读】他这几天整天忙活（máng·huo）着，要赶着把那些忙活儿（mánghuór）做完，所以只顾忙活儿（máng//huór），连家也回不了。

眉目㊀méimù㊁méi·mu

眉目㊀ méimù〈名〉①眉毛和眼睛，借指容貌。

【用法】用于人。作主语。例 这孩子的～十分清秀。

②（文章、文字的）条理；纲目。

【用法】用于文章、文字等。1.作主语。例 这段文字的～很清楚。2.作宾语。例 这篇文章要进一步理清～。

【构成】并列式合成词

【近义】①眉眼；②纲目、条理

眉目㊁ méi·mu〈名〉事情的头绪。

【用法】用于事情。1.作主语。例 这事的～还没弄清。2.作宾语。例 事情终于有了～。

【构成】并列式合成词

【近义】头绪

【辨析】两者词性、构词方式、语法功能相同。区别在于：1.读音有所不同：前者“目”读去声；后者“目”读轻声。2.指称对象不同：前者指“人的眉毛和眼睛，文章的条理、纲目”；后者指“事情的头绪”。3. 近义词不同：前者的近义词是“眉眼，纲目、条理”；后者的近义词是“头绪”。

【辨读】这件事情还没有个眉目(méi·mu)，要总结经验很难理清眉目(méimù)。

闷沉沉㊀mēnchénchén ㊁mènchénchén

闷沉沉㊀ mēnchénchén〈形〉①形容因气压低或空气不流通而感觉不舒畅。

【用法】1. 作谓语。例 房间里～的，快打开窗户通通风。2. 常加“的”作定语。例 ～的车厢里坐满了人。3. 作补语，要用“得”。例 中午，天气越来越热，房间里变得～的。4. 作宾语。例 船舱里是那样～。

②形容声音低沉。

【用法】1. 作谓语。例 远处，雷声～的。2. 常加“的”作定语。例 侧耳细听，～的炮声正由远而近。3. 常加“地”作状语。例 雷声～地响个不停。

【构成】附加式合成词

闷沉沉㊁ mènchénchén〈形〉形容心情郁闷。

【用法】1. 作谓语。例 他心里～的，很难受。2. 常加“的”作定语。例 他怀着～的心情，头也不回地走了。3. 作补语，要用“得”。例 听了这话，她的心里变得～的。4. 作宾语。例 任务完不成，他心情是那样～。

【构成】附加式合成词

【辨析】两者词性、构词方式、语法功能相同。区别在于：1. 读音有所不同：前者“闷”读阴平；后者“闷”读去声。2. 词义着重点不同：前者着重指“因气压低或空气不流通而感觉不舒畅，声音低沉”；后者着重表示“心情郁闷”。

【辨读】车厢里闷沉沉(mēnchénchén)的，使他的心情更加闷沉沉(mènchénchén)。

闷气㊀mēn·qi㊁mènqì

闷气㊀ mēn·qi〈形〉①气压低或空气不流通而引起的不舒畅的感觉。

【用法】1. 作谓语，可带补语。例 房间里很～。|天气炎热，一丝风也没有，～极了。2. 常加“的”作定语。例 不要待在这～的地方，快到屋外透一口气。3. 作补语，要用“得”。例 参加会议的人越来越多，办公室里变得很～。4. 作宾语。例 车厢里是那样～。

②用于“闷声闷气”。声音不响亮。

【用法】1. 作谓语。例 他说话闷声～的。2. 常加“的”作定语。例 屋里传来她闷声～的说话声。3. 加“地”作状语。例 他闷声～地发着牢骚，没有人肯听他的。4. 作补语，要用“得”。例 他的口号喊得闷声～的，连周围的人都听不清楚。

【构成】支配式合成词

闷气㊁ mènqì〈名〉郁结在心里没有发泄的怨恨或愤怒。

【用法】1. 作主语。例 他的～无处发泄，便拿妻子当受气筒。2. 作宾语。例 几天来，他一直待在家里生～。3. 常加“的”作定语。例 他生～的时候，千万别惹他。4. 构成介宾短语作状语。例 他把～一股脑儿地发泄出来。

【构成】偏正式合成词

【辨析】两者主要区别是：1. 读音有所不同：前者“闷”读阴平；后者“闷”读去声。2. 构词方式不同：前者构成支配式合成词；后者构成偏正式合成词。3. 词性不同：前者是形容词；后者是名词。4. 词义不同：前者表示感觉或声音状态；后者指某种情感。5. 语法功能及要求有所不同：前者在句子中作谓语、定语、状语、补语；后者在句子中除作定语外，通常作主语、宾语，并构成介宾短语作状语。

【辨读】办公室里人多闷气（mēnqi）得很，你不要待在那里生闷气（mènqì）了。

门道㊀méndào㊁mén·dao

门道㊀ méndào〈名〉门洞儿，大门里面有顶的较长的过道。

【用法】1. 作主语。例 ～太小，车辆无法通过。2. 作宾语。例 这是一个拱形的～。3. 常加“的”作定语。例 这个～的高度是三米，宽两米。4. 构成介宾短语作状语。例 他的小车从～经过，被守门的卫兵拦住盘查了一通。

【构成】偏正式合成词

【近义】门洞

门道㊁ mén·dao〈名〉门路；窍门。

【用法】用于口语。1. 作主语。例 农业增产的～很多。2. 作宾语。例 老王办事很有～。3. 构成介宾短语作状语。例 她对这些～不熟悉，这件事最好让别人去办。

【构成】并列式合成词

【近义】门路、窍门

【辨析】两者词性、语法功能相同。区别在于：1. 读音有所不同：前者“道”读去声；后者“道”读轻声。2. 构词方式不同：前者构成偏正式合成词；后者构成并列式合成词。3. 指称对象不同：前者指具体事物；后者指抽象事物。4. 语体色彩不同：前者多用于书面语；后者用于口语。5. 近义词不同：前者的近义词是“门洞”；后者的近义词是"门路、窍门"。

【辨读】老姚的车从门道(méndào)经过时被交警扣留了,他正在找门道(mén·dao)去疏通。

面糊㊀miànhù㊁miàn·hu

面糊㊀ miànhù〈名〉①用面粉加水调匀而成的糊状物。

【用法】1.作主语。例 ～已经凉了,快吃吧。2.作宾语。例 晚餐他只吃一碗～。3.常加"的"作定语。例 这碗～的味道挺好。4.构成介宾短语作状语、补语。例 她在～里加了一把盐。|他把糖撒在～上。②糨糊。

【用法】用于方言。1.作主语。例 这些～是用来粘贴标语的。2.作宾语。例 这是一瓶刚买来的～。3.常加"的"作定语。例 这种～的黏性很好。4.构成介宾短语作状语、补语。例 他把～倒在盆里。|他把胶水掺在～里,搅匀后使用。

【构成】偏正式合成词

面糊㊁ miàn·hu〈形〉食物纤维少而柔软。

【用法】用于口语。1.作谓语。例 白薯蒸熟了,很～。2.常加"的"作定语。例 婴儿吃～的食物,容易消化。3.作补语,要用"得"。例 这种食品经过加工,变得很～,适合幼儿食用。

【构成】偏正式合成词

【辨析】两者构词方式相同。区别在于:1.读音有所不同:前者"糊"读去声;后者"糊"读轻声。2.词性不同:前者是名词;后者是形容词。3.词义不同:前者表示食物和物品名称;后者表示食物性质状态。4.词语归属不同:前者第①义项是普通话词语,第②义项是方言词语;后者是方言词语。5.语法功能有所不同:前者在句子中作主语、宾语、定语,并构成介宾短语作状语、补语;后者在句子中除作定语、补语外,通常作谓语。

【辨读】手术后要吃面糊(miàn·hu)的食物,这几天她每餐吃一碗面糊(miànhù)。

明朝㊀míngcháo㊁míngzhāo

明朝㊀ míngcháo〈名〉我国历史上的一个朝代。公元1368—1644,朱元璋所建。先定都南京,永乐年间迁都北京。

【用法】1.作主语。例 ～从洪武皇帝到崇祯皇帝,历时276年。2.作宾语。例 清朝之前是～。3.常加"的"作定语。例 朱元璋是～的开国皇帝。

【构成】偏正式合成词

明朝㊁ míngzhāo〈名〉明天。

【用法】用于方言。1.作主语。例 ～必定花更红。2.作宾语。例 看谁笑到最后，还待～。3.常加“的”作定语。例～的日子会过得更好。

【构成】偏正式合成词

【近义】明天、明日

【辨析】两者构词方式、词性、语法功能相同。区别在于：1.读音有所不同：前者“朝”读 cháo；后者“朝”读 zhao。2.词义不同：前者用于朝代名；后者表示时间。3.有无近义词不同：前者一般没有近义词；后者有近义词“明天、明日”。

【辨读】元朝之后是明朝（míng-cháo），今日过后是明朝（míng-zhāo）。

N

男人㊀nánrén㊁nán·ren

男人㊀ nánrén〈名〉男性的成年人。

【用法】多用于书面语。1.作主语。例村子里的～都上前线了。2.作宾语。例后排坐着的大部分都是～。3.常加“的”作定语。例他身上有一种～的气质。4.构成介宾短语作状语、补语。例她以往对～有一种偏见，现在终于改变了看法。|她站在～中，特别醒目。

【构成】偏正式合成词

【近义】男儿、男士、男子

男人㊁ nán·ren〈名〉丈夫（zhàng·fu）。

【用法】用于口语。1.作主语。例她的～是个老实巴交的庄稼汉。2.作宾语。例她一张口就夸她的～。3.常加“的”作定语。例～的年龄比她大 10 岁。4.构成介宾短语作状语。例她对～体贴入微。

【构成】偏正式合成词

【近义】老公、丈夫

【辨析】两者词性、构词方式、语法功能相同，都可指“男性的成年人”。区别在于：1.读音有所不同：前者“人”读阳平；后者“人”读轻声。2.词义范围大小不同：前者泛指“男性的成年人”，词义范围较大；后者特指“丈夫”，词义范围较小。两者之间是种属关系。3.语体色彩不同：前者多用于书面语；后者用于口语。4.近义词不同：前者的近义词是“男儿、男士、男子”；后者的近义词是“老公、丈夫”。

【辨读】刚才从这里走过去的那个高个子男人（nánrén）是阿菊的男人（nán·ren）。

难处㊀nánchǔ㊁nánchù

难处㊀ nánchǔ〈形〉不容易相处。

【用法】1.作谓语。例 这个人脾气古怪，很～。2.加“的”作定语。例 他心地狭窄，性格孤僻，是个很～的人。3.作补语，要用“得”。例 他以前平易近人，现在变得很～。

【构成】偏正式合成词

难处㊁ nánchù〈名〉困难。

【用法】1.作主语。例 你的～大家都知道，也都能谅解。2.作宾语。例 他有～，你不要勉强他。3.加“的”作定语。例 这次活动，有～的人可以不参加。4.构成介宾短语作状语。例 工人们对厂里的～不了解，常有人发牢骚。

【构成】偏正式合成词

【近义】困难

【辨析】两者构词方式相同。区别在于：1.读音有所不同：前者“处”读上声；后者“处”读去声。2.词性不同：前者是形容词；后者是名词。3.词义不同：前者指人际关系方面；后者表示事情状况。4.有无近义词不同：前者一般没有近义词；后者有近义词“困难”。5.语法功能有所不同：前者在句子中通常作谓语、定语、补语；后者在句子中除作定语外，通常作主语、宾语，并构成介宾短语作状语。

【辨读】小伟性格孤僻很难处（nánchǔ），和他在一起工作我觉得有难处（nánchù）。

难兄难弟㊀nánxiōng-nándì ㊁nànxiōng-nàndì

难兄难弟㊀ nánxiōng-nándì 南朝宋刘义庆《世说新语·德行》记东汉陈元方的儿子和陈季方的儿子，都夸耀自己父亲的功德，争个不休，就去问祖父陈寔。陈寔说“元方难为弟，季方难为兄”。意思是元方好得做他弟弟难，季方好得做他哥哥难。后用来形容兄弟才德都非常好，难以分高下。

【用法】多作宾语。例 两人才德都好，真是～。

今多反用，讥讽两人同样坏。作宾语。例 两人横行乡里，无恶不作，可说是～。

【构成】固定短语

难兄难弟㊁ nànxiōng-nàndì 彼此曾共患难的人；彼此处于同样困境的人；也指两个同样恶劣无赖的人。

【用法】1.作主语。例 五十年后，这一对～终于又相聚了。2.作宾语。例 两人多次作案，又同时坐班房，真可以说是～。

【构成】固定短语

【辨析】两者都是成语。区别在于：

1.读音有所不同:前者“难”读阳平;后者“难”读去声。2.意义不同:前者表示“兄弟才德都好,难以分高下,或用于讥讽两人同样坏”;后者指“彼此曾共患难的人,彼此处于同样困境的人,也指两个同样恶劣无赖的人”。

【辨读】兄弟俩一个从事原子物理研究,一个从事生命科学研究,可谓难兄难弟(nánxiōng-nándì),然而在那场史无前例的浩劫中,他们在牢中成了难兄难弟(nànxiōng-nàndì)。

年时㊀niánshí㊁nián·shi

年时㊀ niánshí〈名〉①时间(指年数)。

【用法】用于方言。1.作主语。例～白白虚度过去,后悔已来不及了。2.作宾语。例他干这一行,有许多～了。3.常加“的”作定语。例长～的实践,使他的手艺更精了。

②往年。

【用法】用于书面语。1.作宾语。例他追忆～,感慨万千。2.加“的”作定语。例这片稻田～的亩产量只不过几百斤,现在亩产达到一千多斤。3.作状语。例～他都回老家过春节,今年春节他破例没有回家。

【构成】偏正式合成词

【近义】①多年;②往年

年时㊁ nián·shi〈名〉去年。

【用法】用于方言。1.作主语。例～得到了好收成。2.作宾语。例这块地产量最高的是～。3.常加“的”作定语。例他家～的收入比前年增加一倍。4.作状语。例他俩于～结了婚。

【构成】偏正式合成词

【近义】去年

【辨析】两者词性、构词方式、语法功能相同,都用于指时间。区别在于:1.读音有所不同:前者“时”读阳平;后者“时”读轻声。2.词义着重点不同:前者是虚指;后者是实指。3.词语归属和语体色彩不同:前者第①义项是方言词语,第②义项是普通话书面语词语;后者是方言词。4.近义词不同:前者的近义词是“多年,往年”;后者的近义词是“去年”。

【辨读】他长年时(niánshí)在外地打工,年时(nián·shi)在老家和别人合伙开了一家粮食加工厂,再也不用外出打工了。

女人㊀nǚrén㊁nǚ·ren

女人㊀ nǚrén〈名〉女性的成年人。

【用法】1.作主语。例这些～能吃苦耐劳。2.作宾语。例她是个非常能干的～。3.常加“的”作定语。例这个～的性格十分刚强。4. 构成介宾短语作状语。例他对～们很尊重。

【构成】偏正式合成词

【近义】女性、女子

女人㊁ nǚ·ren〈名〉妻子。

【用法】用于口语。1. 作主语。例我的～可算得上是一个贤妻良母。2. 作宾语。例他有一个很会当家的～。3. 常加"的"作定语。例他那～的心地很善良。4. 构成介宾短语作状语。例以前，他对自己的～一点也不关心，现在变得好多了。

【构成】偏正式合成词

【近义】老婆、内助、妻子

【辨析】两者词性、构词方式、语法功能均相同，都指"女性的成年人"。区别在于：1. 读音有所不同：前者"人"读阳平；后者"人"读轻声。2. 词义范围不同：前者词义范围较大；后者词义范围较小。两者之间是种属关系。3. 语体色彩不同：前者多用于书面语；后者用于口语。4. 近义词不同：前者的近义词是"女性、女子"；后者的近义词是"老婆、内助、妻子"等。

【辨读】他的女人(nǚ·ren)是一家大公司的业务经理，是个工作能力很强的女人(nǚrén)。

P

泡子㊀pāo·zi㊁pào·zi

泡子㊀ pāo·zi〈名〉小湖，多用于地名。

【用法】用于方言。1. 作主语。例大～是辽宁省的一个村镇名。2. 作宾语。例他的老家在内蒙古自治区东部的双～。3. 常加"的"作定语。例这个～的水含盐量很高。4. 构成介宾短语作状语、补语。例他一头扎进～里，洗了个痛快。

【构成】附加式合成词

【近义】小湖

泡子㊁ pào·zi〈名〉灯泡。

【用法】用于口语。1. 作主语。例电灯的～坏了，要换一个。2. 作宾语。例这是一只15瓦的～。3. 常加"的"作定语。例这种～的质量很好，价格又便宜。4. 构成介宾短语作状语。例他不小心把～碰碎了。

【构成】附加式合成词

【近义】灯泡

【辨析】两者词性、构词方式、语法功能相同。区别在于：1. 读音有所不同：前者"泡"读阴平；后者"泡"读去声。2.词义不同：前者多用于地名；后者表示物品名称。3.语体色彩不同：前者多用于书面语；后者用于口语。4.词语归属不同：前者是方言词语；后者是普通话词语。5.近义词不同：前者的近义词是"小湖"；后者的近义词是"灯泡"。

【辨读】坏了的电灯泡子(pào·zi)请扔到垃圾桶里，不要扔到泡子(pāo·zi)里。

配搭㊀pèidā㊁pèi·dar

配搭㊀ pèidā〈动〉① 跟主要的人或事物在一起做陪衬。

【用法】1.作谓语，可带补语。例 这台戏，配角儿～得挺不错。2.常加"的"作定语。例 上头给他～的副手是一个精干的小伙子。3.构成介宾短语作状语。例 他对这样的～感到很满意。

②搭配。

【用法】1.作谓语。例 颜色要合理～。2.常加"的"作定语。例 ～的原料都是刚从仓库里调拨的。3.构成介宾短语作状语。例 他对药品的～十分在行。

【构成】并列式合成词

【近义】①陪衬、配合；②搭配

配搭儿㊁ pèi·dar〈名〉作为陪衬的人或物。

【用法】1.作主语。例 ～是他手把手教出来的。2.作宾语。例 他给你当个～吧。3.常加"的"作定语。例 ～的角色不是那么容易当的。

【构成】并列式合成词

【近义】配角

【反义】主角

【辨析】两者主要区别是：1.读音不同：前者"搭"读阴平，不儿化；后者"搭"读轻声，儿化。2.词性有所不同：前者是动词；后者是名词。3.表义功能不同：前者用于动作义，指"做陪衬，搭配"；后者用于名物义，指"陪衬的人或物"。4.近义、反义词不同：前者的近义词是"陪衬、配合，搭配"，后者的近义词是"配角"；前者一般没有反义词，后者的反义词是"主角"。

【辨误】"配"左偏旁是酉，不写作西，右是己，不写作㔾、已、巳。

【辨读】他俩在这场演出中配搭(pèidā)得很好，要当好明星的配搭儿(pèi·dar)可真不容易。

配合㊀pèihé㊁pèi·he

配合㊀ pèihé〈动〉① 为完成共同任务而分工合作。

【用法】1.作谓语，可带宾语、补语。例 各路部队要互相～，才能夺取战斗的胜利。｜民兵们～野战军作战，很快把敌人全部歼灭。｜他俩的双打～得很好。2.加"的"作定语。例 他们～的效果很好。3.构成介宾短语作状语。例 公安人员在当地群众～下很快破获了这个案件。4.作主语。例 师生的紧密～,有利于提高课堂教学质量。5.作宾语。例 这次战役的胜利,全靠人民群众的有力～。

②机械或仪器中相关的部件结合在一起。

【用法】1.作谓语。例 这些机器部件滑动～。2.加"的"作定语。例 这台机器缺少一些紧密～的轴与轴瓦。

【构成】并列式合成词

【近义】合作、协作

配合㈡ pèi·he 〈形〉合在一起显得合适;相称。

【用法】1.作谓语。例 这条领带跟你的西服很～。2.加"的"作定语。例 这小两口是非常～的一对。3.加"地"作状语。例 绿油油的枝叶衬托着红艳艳的花朵,十分～地装在大门口两侧的花篮中。4.作主语。例 红花与绿叶的～,使花园中春意更浓。5.作宾语。例 他上身穿一件皮夹克,下身穿一件蓝色牛仔裤,是那样～。

【构成】并列式合成词

【近义】般配、合适、适合、适宜、相称、协调

【辨析】两者构词方式、语法功能相同。区别在于:1.读音有所不同:前者"合"读阳平;后者"合"读轻声。2.词性不同:前者是动词;后者是形容词。3.词义不同:前者是多义词,表示动作行为或物体动态;后者是单义词,表示人或事物状态。4.近义词不同:前者的近义词是"合作、协作";后者的近义词是"般配、合适、适合、适宜、相称、协调"等。

【辨读】姐妹俩是一对十分配合(pèi·he)的搭档,每次表演都配合(pèihé)得非常默契。

劈柴㈠pī//chái㈡pǐ·chái

劈柴㈠ pī//chái 〈动〉用刀斧等由纵面劈开木柴。

【用法】1.作谓语。例 他正在院子里～。2.加"的"作定语。例 他～的姿势不正确,花了好大的力气,才把那截木头劈开。3.作主语。例 ～是一种重体力活儿。4.作宾语。例 他学会了～。

中间可插入其他词语。例 他用刀劈着柴。

【构成】支配式离合词

劈柴㈡ pǐ·chái〈名〉木头劈成的小木块或小木条,供引火用。

【用法】1.作主语。例 ～晒干后堆在院子里。2.作宾语。例 地上横七竖八地堆放着许多～。3.常加

"的"作定语。例这些～的价格很便宜。4.构成介宾短语作状语。例他将～挑到市场上卖了，换回一些日用品。

【构成】偏正式合成词

【辨析】两者主要区别是：1.读音不同：前者"劈"读阴平，后者"劈"读上声；前者"柴"读阳平，后者"柴"一般读轻声，有时也可读阳平。2.词语构成及使用方式不同：前者构成支配式离合词，中间可插入其他词语；后者构成偏正式合成词，中间不能插入其他词语。3.表义功能不同：前者用于动作义；后者用于名物义。

【辨读】他上午忙着劈柴(pīchái)，下午将这些劈柴(pǐ·chái)用车运到集市上去卖。

片子㊀piān·zi㊁piàn·zi

片子㊀ piān·zi〈名〉①电影胶片，泛指影片。

【用法】1.作主语。例这些～是国产故事片。2.作宾语。例这是八一电影制片厂出产的～。3.常加"的"作定语。例这～的出厂日期是1980年。4.构成介宾短语作状语。例她在这部～里担任主角。

②X光照相的底片。

【用法】1.作主语。例他胸透的～已经拿回来了。2.作宾语。例医生通知下午两点去取～。3.常加"的"作定语。例～的下半部分很模糊。4.构成介宾短语作状语。例医生从～上诊断出他的肺部有病。

③留声机的唱片。

【用法】1.作主语。例这～是前不久才录制的。2.作宾语。例她那儿有不少流行歌曲的～。3.加"的"作定语。例这些～的歌曲很好听。4.构成介宾短语作状语。例他把～从唱盘上取下来，放进抽屉里。

【构成】附加式合成词

【近义】①影片；②底片；③唱片

片子㊁ piàn·zi〈名〉①平而薄的东西，一般不很大。

【用法】1.作主语。例这些铁～还可以利用。2.作宾语。例他捡起地上的玻璃～，随手扔进垃圾箱里。3.常加"的"作定语。例这些布～的用处可真不小。4.构成介宾短语作状语。例他在纸～上写了一行字，然后交给了她。

②名片。

【用法】1.作主语。例这张～是他春节前送给我的。2.作宾语。例他寄来了一张～。3.常加"的"作定语。例～上的电话号码有变动，要更改过来。4.构成介宾短语作状语。例她凭这张～进出敌人的司令部，畅行无阻。

【构成】附加式合成词

【近义】①布片、铁片、纸片；②名片

【辨析】两者词性、构词方式、语法功能均相同，都可指“平而薄的东西”。区别在于：1. 读音有所不同：前者“片”读阴平；后者“片”读去声。2. 指称对象不同：前者指“影片，X 光照相的底片，留声机的唱片”；后者指“平而薄的东西，如布片子、铁片子、纸片子等以及名片”。3. 语体色彩不同：前者用于口语；后者可用于书面语，也可用于口语。

【辨读】他去医院取胸透的片子(piān·zi)时，向主任医师要了张片子(piàn·zi)。

偏好㊀piānhǎo㊁piānhào

偏好㊀ piānhǎo〈副〉恰巧。

【用法】用于方言。作状语。例 我正要去他家找他，～他来了。

【构成】支配式合成词

【近义】偏巧、恰巧

偏好㊁ piānhào〈动〉对某种事物特别偏重、爱好。

【用法】1. 作谓语，可带宾语、补语。例 他对书法很～。|他对美术很感兴趣，尤其～油画。|他对乒乓球～得很。2. 加“的”作定语。例 踢足球是他～的体育活动。3. 构成“的”字短语作主语。例 在棋类中，他～的是围棋。4. 作宾语。例 他对画画是那么～。

【构成】偏正式合成词

【近义】偏爱

【辨析】两者主要区别是：1. 读音有所不同：前者“好”读上声；后者“好”读去声。2. 构词方式不同：前者构成支配式合成词；后者构成偏正式合成词。3. 词性不同：前者是副词；后者是动词。4. 词义不同：前者多表示事物状态；后者表示心理动态。5. 词语归属不同：前者是方言词语；后者是普通话词语。6. 近义词不同：前者的近义词是“偏巧、恰巧”；后者的近义词是“偏爱”。7. 语法功能有所不同：前者在句子中作状语；后者在句子中除作谓语外，还可作定语、宾语，并构成“的”字短语作主语。

【辨读】小于偏好(piānhào)文学，平时喜欢看课外书，偏好(piānhǎo)他的同桌也是，两个人常常交流读书心得。

迫降㊀pòjiàng ㊁pòxiáng

迫降㊀ pòjiàng〈动〉①飞机因故障或其他原因不能继续飞行而被迫降落。

【用法】用于航空术语。1. 作谓语，可带补语。例 飞机～在东京羽田机场上。2. 加“的”作定语。例 ～的飞机总算安全着陆了。3. 构成

“的”字短语作主语。例 ～的是一架A国的侦察机。

②强迫擅自越境或严重违犯飞行纪律的飞机在指定的机场降落。

【用法】用于飞行动态。1. 作谓语。例 这架擅自越境的飞机必须～。2. 加“的”作定语。例 ～的飞机已经滑行在跑道上。3. 构成“的”字短语作主语。例 ～的是一架三叉戟飞机。

【构成】支配式合成词

迫降㊁ pòxiáng〈动〉迫使敌人投降。

【用法】用于军事术语。1. 作谓语。例 我军正在对敌人～。2. 加“的”作定语。例 对这些敌人，可以采取～的办法。3. 作主语。例 ～是瓦解敌人的有效办法之一。

【构成】支配式合成词

【辨析】两者词性、构词方式相同。区别在于：1. 读音有所不同：前者“降”读 jiàng；后者“降”读 xiáng。2. 词义不同：前者作航空用语；后者作军事用语。3. 适用对象不同：前者施动的对象是“飞机”；后者施动的对象是“敌人”。

【辨误】“降”左偏旁是阝，不写作卩，右上是夂，不写作攵，右下是㐄，不写作井。

【辨读】我军在对飞临上空的敌运输机实施迫降（pòjiàng）的当天，对盘踞孤岛的残余敌军实行迫降（pòxiáng）。

扑打㊀pūdǎ㊁pū·da

扑打㊀ pūdǎ〈动〉用扁平的东西猛然朝下打。

【用法】1. 作谓语，可带宾语、补语。例 他正在～苍蝇。|她～了几下，蝗虫被打死了。2. 加“的”作定语。例 他～的方式不对头，火不但灭不了，反而越烧越旺。3. 构成介宾短语作状语。例 火舌向四周蔓延开来，他在～中被烧伤了。

以词为单位重叠成 ABAB 式，多作谓语。例 苍蝇那么多，快～～。

【构成】并列式合成词

【近义】扑灭

扑打㊁ pū·da〈动〉轻轻地拍。

【用法】作谓语，可带宾语、补语。例 头上满是灰尘，他用手～着。|她～着身上的雪花。|他将棉袄～了几下，就进了屋。

以词为单位重叠成 ABAB 式，多作谓语。例 衣服上的尘土快～～。

【构成】并列式合成词

【近义】拍打

【辨析】两者词性、构词方式相同。区别在于：1. 读音有所不同：前者“打”读上声；后者“打”读轻声。2. 词义着重点和语意轻重不同：前者着重表示“用扁平的东西猛然朝下打”，动作幅度大，语意较重；后者表示“轻轻地拍”，动作幅度小，语意轻微。3. 适用对象不同：前者施动的对象是“害虫、烈火”等；后者施动的对象是“灰尘、雪花”等。4. 近义词不同：前者的近义词是“扑灭”；后者的近义词是“拍打”。

【辨读】她奋力扑打(pūdǎ)完苍蝇，又将桌子、茶几等的灰尘扑打(pū·da)干净。

扑棱㈠pūlēng㈡pū·leng

扑棱㈠ pūlēng〈拟声〉形容翅膀抖动的声音。

【用法】作状语。例 ～一声，飞起一只小鸟。

以词为单位重叠成 ABAB 式。1. 加“的”作定语。例 树上传来～～的响声，是一只乌鸦在抖动翅膀。2. 作状语。例 老鹰～～抖动翅膀，落在院墙上。3. 作补语，要用“得”。例 小鸟把翅膀抖动得～～响。

【构成】联绵单纯词

扑棱㈡ pū·leng〈动〉抖动或张开。

【用法】1. 作谓语，可带宾语、补语。例 小鸭子的翅膀一个劲地～。|小鸟～着翅膀。|穗子～开像一把小伞。2. 加“的”作定语。例 他仔细地观察着花蝴蝶～的动作。3. 作补语，要用“得”。例 穗子被风吹得～开。

【构成】联绵单纯词

【近义】抖动、张开

【辨析】两者构词方式相同。区别在于：1. 读音有所不同：前者“棱”读阴平；后者“棱”读轻声。2. 词性不同：前者是拟声词；后者是动词。3. 词义不同：前者表示翅膀抖动的声音；后者指“抖动或张开”，表示动作。4. 词语使用方式不同：前者常以词为单位重叠成 ABAB 式词语；后者不能重叠使用。5. 有无近义词不同：前者一般没有近义词；后者有近义词“抖动、张开”。6. 词语修辞方式不同：前者用于模拟声音，是运用摹声的修辞方式；后者没有摹声的用法。

【辨读】一只小鸟扑棱(pūlēng)一声从草丛中钻出来，随后扑棱(pū·leng)着翅膀飞走了。

扑腾㈠pūtēng㈡pū·teng

扑腾㈠ pūtēng〈拟声〉形容重物落地的声音。

【用法】作状语。例 小孩～一声，从树上跳下来。

以词为单位重叠成 ABAB 式。1. 加“的”作定语。例 ～～的脚步声由远而近。2. 作状语。例 他～～踏着雪地往前走。3. 作补语，要用“得”。例 他在楼上跑得～～响。

【构成】联绵单纯词

【近义】扑通

扑腾㊁ pū·teng〈动〉①游泳时用脚打水。

【用法】1.作谓语,可带补语。例他在水里直～。|小孩～了几下,就钻到水底去了。2.加"的"作定语。例看着小孙子在水里～的样子,奶奶乐坏了。3.作宾语。例不一会儿,小孩就学会打～。

②跳动。

【用法】1.作谓语,可带补语。例鱼在浅水里直～。|小鲤鱼～了几下,便躺着不动了。2.构成主谓短语作补语。例他吓得心里直～。

③活动。

【用法】用于方言。1.作谓语,可带宾语、补语。例这个人挺能～。|为了打开产品销路,他们又四处～开了。2.加"的"作定语。例他～的门路可真多。

以词为单位重叠成 ABAB 式,多作谓语。例这件事你得～～。

④挥霍;浪费。

【用法】1.作谓语,可带宾语、补语。例有了钱,他就大手大脚地～。|她～钱财,一点也不心疼。|她把钱全～完了。2.加"的"作定语。例短短几个月,她～的钱财达十几万元。3.作宾语。例再多的钱也不够～。

【构成】联绵单纯词

【近义】②跳动;③活动;④挥霍、浪费

【辨析】两者构词方式相同。区别在于:1.读音有所不同:前者"腾"读阴平;后者"腾"读轻声。2.词性不同:前者是拟声词;后者是动词。3.词义不同:前者是单义词,表示重物落地的声音;后者是多义词,表示动作行为。4.近义词不同:前者的近义词是"扑通";后者的近义词是"跳动,活动,挥霍、浪费"等。5.词语修辞方式不同:前者用于模拟声音,是运用摹声的修辞方式;后者没有摹声的用法。

【辨读】猛听得院子里扑腾(pū-tēng)一声响,老大娘顿时心里直扑腾(pū·teng)。

铺盖㊀pūgài ㊁pū·gai

铺盖㊀ pūgài〈动〉平铺着覆盖。

【用法】1.作谓语,可带宾语、补语。例他在棚顶上～了一层稻草。|他把草木灰～在苗床上。2.加"的"作定语。例菜地上～的一层是农家肥。3.构成"的"字短语作主语。例地面上～的是一种优质水泥。

以词为单位重叠成 ABAB 式,多作谓语。例这些秧苗要用塑料薄膜～～。

【构成】并列式合成词

【近义】遮盖

铺盖㊁ pū·gai 〈名〉褥子和被子。

【用法】1.作主语。例～已经收拾好了。2.作宾语。例他卷起～,准备回家去。3.常加"的"作定语。例这套～的重量有十多斤。4.构成介宾短语作状语、补语。例他把～搬到职工宿舍。|小孩躺在～上。

【构成】并列式合成词

【近义】被褥

【辨析】两者构词方式相同。区别在于:1.读音有所不同:前者"盖"读去声;后者"盖"读轻声。2.词性不同:前者是动词;后者是名词。3.词义不同:前者表示动作;后者表示物品名称。4.近义词不同:前者的近义词是"遮盖";后者的近义词是"被褥"。5.词语使用方式不同:前者常以词为单位重叠成ABAB式词语;后者不能重叠使用。6.语法功能及要求不同:前者在句子中作谓语、定语,须构成"的"字短语才能作主语;后者在句子中除作定语外,通常作主语、宾语,并构成介宾短语作状语、补语。

【辨误】此处"铺"不读 pù;"盖"上是⺶,不写作羊。

【辨读】老孙头回宿舍抱来自己的铺盖(pū·gai),铺盖(pūgài)在刚出生的小牛犊身上。

Q

妻子㊀qīzǐ㊁qī·zi

妻子㊀ qīzǐ 〈名〉妻子和儿女。

【用法】1.作主语。例～等着他回家团聚。2.作宾语。例他身在异国,时常思念着～。3.常加"的"作定语。例组织上很关心他～的生活,给予多方照顾。4.构成介宾短语作状语。例在他出国期间,单位对他的～很关怀。

【构成】并列式合成词

【近义】妻儿

妻子㊁ qī·zi 〈名〉男女两人结婚后,女子是男子的妻子。

【用法】1.作主语。例他的～是一个性情温顺的女人。2.作宾语。例他有一个聪明能干的～。3.常加"的"作定语。例～的脸上露出了幸福的微笑。4.构成介宾短语作状语。例他对～十分敬重。5.作同位语。例～梅英十分贤惠。

【构成】附加式合成词

【近义】老婆、内助

【辨析】两者词性、语法功能相同。区别在于:1.读音有所不同:前者

"子"读上声；后者"子"读轻声。2.构词方式不同：前者构成并列式合成词；后者构成附加式合成词。3.语素充任的构词成分不同：前者"子"作词根，用于体现这个词的根本的词汇意义；后者"子"作词缀，表示附加意义。4.词义范围大小不同：前者指"妻子和儿女"，词义范围较大；后者指"妻子"，词义范围较小。二者之间是包含关系。5.近义词不同：前者的近义词是"妻儿"；后者的近义词是"老婆、内助"等。

【辨读】他述说着自己在异国他乡如何思念妻子（qīzǐ），妻子（qī·zi）听了幸福地微笑着。

起火㊀qǐ//huǒ㊁qǐ·huo

起火㊀ qǐ//huǒ〈动〉①生火做饭。

【用法】1.作谓语。例 他每天都自己～，从不上饭店吃饭。2.加"的"作定语。例 每天～的时间至少要花一小时。3.构成介宾短语作状语。例 在食堂吃饭比自己～方便多了。4.作宾语。例 她忙着～，竟把那件事忘了。

中间可插入其他词语。例 她刚在厨房里起了火，又被人叫走了。

②发生火警。

【用法】1.作谓语。例 那边的森林～了。2.加"的"作定语。例 ～的地方离这儿不远，人们飞快地跑去救火。3.作宾语。例 他发现～，立即向消防队报警。

中间可插入其他词语。例 远处的房子起了火，快去救火。

③因着急而发脾气。

【用法】1.作谓语。例 你别～，有话慢慢说。2.加"的"作定语。例 他～的原因是因为别人对他肆意诬蔑诽谤。3.作主语。例 他的～是由于受了他人的挑拨。

【构成】支配式离合词

【近义】①生火；②失火、着火；③发火、光火

起火㊁ qǐ·huo〈名〉带着苇子秆的花炮，点着后能升得很高。

【用法】1.作主语。例 这些～在燃放时发出耀眼的火花。2.作宾语。例 他点着了手里的～。3.加"的"作定语。例 ～的种类很多，价格不一。4.构成介宾短语作状语。例 他将～点着了。

【构成】偏正式合成词

【近义】花炮

【辨析】两者主要区别是：1.读音有所不同：前者"火"读上声；后者"火"读轻声。2.词语构成及使用方式不同：前者构成支配式离合词，中间可插入其他词语；后者构成偏正式合成词，中间不能插入其他词语。3.表义功能不同：前者用于动作义；后者用于名物义。

4. 近义词不同：前者的近义词是“生火，失火、着火，发火、光火”；后者的近义词是“花炮”。5. 使用频率不同：前者多义项，常用词语，使用频率高；后者单义项，不常用，使用频率低。

【辨误】“火”的第二笔是右上的短撇，不是长撇。

【辨读】这次房屋起火（qǐhuǒ）是因为小孩子玩起火（qǐ · huo）引起的。

起来㊀qǐ// · lái㊁// · qǐ// · lái

起来㊀ qǐ// · lái 〈动〉①由躺而坐，由坐而站。

【用法】1. 作谓语。例 你～，让老人坐好吗？2. 作宾语。例 他坐在那里，不想～。3. 作独立语。例 ～，我扫一下这儿！

②起床。

【用法】1. 作谓语。例 太阳都一竿子高了，你还不快～。2. 加“的”作定语。例 他～的时候已经是上午8点钟了。3. 构成“的”字短语作主语。例 每天最早～的是母亲。4. 作宾语。例 天大亮了，你还不想～！5. 作独立语。例 ～，快点！

中间可插入“得、不”。例 鸡叫头遍时，你起得来吗？| 他昨晚很晚才睡，今早起不来。

③泛指奋起、升起、兴起等。

【用法】1. 多作谓语。例 群众～了。2. 可作独立语。例 ～！全世界受苦的人！

【构成】并列式离合词

【近义】①站起；②起床；③奋起、升起、兴起

起来㊁ // · qǐ// · lái 〈动〉①用在动词后，表示向上或动作完成、达到目的。

【用法】作补语。例 被压迫人民站～了。| 他弯下腰把那棵倒下的树扶～。

动词后插入“得、不”。例 他说了什么话，你想得～吗？| 他两腿软绵绵的，站不～。

两字之间可插入宾语。例 他很快组织起一支队伍来。

②用在动词或形容词后，表示动作或情况开始并且继续。

【用法】作补语。例 他禁不住哈哈大笑～。| 天气渐渐热～。

动词后插入“得、不”。例 他嗓子哑了，怎么唱得～？| 大伙儿心情沉重，笑不～。

两字之间可插入宾语。例 大家边走边唱起歌来。

【构成】并列式离合词

【辨析】两者词性、构词方式相同。区别在于：1. 读音不同：前者中间没有插入其他成分时，“来”读轻声，中间插入“得、不”时，“来”读

阳平；后者两字紧接动词后时，都读轻声，动词后插入“得、不”时，“起”读上声，“来”读阳平，两字之间再加宾语时，“起”读上声，“来”读轻声。2.词语使用方式不同：前者可单独使用；后者须与动词或形容词连用。3.词义不同：前者表示“由躺而坐，由坐而站，起床，奋起，升起，兴起”等义；后者表示“向上，动作完成或达到目的，动作或情况开始并继续”。4.语法功能不同：前者在句子中作谓语、定语、主语、宾语，还可作独立语；后者用在动词或形容词后，通常作补语。

【辨读】妻子每天早上都是六点钟起来(qǐ·lai)，一梳洗完就开始忙起来(·qi·lai)。

千斤㊀qiānjīn㊁qiān·jin

千斤㊀ qiānjīn 数量词。指物体重量为一百斤的十倍。

【用法】1.作谓语。例 这堆稻谷约～。2.作定语。例 大家齐心协力搬走了拦在路上的～巨石。3.作宾语。例 这些废铁有几～。

用于比喻责任重。例 ～重担你一人挑。

用于夸张。例 我端起搪瓷碗，觉得这个碗有～重。

【构成】数量短语

千斤㊁ qiān·jin〈名〉①千斤顶的简称。

【用法】1.作主语。例 那把～放在驾驶室的工具箱里。2.作宾语。例 司机手里拿着一把～。3.加“的”作定语。例 你别小看～的作用，它可以把巨大的车身顶起来。

②机器中防止齿轮倒转的装置，是由安置在轴上的有齿零件和弹簧等组成的。

【用法】1.作主语。例 这些～已经安装在机器上了。2.作宾语。例 他在机器的轴上安置了～。3.加“的”作定语。例 ～的作用是防止齿轮倒转。4.构成介宾短语作状语。例 王师傅已经将～安放在这台机器的轴上了。

【构成】偏正式合成词

【辨析】两者主要区别是：1.读音有所不同：前者“斤”读阴平；后者“斤”读轻声。2.构词方式不同：前者构成数量短语；后者构成偏正式合成词。3.表义功能不同：前者用于数量义；后者用于名物义。4.语法功能有所不同：前者在句子中作谓语、定语、宾语；后者在句子中除作定语、宾语外，通常作主语，并构成介宾短语作状语。5.词语修辞方式不同：前者用于比喻责任重，是运用借喻的修辞方式，还可用于夸张；后者用物品的性能来代替物品名称，是运用借代的修辞手法。

【辨读】司机拿来一把千斤（qiān ·jin），将几千斤（qiān jīn）重的车身顶了起来。

切口㊀qiēkǒu㊁qièkǒu

切口㊀ qiēkǒu〈名〉①书页裁切后各边留下的空白处。

【用法】1. 作主语。例 这套书的～很宽。2. 作宾语。例 这本书留着较宽的～。3. 常加“的”作定语。例 这些书～的边缘不够整齐。

②书刊装订时上边、下边和侧面的裁切处，上边的叫上切口，下边的叫下切口，侧面的叫外切口。

【用法】1. 作主语。例 这书的～不够平整。2. 作宾语。例 书刊三边的裁切处叫～。3. 加“的”作定语。例 仔细观察这本词典外～的多种索引标记会加快翻查速度。

③动手术时在皮肤上划开的口子。

【用法】1. 主语。例 这几处～已经愈合了。2. 作宾语。例 这个微创手术要在这些部位划三个～。3. 加“的”作定语。例 手术后～的愈合状况良好。

【构成】偏正式合成词

切口㊁ qièkǒu〈名〉旧社会帮会或某些行业中的暗语。

【用法】1. 作主语。例 这些行业的～很多。2. 作宾语。例 这些丐帮头领说的是～。3. 常加“的”作定语。例 他刚入伙，不明白这些～的意思。

【构成】偏正式合成词

【近义】暗语

【辨析】两者词性、构词方式、语法功能均相同。区别在于：1. 读音有所不同：前者“切”读阴平；后者“切”读去声。2. 词义不同：前者是多义词；后者是单义词。

【辨读】这本书的切口（qiēkǒu）处，密密麻麻地写着那些帮会的切口（qièkǒu）。

倾倒㊀qīngdǎo ㊁qīngdào

倾倒㊀ qīngdǎo〈动〉①由歪斜而倒下。

【用法】用于物体动态。1. 作谓语。例 由于台风袭击，许多房屋～了。2. 加“的”作定语。例 这条高压电线杆已经歪斜，有～的危险。3. 作补语，要用“得”。例 小树被风刮得～了。

②十分佩服或爱慕。

【用法】用于心理动态。1. 作谓语，可带宾语。例 他精湛的表演～了无数观众。2. 加“的”作定语。例 为他～的歌迷不知有多少。

【构成】补充式合成词

【近义】①翻倒、倾覆；②爱慕、拜倒、拜服、佩服、倾服、钦佩

【反义】①直立；②厌恶、憎恶

倾倒㊁ qīngdào〈动〉倒转或倾斜容器使里面的东西全部出来。

【用法】用于手的动作。1.作谓语，可带宾语。例 希特勒的士兵闯入阿里什尔特什村，在石棺上～污水脏物。2.加“的”作定语。例 河边～的垃圾严重污染了水源。

可用于比喻把心里的话全部说出来。例 她把一肚子苦水都～了出来。

【构成】并列式合成词

【近义】倾诉、倾吐

【辨析】两者词性相同。区别在于：1.读音有所不同：前者“倒”读上声；后者“倒”读去声。2.构词方式不同：前者构成补充式合成词；后者构成并列式合成词。3.词义着重点不同：前者着重指“由歪斜而倒下，十分佩服或爱慕”；后者着重表示“倒转或倾斜容器使里面的东西出来”。4.适用对象不同：前者用于房屋、树木、电线杆等竖立着的高大物体，也可用于人；后者用于沙土、粮食、垃圾等零碎物以及话语。5.近义、反义词不同：前者的近义词是“翻倒、倾覆，爱慕、拜倒、拜服、佩服、倾服、钦佩”，后者用于比喻义时的近义词是“倾诉、倾吐”；前者有反义词“直立，厌恶、憎恶”，后者没有反义词。6.词语修辞方式不同：前者是普通词语，没有修辞的用法；后者可用于比喻把心里话全部说出来，是运用借喻的修辞方式。

【辨读】她怀着强烈的爱国主义激情歌唱，把满腔悲愤倾倒(qīngdào)了出来，她的歌声倾倒(qīngdǎo)了无数观众。

清亮㊀qīngliàng㊁qīng·liang

清亮㊀ qīngliàng〈形〉清晰响亮。

【用法】用于歌声、嗓音等。1.作谓语，可带补语。例 她的嗓音十分～。2.加“的”作定语。例 她那～的嗓音博得观众一阵阵喝彩。3.作补语，要用“得”。例 今天，她的歌唱得格外～。4.作宾语。例 小姑娘的歌声是多么～。

以语素为单位重叠成 AABB 式。1.作谓语。例 她的歌声清清亮亮，动人心弦。2.加“的”作定语。例 清清亮亮的笛声从远处传来。3.作补语，要用“得”。例 三用机修理后，发出的声音变得清清亮亮的。

【构成】并列式合成词

【近义】嘹亮、清脆

【反义】低沉、沙哑

清亮㊁ qīng·liang〈形〉①清澈。

【用法】用于口语。形容水等液体。1.作谓语，可带补语。例 这条小溪的水分外～。|泉水～极了。2.加“的”作定语。例 ～的河水绕

着村子哗哗地流过。3.作补语，要用“得”。例杂质沉淀后，桶里的水变得十分～。4.作宾语。例这矿泉水是多么～。

以语素为单位重叠成AABB式。1.作谓语。例泉水清清亮亮，喝一口顿时觉得神清气爽。2.加“的”作定语。例清清亮亮的溪水从树林边流过。3.作补语，要用“得”。例如今，西湖的水又变得清清亮亮了。

②明白。

【用法】1.作谓语，可带补语。例经你一说，心里～多了。2.作补语，要用“得”。例听她说了事情的原委，心里变得～了。3.作宾语。例听他说后，我心里是那么～。

③清楚；清晰。

【用法】用于方言。1.作谓语，可带补语。例这些演讲者个个咬字～。2.加“的”作定语。例～的话音仍在耳边回响。3.作补语，要用“得”。例她的发音变得十分～。4.作宾语。例这女孩儿的语音是多么～。

【构成】并列式合成词

【近义】澄澈、澄清、澄莹、澄湛、清澈、清湛

【反义】混浊、污浊

【辨析】两者词性、构词方式、语法功能均相同。区别在于：1.读音有所不同：前者“亮”读去声；后者“亮”读轻声。2.词义不同：前者表示“清晰响亮”；后者表示“清澈”的意思。3.词语修饰对象不同：前者用于形容歌声、嗓音等；后者用于形容水等液体。4.语体色彩有所不同：前者可用于书面语，也可用于口语；后者只用于口语。5.近义、反义词不同：前者的近义词是“嘹亮、清脆”，后者的近义词是“澄澈、澄清、澄莹、澄湛、清澈、清湛”等；前者的反义词是“低沉、沙哑”，后者的反义词是“混浊、污浊”。

【辨读】这个小山村的人喝着清亮(qīng·liang)的山泉，这里的姑娘一个个嗓音是那么甜美清亮(qīngliàng)。

R

人家㊀rénjiā㊁rén·jia

人家㊀ rénjiā〈名〉也说人家儿。①住户。

【用法】1.作主语。例这个村子的～大部分都迁走了。2.作宾语。例山沟里零零散散地住着几十户～。3.加“的”作定语。例这几户

～的户口还在农村。4.构成介宾短语作状语。例派出所为这几户～办理了临时户口。

②家庭。

【用法】1.作主语。例劳动～春常在。2.作宾语。例这是个勤俭～。3.常加"的"作定语。例这些～的经济状况正在逐步好转。4.构成介宾短语作状语。例政府对这些困难～给予多方照顾。

③指女子未来的丈夫家。

【用法】1.作主语。例她的～就在邻近的村子。2.作宾语。例她已经有了～ル了。3.常加"的"作定语。例～的船就停泊在江边。4.构成介宾短语作状语。例她在～待了片刻就急着赶回来了。

【构成】偏正式合成词

【近义】①住户;②家庭;③婆家

人家㊁ rén·jia〈代〉①指自己或某人以外的人;别人。

【用法】多用于口语。1.作主语。例～都不怕,你怕什么?2.作宾语。例这件衣服拿去送～吧!3.常加"的"作定语。例我们要认真学习～的长处。4.构成介宾短语作状语。例我们要向～学习先进的经验,把企业管理好。

②指某个人或某些人,意思与"他"或"他们"相近。

【用法】用于口语。1.作主语。例～是领导,你说话可得掌握分寸。2.作宾语。例我不去,怎么对得起～呢?3.常加"的"作定语。例你要用实际行动去争取～的信任。4.构成介宾短语作状语。例你把东西快给～送回去吧。

③指"我"(含亲热或俏皮的意味)。

【用法】用于口语。1.作主语。例～已经知道了,你不要再说了。2.作宾语。例你不帮助我也罢了,怎么还讥笑～?3.常加"的"作定语。例你弄脏了～的衣服,怎么反倒骂人?4.构成介宾短语作状语。例原来是你呀,差点没把～吓死!

【构成】附加式合成词

【近义】①别人;②他们;③本人

【辨析】两者语法功能相同。区别在于:1.读音有所不同:前者"家"读阴平;后者"家"读轻声。2.构词方式不同:前者构成偏正式合成词;后者构成附加式合成词。3.语素充任的构词成分不同:前者"家"作词根,用于体现这个词的根本的词汇意义;后者"家"作词缀,表示附加意义。4.词性不同:前者是名词;后者是代词。5.指称对象不同:前者指"住户,家庭,女子未来的丈夫家";后者用于称"别人,他,他们或说话人自己"。6.语体色彩不同:前者多用于书面语；后者用于口语。7. 近义词不同：前者的近义词是"住户，家庭，婆家"；后者的近义词是"别人，他们，本人"。

【辨读】这几户人家(rénjiā)经济较困难，我们应尽量帮助人家(rén·jia)。

人性㊀rénxìng㊁rén·xìng

人性㊀ rénxìng〈名〉在一定的社会制度和一定的历史条件下形成的人的本性。

【用法】1. 作主语。例 ～本来是善的，这是孟子的观点。2. 作宾语。例 他们在一起谈人生，谈～，谈理想，无拘无束，畅所欲言。3. 构成介宾短语作状语。例 人们对～历来有不同的理解。

【构成】偏正式合成词

人性㊁ rén·xìng〈名〉人所具有的区别于一般动物的正常的感情和理性。

【用法】1. 作主语。例 这些坏家伙的～已经丧失。2. 作宾语。例 这家伙不通～。3. 加"的"作定语。例 ～的沦丧是可悲的。4. 构成介宾短语作状语。例 他对～缺乏应有的认识。

【构成】附加式合成词

【辨析】两者词性相同。区别在于：1. 读音有所不同：前者"性"读去声；后者"性"一般读轻声，有时也可读去声。2. 构词方式不同：前者构成偏正式合成词；后者构成附加式合成词。3. 词义着重点不同：前者着重指"人的本性"；后者指"人的感情和理性"。

【辨读】人性(rénxìng)原本是善良的，然而有些人却因为私欲膨胀等原因丧失了人性(rén·xìng)。

仁义㊀rényì㊁rén·yi

仁义㊀ rényì〈名〉仁爱和正义。

【用法】1. 作宾语。例 这些人满口是～道德，背地里却男盗女娼。2. 作定语。例 人民夹道欢迎～之师的到来。3. 构成介宾短语作状语。例 君王以～而王天下。

【构成】并列式合成词

【近义】仁爱、正义

【反义】残暴

仁义㊁ rén·yi〈形〉性情和蔼，通达情理。

【用法】用于口语。1. 作谓语。例 他很～，深受人们爱戴。2. 加"的"作定语。例 他是个十分～的人。3. 构成介宾短语作状语。例 他素以～著称。

【构成】并列式合成词

【近义】仁慈

【反义】粗暴、粗野

【辨析】两者构词方式、语法功能相同。区别在于：1. 读音有所不同：前者"义"读去声；后者"义"读轻声。2. 词义着重点不同：前者着重指“仁爱和正义”，属于意识形态；后者着重表示“性情和蔼，通达情理”，用于指人的性情及为人。3. 词语归属不同：前者多用书面语；后者用于口语。4. 近义、反义词不同：前者的近义词是“仁爱、正义”，后者的近义词是“仁慈”；前者的反义词是“残暴”，后者的反义词是“粗暴、粗野”。

【辨读】他始终以仁义（rényì）待人，鄙视那种满口仁义（rén•yi）道德，背地里干尽坏事的人。

肉头㊀ròutóu㊁ròu·tou

肉头㊀ ròutóu〈形〉①软弱无能。

【用法】用于方言。1. 作谓语，可带补语。例 这个人真～，难怪别人要欺负他。|她～极了，白白挨了一顿打。2. 加“的”作定语。例 他是个～的人，一点能耐也没有。

②傻。

【用法】用于方言。1. 作谓语。例 你怎么这样～，拿不出一点办法。2. 作定语。例 他净办这种～事。

③指遇事畏缩；动作迟缓。

【用法】用于方言。1. 作谓语。例 他平时很～，生怕得罪人家。2. 作定语。例 这些都是～户，胆小怕事。3. 作宾语。例 他做起事来是那么～。

【构成】偏正式合成词

【近义】①软弱；②愚蠢；③胆怯、畏缩、拖拉、迟缓

【反义】①坚强；②聪明；③大胆、勇敢、麻利、利索

肉头㊁ ròu•tou〈形〉丰满而柔软；软和。

【用法】用于方言。1. 作谓语，可带补语。例 这孩子的手多～！这种米做出来的饭～得很。2. 加“的”作定语。例 他握住了她那～的手。

【构成】附加式合成词

【近义】柔软、软和

【反义】坚硬、僵硬

【辨析】两者都是方言词，词性、语法功能相同。区别在于：1. 读音有所不同：前者“头”读阳平；后者“头”读轻声。2. 构词方式不同：前者构成偏正式合成词；后者构成附加式合成词。3. 词义不同：前者表示“软弱无能，傻，遇事畏缩，动作迟缓”等义；后者表示“丰满而柔软，软和”的意思。4. 词语修饰对象不同：前者用于形容人的性格、为人以及意识状态，多指抽象事物；后者用于形容人的肌体以及物体性状，多指具体事物。5. 近义、反义词不同：前者的近义词是“软弱，愚蠢，胆怯、畏缩、拖拉、迟缓”，后者的近义词是“柔软、软和”；前者的反义词是“坚强，聪明，大胆、勇敢、麻利、利索”，后者的反义词是“坚硬、僵硬”。

【辨读】你别看小芸的手那么肉头(ròu·tou),她待人处事一点也不肉头(ròutóu)。

S

散工㊀sǎngōng㊁sàn∥gōng

散工㊀ sǎngōng〈名〉短工;零工。

【用法】1. 作主语。例 这些~都是临时雇来的。2. 作宾语。例 他在假期里给人家做~。3. 常加"的"作定语。例 ~的报酬一般比固定工资要高得多。4. 构成介宾短语作状语。例 工头对这些~很苛刻。

【构成】偏正式合成词

【近义】短工、零工

【反义】长工

散工㊁ sàn∥gōng〈动〉放工;收工。

【用法】1. 作谓语。例 他来时,大家已经~了。2. 加"的"作定语。例 ~的时间到了,人们陆续往村子走去。3. 作主语。例 ~要等到十一点半。4. 作宾语。例 家里有急事,他等着~。

中间可插入其他词语。例 等到散了工,他才飞快地往家走。

【构成】支配式离合词

【近义】放工、收工

【反义】上工

【辨析】两者主要区别是:1. 读音有所不同:前者"散"读上声;后者"散"读去声。2. 词语构成及使用方式不同:前者构成偏正式合成词,中间不能插入其他词语;后者构成支配式离合词,中间可插入其他词语。3. 表义功能不同:前者用于名物义;后者用于动作义。4. 近义、反义词不同:前者的近义词是"短工、零工",后者的近义词是"放工、收工";前者的反义词是"长工",后者的反义词是"上工"。

【辨读】这些人是雇来做散工(sǎngōng)的,散工(sàngōng)后不住在公司宿舍楼。

丧气㊀sàngqì㊁sàng·qi

丧气㊀ sàngqì〈形〉因事情不顺利而情绪低落。

【用法】1. 作谓语,可带补语。例 听了这话,大伙儿都十分~。|事情落到这地步,他~极了。2. 加"的"作定语。例 你那~的样子,怎么好去见人家?3. 加"地"作状语。例 她被训斥了一顿,~地走出了经理室。4. 作补语,要用"得"。例 他受了多次打击,变得很~。5. 作宾语。例 她是多么~。

用于成语"垂头丧气、灰心丧气"。

1. 作谓语。例 他受了挫折，并没有灰心～。2. 加"的"作定语。例 他那垂头～的样子，活像一只斗败的公鸡。3. 加"地"作状语。例 他挨了一顿批评，垂头～地走了。4. 作补语，要用"得"。例 试验又失败了，他变得灰心～。5. 作宾语。例 他是那样垂头～。

【构成】支配式合成词、四字格成语

【近义】灰心、沮丧

【反义】高兴、兴奋

丧气㊁ sàng·qi〈形〉倒霉；不吉利。

【用法】用于口语。1. 作谓语，可带补语。例 她真～，参加比赛前一天病倒了。｜遇上这么个不讲理的人，她可真～透了。2. 常加"的"作定语。例 ～的事情全让她给碰上了。3. 作宾语。例 她是多么～。

【构成】支配式合成词

【近义】倒霉、晦气

【反义】幸运、运气、走运

【辨析】两者都用于形容义。区别在于：1. 读音有所不同：前者"气"读去声；后者"气"读轻声。2. 词义着重点不同：前者表示情态；后者表示事态。3. 语体色彩不同：前者多用于书面语；后者用于口语。4. 近义、反义词不同：前者的近义词是"灰心、沮丧"，后者的近义词是"倒霉、晦气"；前者的反义词是"高兴、兴奋"，后者的反义词是"幸运、运气、走运"。

【辨读】瞧她那垂头丧气（sàngqì）的样子，一定是遇上丧气（sàng·qi）的事了。

沙沙㊀shāshā㊁shà // shā

沙沙㊀ shāshā〈拟声〉形容踩着沙子、飞沙击物或风吹草木等的声音。

【用法】1. 加"的"作定语。例 他听到窗外～的响声，知道是起风了。2. 常加"地"作状语。例 风吹动着枯黄的树叶，～作响。｜走在河滩上，脚下～地响。3. 作补语。例 风吹得树林响～。

【构成】叠音单纯词

沙沙㊁ shà // shā〈动〉摇动，使粮食里的沙子集中，以便清除。

【用法】用于方言。1. 作谓语。例 她正吃力地用簸箕～。2. 加"的"作定语。例 你那～的姿势不对头，怎么能把沙子清除？3. 作宾语。例 他很快学会了～。

中间可插入其他词语。例 不一会儿，他就沙了好多沙。

【构成】支配式离合词

【辨析】两者主要区别是：1. 读音有所不同：前者第一音节读阴平；后者第一音节读去声。2. 词语构成及使用方式不同：前者构成叠音单纯词，中间不能插入其他词语；

后者构成支配式离合词，中间可插入其他词语。3. 表义功能不同：前者用于形容义；后者用于动作义。4. 词语归属不同：前者是普通话词语；后者是方言词语。5. 语法功能有所不同：前者在句子中作定语、状语、补语；后者除在句子中作定语外，通常作谓语、宾语。6. 词语修辞方式不同：前者用于模拟声音，是运用摹声的修辞方式；后者没有摹声的用法。

【辨读】她发现米里有不少沙子，就用簸箕沙沙（shàshā），发出沙沙（shāshā）的响声。

上调㊀shàngdiào㊁shàngtiáo

上调㊀ shàngdiào 〈动〉①调到上面工作。

【用法】1. 作谓语，可带宾语、补语。例 他很快就要～。｜领导要～一批年轻干部。｜他已经～到中央。2. 加“的”作定语。例 ～的这些干部原来都在基层工作。3. 构成介宾短语作状语。例 她从～到现在刚好一年。4. 作主语，或构成“的”字短语作主语。例 ～是他盼望已久的事。｜～的都是思想和业务素质较强的干部。5. 作宾语。例 他不想～。

②上级调用（财物等）。

【用法】1. 作谓语，可带宾语、补语。例 这些新产品即将～。｜上级要～一批水泥。｜钢材已经～了数千吨。2. 加“的”作定语。例 这是一批～的优质木材。3. 作主语，或构成“的”字短语作主语。例 大量木材的～造成木材供应紧张。｜～的是三千匹优质毛料。4. 作宾语。例 这批物资上级决定立即～。

【构成】偏正式合成词

【近义】①提拔、提升

【反义】①下放；②下拨

上调㊁ shàngtiáo 〈动〉向上调整；提高。

【用法】1. 作谓语，可带宾语、补语。例 上半年，农副产品的价格普遍～。｜厂里将从下个月起～工人的工资。｜从今年十月份起专业技术人员的工资～30%。2. 加“的”作定语。例 今年工资～的幅度较大。3. 构成介宾短语作状语。例 这些商品由于价格～销路不畅。4. 作主语，或构成“的”字短语作主语。例 粮食价格的～大大调动了农民生产粮食的积极性。｜这次～的是基本工资。5. 作宾语。例 上级决定农副产品的价格继续～。

【构成】偏正式合成词

【近义】提高

【反义】降低、下降

【辨析】两者词性、构词方式、语法功能均相同。区别在于：1. 读音有所不同：前者“调”读 diào；后者

“调”读 tiáo。2. 词义着重点不同：前者着重指从一个地方调到另一个地方；后者着重表示在原有基础上向上提高。3. 适用对象不同：前者用于人或财物等；后者用于“价格、工资”等。4. 近义、反义词不同：前者第①义项的近义词是“提拔、提升”，后者的近义词是“提高”；前者的反义词是“①下放，②下拨”，后者的反义词是“降低、下降”。

【辨读】小史去年上调（shàngdiào）到省卫生厅工作，他的工资也上调（shàngtiáo）了一级。

上来㈠shànglái㈡shàng//·lái ㈢//·shàng//·lái

上来㈠ shànglái ①〈动〉开始；起头。

【用法】1. 多作谓语。例 他一～，就抓纪律整顿。2. 作状语。例 ～先少说话。

②〈名〉上面；以上（总括前面的叙述）。

【用法】用于书面语，多作状语。例 ～所言，证实他的罪名纯属捏造。

【构成】并列式合成词

【近义】①开始、起头；②上面、以上

上来㈡ shàng//·lái〈动〉由低处到高处来。

【用法】1. 作谓语，可带宾语、补语。例 他刚从楼下～。｜洞里～了三个人。｜他从井里～好一会儿了。2. 加“的”作定语。例 这次提干，从乡镇～的人不少。3. 作主语，或构成“的”字短语作主语。例 一旦掉进这山洞里，～比登天还难。｜这次～的都是优秀的青年干部。4. 作宾语，或构成“的”字短语作宾语。例 敌人一进地道，就别想～。｜他是个刚从基层～的。

中间可插入“得、不”。例 跌下那座山崖就别想上得来。｜狼掉进陷阱上不来了。

【构成】并列式离合词

【反义】下去

上来㈢ //·shàng//·lái〈动〉①用在动词后，表示由低处到高处或由远处到近处来。

【用法】1. 多作补语。例 他从井里爬～。｜敌人从两翼增援～。2. 加“的”构成补充短语作定语。例 这是下面报～的名单。

动词后可插入“得、不”。例 这桶水她提得～。｜山高路陡，他一口气爬不～。

两字中间可插入宾语。例 她很快端上饭来。

②用在动词后，表示成功地完成某事。

【用法】用于“答、说、唱、背诵”等动词后。1. 作补语。例 这个问题他

答～了。|很多人的姓名她都说得～。|连小学时代的歌她都唱得～。|那首诗他念了两遍就背～了。2. 加“的”构成补充短语作定语。例 这小孩只有三岁，能背～的诗有几十首。

③用在形容词后，表示程度的增加。

【用法】用于方言。作补语。例 中秋节后，天气慢慢凉～。

【构成】并列式离合词

【反义】下去

【辨析】三者主要区别在于：1. 读音不同：前者“来”读阳平；㊀者中间没有插入其他成分时，“来”读轻声，中间插入“得、不”时，“来”读阳平；后者两字紧接动词后时，都读轻声，动词后插入“得、不”时，“上”读去声，“来”读阳平，两字之间再加宾语时，“上”读去声，“来”读轻声。2. 词义有所不同：前者表示“开始、起头，上面、以上”；㊀者指“从低处到高处来”；后者用在动词后，表示“从低处到高处或由远处到近处来”，并表示“成功地完成某事”，还可用在形容词后，表示“程度的增加”。3. 语法功能不同：前者在句子中作谓语、状语；㊀者在句子中除作谓语外，还可作主语、宾语、定语；后者用在动词、形容词后作补语或构成短语作定语。

【辨读】你一上来(shànglái)就先搞调查研究是对的，你明天上来(shàng·lai)时，把那份调查报告带上来(·shang·lai)。

上去㊀shàng//·qù
㊁//·shàng//·qù

上去㊀ shàng//·qù 〈动〉由低处向高处去。

【用法】1. 作谓语，可带补语。例 其他人都～了，他一个人留在山下。|塔很高，他～过两次。2. 加“的”作定语。例 ～的人很快回来了。3. 构成“的”字短语作主语。例 山很高，～的都是一些年轻人。4. 作宾语。例 楼上没有人，她不想～。

中间可插入“得、不”。例 山路很陡，她没法上得去。|城墙很高，大伙儿上不去。

【构成】并列式离合词

【反义】下来

上去㊁ //·shàng//·qù 〈动〉用在动词后，表示由低处向高处，或由近处向远处，或由主体向对象。

【用法】作补语。例 他飞快地迎～。|她把所有的精力都用～了。

动词后插入“得、不”。例 这段山路他走得～。|这棵树足有三丈高，他爬不～。

两字之间可插入宾语。例 他很快跑上楼去。

【构成】并列式离合词

【辨析】两者词性相同,都含"由低处向高处去"的意思。区别在于:1.读音不同:前者中间没有插入其他成分时,"去"读轻声,中间插入"得、不"时,"去"读去声;后者两字紧接动词后时,都读轻声,动词后插入"得、不"时,两音都读去声,两字之间再加宾语时,"上"读去声,"去"读轻声。2.词义范围不同:前者只表示"由低处向高处去",词义范围较窄;后者除表示"由低处向高处"外,还指"由近处向远处,由主体向对象",词义范围较宽。3.词语使用方式不同:前者可单独使用;后者须与动词连用。4.语法功能不同:前者在句子中作谓语、定语、主语、宾语;后者用在动词后,通常作补语。

【辨读】他一个人先上去(shàng·qu)摸清情况,其他人不要跟上去(·shang·qu)。

上色㊀shàngsè㊁shàng // shǎi

上色㊀ shàngsè〈形〉(货品)高级的;上等的。

【用法】多用于书面语。1.作谓语。例 这些布料质地~且价格低廉。2.作定语。例 这是准备出口的~绿茶。3.构成介宾短语作状语。例 这批货因为~供不应求。4.作主语。例 产品的~为公司赢得高额的利润。5.作宾语。例 这些茉莉花茶堪称~。

【构成】偏正式合成词

【近义】高级、上等

【反义】低级、劣等、下等

上色㊁ shàng // shǎi〈动〉(在图画、工艺美术品等上面)加颜色。

【用法】多用于口语。1.作谓语。例 地图的轮廓已经画好,还没~。2.加"的"作定语。例 这是一幅没~的图画。3.构成介宾短语作状语。例 他是画院出身,对~很内行。4.作主语。例 ~是一种精细活儿。5.作宾语。例 他刚来不久,就学会了~。

中间可插入其他词语。例 这幅画已经上过色。

【构成】支配式离合词

【辨析】两者语法功能相同。区别在于:1.读音有所不同:前者"色"读 sè;后者"色"读 shǎi。2.词语构成及使用方式不同:前者构成偏正式合成词,中间不能插入其他词语;后者构成支配式离合词,中间能插入其他词语。3.表义功能不同:前者用于形容义,指"高级的、上等的";后者用于动作义,表示"加颜色"。4.语体色彩不同:前者多用于书面语;后者多用于口语。5.有无近义、反义词不同:前者有近义词"高级、上等",反义词"低级、劣等、下等";后者一般没有近义词和反义词。

【辨读】刚买来的这套家具是上色(shàngsè)的楠木做的，不用上色(shàngshǎi)。

上水㊀shàngshuǐ㊁shàng·shui

上水㊀ shàngshuǐ ①〈名〉上游。

【用法】1.作主语。例 ～停泊着许多渔船。2.作宾语。例 这里是小溪的～。3.加“的”作定语。例 ～的渡口站满了等着过江的旅客。4.构成介宾短语作状语。例 汽艇飞快地向～驶去。

②〈动〉向上游航行。

【用法】1.作谓语。例 船只～，速度很慢。2.作定语。例 下游驶来一艘～船。3.构成介宾短语作状语。例 小船因为～走得很慢。4.作主语，或构成“的”字短语作主语。例 暴雨后水流湍急，船的～十分困难。|～的是一艘机帆船。

【构成】①偏正式合成词；②支配式合成词

【近义】①上游；②上行

【反义】①下游；②下水、下行

上水㊁ shàng·shui 〈名〉可供食用的牲畜的心、肝、肺。

【用法】用于方言。1.作主语。例 市场上的～供不应求。2.作宾语。例 他平时喜欢吃～。3.常加“的”作定语。例 这些～的营养很丰富。4.构成介宾短语作状语。例 他将那些～卖给了食堂。

【构成】偏正式合成词

【近义】下水(shui)

【辨析】两者主要区别是：1.读音有所不同：前者“水”读上声；后者“水”读轻声。2.词义不同：前者表示方位和动作；后者表示食品名称。3词语归属不同：前者是普通话词语；后者是方言词语。4.有无近义、反义词不同：前者的近义词是“上游，上行”，后者的近义词是“下水”；前者的反义词是“下游，下水、下行”，后者没有反义词。

【辨读】这艘轮船明天上水(shàngshuǐ)，船员老邱给轮船加油后，还到市场买了一些上水(shàng·shui)。

上头㊀shàng∥tóu㊁shàng·tou

上头㊀ shàng∥tóu 〈动〉①旧时女子未出嫁时梳辫子，临出嫁才把头发拢上去结成发髻，叫作上头。

【用法】1.作谓语。例 新娘正在屋里～。2.加“的”作定语。例 这是新娘～的用品。3.作主语，或构成“的”字短语作主语。例 ～可不是一件简单的事，还得讲究一点艺术。|给新娘～的是大嫂子。

中间可插入其他词语。例 迎亲的人到了，新娘还没上完头呢。

②喝酒后引起头晕、头疼。

【用法】1. 作谓语。例 他一喝酒就～。2. 加“的”作定语。例 这种容易～的白酒不要喝。3. 构成“的”字短语作主语。例 容易～的不光是洋河大曲。

【构成】支配式离合词

上头㊁ shàng·tou〈名〉上面。

【用法】1. 作主语。例 ～通知明天去开会。2. 作宾语。例 请你转告～，我们一定会按时完成任务。3. 加“的”作定语。例 ～的文件精神我们要认真领会并贯彻执行。4. 构成介宾短语作状语、补语。例 我们要对～负责，对人民负责。|书放在桌子～。

【构成】附加式合成词

【近义】上面

【反义】下面

【辨析】两者主要区别是：1. 读音有所不同：前者“头”读阳平；后者“头”读轻声。2. 词语构成及使用方式不同：前者构成支配式离合词，中间可插入其他词语；后者构成附加式合成词，中间不能插入其他词语。3. 语素充任的构词成分不同：前者“头”作词根，用于体现这个词的根本的词汇意义；后者“头”作词缀，表示附加意义。4. 表义功能不同：前者用于动作义，指“女子出嫁时把头发拢上去结成发髻，喝酒后引起头疼”；后者用于名物义，指“上面”。5. 有无近义、反义词不同：前者没有近义词和反义词；后者有近义词“上面”，反义词“下面”。

【辨读】她已经把新娘上头（shàngtóu）的用品准备好，放在梳妆台上头（shàng·tou）。

烧纸㊀shāo//zhǐ㊁shāo·zhi

烧纸㊀ shāo//zhǐ〈动〉迷信的人烧纸钱等，认为可供死者在阴间使用。

【用法】迷信用语。1. 作谓语。例 那女人在坟前给她那死去的丈夫～。2. 加“的”作定语。例 ～的女人是死者的妻子。3. 作主语，或构成“的”字短语作主语。例 ～是一种迷信行为。|～的是一位老婆婆。4. 作宾语，或构成“的”字短语作宾语。例 老人忙着～。|葬礼上，他是专管～的。

中间可插入其他词语。例 她给死者烧了许多纸。

【构成】支配式离合词

烧纸㊁ shāo·zhi〈名〉纸钱的一种，在较大的纸片上刻出或印上钱的形状。

【用法】用于迷信活动。1. 作主语。例 ～已经印制了不少。2. 作宾语。例 他好不容易才买到一些～。3. 常加“的”作定语。例 这种～的价格很贵。4. 构成介宾短语作状语。例 她划了一根火柴，将～点燃。

【构成】偏正式合成词

【辨析】两者主要区别是：1. 读音有所不同：前者"纸"读上声；后者"纸"读轻声。2. 词语构成及使用方式不同：前者构成支配式离合词，中间可插入其他词语；后者构成偏正式合成词，中间不能插入其他词语。3. 表义功能不同：前者用于动作义，指"烧纸钱"；后者用于名物义，指"纸钱的一种"。4. 语法功能有所不同：前者在句子中除作主语、宾语、定语外，通常作谓语；后者在句子中作定语、主语、宾语，并构成介宾短语作状语。

【辨读】她买了不少烧纸（shāo·zhi），准备清明节那天去扫墓时烧纸（shāozhǐ）。

神道㊀shéndào㊁shén·dao

神道㊀ shéndào〈名〉①迷信的人关于鬼神祸福的说法。

【用法】1. 作主语。例 在一些偏僻乡村，～相当流行。2. 作宾语。例 迷信的人往往相信～。3. 加"的"作定语。例 在有些地方，～的流行还没有得到遏止。4. 构成介宾短语作状语。例 那些迷信的老人对～特别相信。

②迷信的人指天地万物的创造者和统治者，也指能力、德行高超的人物死后的精灵。

【用法】用于口语。1. 作主语。例 ～在什么地方？2. 作宾语。例 有没有人看见过～？3. 加"的"作定语。例 ～的样子谁见过？4. 构成介宾短语作状语。例 他对～一点也不相信。

③墓道。

【用法】1. 作主语。例 ～已经完工。2. 作宾语。例 工匠们正在砌～。3. 作定语。例 ～前立了一块～碑。

【构成】偏正式合成词

【近义】②神灵；③墓道

神道㊁ shén·dao〈形〉①形容人精神旺盛。

【用法】用于方言。1. 作谓语，可带补语。例 这孩子真～。| 这小伙子～极了。2. 加"的"作定语。例 他那～的样子，一点也不像 70 岁的老人。3. 作宾语。例 这老人是那样～。

②形容举止言谈显得异常，出人意料；离奇。

【用法】用于方言。1. 作谓语。例 他的说法多～。2. 加"的"作定语。例 听了他那～的话，孩子们瞪大了眼睛。3. 作补语，要用"得"。例 你怎么说得那么～。

以语素为单位重叠成 AABB 式，多作宾语。例 他总是那么神神道道的。

【构成】附加式合成词

【近义】①精神;②离奇

【辨析】两者主要区别是:1.读音有所不同:前者“道”读去声;后者“道”读轻声。2.词语构成及使用方式不同:前者构成偏正式合成词,不能重叠使用;后者构成附加式合成词,可重叠成AABB式词语。3.词性不同:前者是名词;后者是形容词。4.词义不同:前者表示事物名称;后者表示人的状态。5.词语归属不同:前者是普通话词语;后者是方言词语。6.近义词不同:前者的近义词是“神灵,墓道”;后者的近义词是“精神,离奇”。

【辨读】提起那些神道(shéndào)的事来,方大爷的说法总是那么神道(shén·dao)。

生意㊀shēngyì㊁shēng·yi

生意㊀ shēngyì〈名〉富有生命力的气象;生机。

【用法】1.作主语。例 ～盎然。2.作宾语。例 春天的大地呈现一派蓬勃的～。

【构成】偏正式合成词

【近义】气象、生机、生气

生意㊁ shēng·yi〈名〉指商业经营;买卖。

【用法】1.作主语。例 这里的～十分兴隆。2.作宾语。例 他长年在外做～。3.常加“的”作定语。例 这些人念的都是～经。|～的兴隆使他成为百万富翁。4.构成介宾短语作状语。例 他对～一窍不通。

【构成】偏正式合成词

【近义】买卖

【辨析】两者词性、构词方式相同。区别在于:1.读音有所不同:前者“意”读去声;后者“意”读轻声。2.指称对象不同:前者指“富有生命力的气象、生机”;后者指“商业经营、买卖”。3.近义词不同:前者的近义词是“气象、生机、生气”;后者的近义词是“买卖”。4.语法功能有所不同:前者在句子中主要作主语、宾语;后者在句子中除作主语、宾语外,还可作定语,并构成介宾短语作状语。

【辨读】新建的农贸市场生意(shēng·yi)兴隆,呈现一派蓬勃的生意(shēngyì)。

师爷㊀shīyé㊁shī·ye

师爷㊀ shīyé〈名〉对师傅的师傅或父亲的称呼。

【用法】1.作主语。例 ～从老远的黑龙江来到这里过年。2.作宾语。例 徒弟们争着去看～。3.加“的”作定语。例 ～的身体还很硬朗。4.构成介宾短语作状语。例 师父正在向～嘘寒问暖。5.作同位语。例 阿明～真是个好人。6.常作称呼语。例 ～，您多保重！

【构成】偏正式合成词

师爷㊁ shī·ye〈名〉幕友的俗称。

【用法】1.作主语。例 这些刑名～正忙得不可开交。2.作宾语。例 他当了十几年钱粮～。3.加"的"作定语。例 这位～的态度和蔼可亲。4.构成介宾短语作状语。例 她一五一十地向～诉说了案情。5.作同位语。例 健刚～办事很公正。6.常作称呼语。例 ～，难为您了！

【构成】偏正式合成词

【辨析】两者词性、构词方式、语法功能均相同。区别在于：1.读音有所不同：前者"爷"读阳平；后者"爷"读轻声。2.指称对象不同：前者指"师傅的师傅或父亲"；后者指"俗称幕友"。

【辨读】小金去看望师爷(shīyé)，听老人讲述着年轻时当师爷(shī·ye)的经历。

时令㊀shílìng㊁shí·ling

时令㊀ shílìng〈名〉季节。

【用法】1.作主语。例 ～已交初夏，天气一天比一天热了。2.作宾语。例 经销服装还要看准～。3.常加"的"作定语。例 服装厂重视～的交替，不断设计出新的服装款式。4.构成介宾短语作状语。例 蔬菜的生产与～密切相关。

【构成】并列式合成词

【近义】季节、节令、时节

时令㊁ shí·ling〈名〉指时令病，即在一定季节流行的病。

【用法】用于方言。1.作主语。例 ～又在小孩中流行开了。2.作宾语。例 村子里已经有不少人闹～。3.加"的"作定语。例 卫生部门正采取措施防止～的流行。4.构成介宾短语作状语。例 如今，人们对～完全有把握预防。

【构成】并列式合成词

【辨析】两者词性、语法功能相同。区别在于：1.读音有所不同：前者"令"读去声；后者"令"读轻声。2.词义着重点不同：前者指"季节"，表示时间；后者指"在一定季节流行的病"，用于病名。3.词语归属不同：前者是普通话词语；后者是方言词语。4.有无近义词不同：前者有近义词"季节、节令、时节"；后者没有近义词。

【辨读】时令(shílìng)已交初冬，卫生部门提醒人们要注意预防时令(shí·ling)的流行。

实在㊀shízài㊁shí·zai

实在㊀ shízài ①〈形〉真实；不虚假。

【用法】1.作谓语，可带补语。例 他

说的每句话都很～。|这个人说话～得很。2.加“的”作定语。例他学到了许多～的本领。3.作补语,要用“得”。例她的话说得很～。4.作宾语。例小王的发言我认为很～。|他待人是多么～。

以语素为单位重叠成AABB式。1.作谓语。例这份材料实实在在,很能说明问题。2.加“的”作定语。例你要趁年轻多学点实实在在的本事。3.作补语,要用“得”。例这份报告他写得实实在在,既报喜也报忧。

②〈副〉的确。

【用法】作状语。例这件事我～不知道。

③〈副〉其实。

【用法】作状语。例他说他懂了,～并没懂。

【构成】偏正式合成词

【近义】①真实;②的确、确实;③其实

【反义】①虚假;②或许、也许

实在㊁ shí·zai〈形〉地道;扎实;不马虎。

【用法】用于口语。1.作谓语,可带补语。例小李干活儿挺～。2.加“的”作定语。例他那～的工作作风受到领导和同事们的好评。3.作补语,要用“得”。例她的思想工作做得很～。4.作宾语。例他的工作是那样～。

以语素为单位重叠成AABB式。1.作谓语。例这人做事实实在在。2.加“地”作状语。例他实实在在地做好工作,从不敷衍塞责。

【构成】偏正式合成词

【近义】地道、认真、踏实、扎实

【反义】马虎、虚浮

【辨析】两者构词方式相同,都可用于形容义。区别在于:1.读音有所不同:前者“在”读去声;后者“在”读轻声。2.词性有所不同:前者作形容词、副词;后者只作形容词。3.词义不同:前者是多义词,既表示性质,也表示肯定和转折的语气;后者指人的工作态度。4.词语归属不同:前者是普通话词语;后者是方言词语。5.近义、反义词不同:前者的近义词是“真实,的确、确实,其实”,后者的近义词是“地道、认真、踏实、扎实”;前者的反义词是“虚假,或许、也许”,后者的反义词是“马虎、虚浮”。

【辨读】他对员工的思想工作做得很实在(shí·zai),实在(shízài)令人佩服。

世故㊀shìgù㊁shì·gu

世故㊀ shìgù〈名〉处世经验。

【用法】1.作主语。例这些年轻人哪,～不深,对困难没有充分估计。2.作宾语。例他不通人情

～。3.加“的”作定语。例 人情～的通达,是为人处世不可少的。4.构成介宾短语作状语。例 他对人情～一窍不通。

【构成】偏正式合成词

世故㊁ shì·gu〈形〉待人处事老练圆滑,不招惹是非。

【用法】用于贬义。1.作谓语,可带补语。例 她非常～。|他比你～得多了。2.加“的”作定语。例 这老太太是个很～的人。3.作补语,要用“得”。例 他变得十分～。4.构成“的”字短语作主语。例 ～的是他,而不是我。5.作宾语。例 她是那样～。

【构成】偏正式合成词

【近义】滑头、油滑、圆滑

【近义】坦诚、真诚、直率

【辨析】两者构词方式相同。区别在于:1.读音有所不同:前者“故”读去声;后者“故”读轻声。2.词性不同:前者是名词;后者是形容词。3.词义不同:前者表示事物名称;后者表示人的状态。4.感情色彩不同:前者是中性词,不含褒贬的色彩;后者是贬义词,带厌恶、鄙视的感情。5.近义、反义词不同:前者没有近义词,后者的近义词是“滑头、油滑、圆滑”;前者没有反义词,后者有反义词“坦诚、真诚、直率”。6.语法功能及要求有所不同:前者在句子中作主语、宾语、定语,并构成介宾短语作状语;后者在句子中除作定语、宾语外,通常作谓语、补语,并构成“的”字短语作主语。

【辨读】他年轻时不通人情世故(shìgù),随着年龄增长变得很世故(shì·gu)了。

试探㊀shìtàn㊁ shì·tan

试探㊀ shìtàn〈动〉尝试着探索(某种问题或情况)。

【用法】1.作谓语。例 他～找出解决问题的办法。2.常加“的”作定语。例 ～的功夫花了不少。3.构成介宾短语作状语。例 通过～,他总结出一套行之有效的管理方法。4.作宾语。例 他仍然在不断地～。

以词为单位重叠成ABAB式,作谓语。例 他想～～,看有什么更好的办法。

【构成】并列式合成词

【近义】尝试、探索

试探㊁ shì·tan〈动〉用言语或举动引起对方的反应,借以了解对方的实情或意图。

【用法】1.作谓语,可带补语。例 你先～一下他的口气。2.加“的”作定语。例 ～的结果没有任何反应。3.构成介宾短语作状语。例 经过～,看不出对方的诚意。4.

作宾语。例他这是有意～。

以词为单位重叠成ABAB式，作谓语。例你不妨～～对方合作的可能性。

【构成】并列式合成词

【近义】探问、探询

【辨析】两者构词方式、词性、语法功能均相同。区别在于：1. 读音有所不同：前者"探"读去声；后者"探"读轻声。2. 词义着重点不同：前者着重指"尝试着探索"，施动的对象是问题、情况等；后者着重指"用言语或举动引起对方的反应"，施动的对象是人。3. 近义词不同：前者的近义词是"尝试、探索"；后者的近义词是"探问、探询"。

【辨误】"试"的末笔是点；"探"右下是木，不写作朩。

【辨读】他一直在试探(shìtàn)解决问题的最佳途径，你不妨去试探(shì·tan)一下，看他有没有找到更好的办法。

受累㊀shòu//lěi㊁shòu//lèi

受累㊀ shòu//lěi〈动〉受到牵累。

【用法】1. 作谓语。例他为老张的事～，被法庭传讯。2. 加"的"作定语。例案发后，他是～的人之一。3. 构成介宾短语作状语。例他因家庭穷～而放弃了深造的机会。4. 作主语，或构成"的"字短语作主语。例他的～是冤枉的。|因这个案子～的还有相当一部分人。5. 作宾语。例她不怕～，竭力为小陈辩护。

中间可插入其他词语。例他因为她的事受了累，被司法部门拘留。

【构成】支配式离合词

【近义】连累、牵连

受累㊁ shòu//lèi〈动〉受到劳累；消耗精力。

【用法】常用作客套话。1. 作谓语，可带补语。例您～了，这么远赶来看我。| 母亲～了半辈子，如今才过上好日子。2. 加"的"作定语。例他干的尽是～的活儿。3. 构成介宾短语作状语。例她由于受苦～变得憔悴了。4. 作主语，或构成"的"字短语作主语。例为了孩子们，～是值得的。|这项工作很辛苦，～的不只王师傅一人。5. 作宾语。例教师们不怕～，一心扑在教学上。

中间可插入其他词语。例她心甘情愿地吃着苦，受着累。

【构成】支配式离合词

【近义】劳累

【辨析】两者词性、构词方式、语法功能相同。区别在于：1. 读音有所不同：前者"累"读上声；后者"累"读去声。2. 词义着重点不同：前者着重指"因某事而受到牵累”;后者着重指“因劳动或忙于某件事而受到劳累”。3. 近义词不同:前者的近义词是“连累、牵连”;后者的近义词是“劳累”。

【辨读】事件发生后,三弟不怕受累(shòulěi),更不怕受累(shòulèi),为营救大哥四处求人。

受用㊀shòuyòng㊁shòu·yong

受用㊀ shòuyòng〈动〉得益;享用。

【用法】1. 作谓语,可带宾语、补语。例 学好普通话,终身~。|客人们尽情地~着美味佳肴。|写一手好字,终身~不尽。2. 加“的”作定语。例 对年轻人来说,~的物质财富多,未必是好事。3. 构成介宾短语作状语。例 除了~外,他把大部分现金存入了银行。4. 构成“的”字短语作主语。例 他~的是先人留下的遗产。5. 作宾语。例 这笔遗产你别想~。

以词为单位重叠成 ABAB 式,多作谓语。例 这些山珍海味,也让我们~~。

【构成】并列式合成词

【近义】得益、受益、享受、享用

【反义】受害

受用㊁ shòu·yong〈形〉身心舒服。

【用法】1. 作谓语,可带补语。例 今天身体有点不~。|打完球洗个澡,~极了。2. 加“的”作定语。例 她病了一场,本来不~的身体更加虚弱了。3. 构成介宾短语作状语。例 老人由于~显得容光焕发。4. 作补语,要用“得”。例 这些日子他加强了活动,身体逐渐变得~了。

【构成】并列式合成词

【近义】舒畅、舒服、舒适、舒坦、愉快

【反义】难受、痛苦

【辨析】两者构词方式相同。区别在于:1. 读音有所不同:前者“用”读去声;后者“用”读轻声。2. 词性不同:前者是动词;后者是形容词。3. 词义不同:前者表示动作行为;后者表示身心状态。4. 词语使用方式不同:前者可重叠成 ABAB 式词语;后者不能重叠使用。5. 近义、反义词不同:前者的近义词是“得益、受益、享受、享用”,后者的近义词是“舒畅、舒服、舒适、舒坦、愉快”;前者的反义词是“受害”,后者的反义词是“痛苦”。

【辨读】他感觉身体有些不受用(shòu·yong),不想受用(shòuyòng)那些美味海鲜。

水磨㊀shuǐmó㊁shuǐmò

水磨㊀ shuǐmó〈动〉加水细磨。

【用法】1. 作谓语。例 这些砖块必须~。2. 常加“的”作定语。例 这种~石外表很光滑。|师傅们正

在砌～砖的墙。3.构成介宾短语作状语。例 加工石料用电锯比～省事得多。4.作主语，或构成“的”字短语作主语。例 ～这种工艺已经被普遍采用。|砖块已经运到，～的要单独堆放。

【构成】陈述式合成词

水磨㊁ shuǐmò〈名〉用水力带动的磨，多用来磨面。

【用法】1.作主语。例 这台～正在磨面。2.作宾语。例 磨坊里有两台～。3.常加“的”作定语。例 与磨粉机相比，～的出粉率要低得多。4.构成介宾短语作状语。例 机器磨粉比～快得多。

【构成】偏正式合成词

【辨析】两者主要区别是：1.读音有所不同：前者“磨”读阳平；后者“磨”读去声。2.构词方式不同：前者构成陈述式合成词；后者构成偏正式合成词。3.词性不同：前者是动词；后者是名词。4.词义不同：前者表示动作；后者表示事物名称。

【辨读】这间磨坊的地面用水磨(shuǐmó)石砌成，里面有三台水磨(shuǐmò)。

说道㊀shuōdào㊁shuō·dao

说道㊀ shuōdào〈动〉说(小说中多用来直接引进人物说的话，现在还有沿用的)。

【用法】作谓语，可带宾语。例 黛玉～：“有什么可说的，你的话我早知道了。”| 李书记～：“就这么办！”| 宝玉瞅了半天，方～“你放心”三个字。

【构成】并列式合成词

说道㊁ shuō·dao ①〈动〉用话表达。

【用法】用于方言。1.作谓语，可带补语。例 我反复～，他还是不能体谅我。| 事情的经过我已经向大家～清楚了。2.加“的”作定语。例 他～的时间只用了五分钟。

以词为单位重叠成ABAB式，作谓语。例 你把刚才讲的在会上～～。

②〈动〉商量；谈论。

【用法】用于方言。1.作谓语，可带宾语、补语。例 他正在和大伙儿～。|她正和大家～着昨天卖粮的事儿。|这件事两人已经～过几次了。2.加“的”作定语。例 他俩～的话题还是离不开生产。

以词为单位重叠成ABAB式，多作谓语。例 这件事我还得跟大伙儿～～。

③〈名〉名堂；道理。

【用法】用于方言。1.作主语。例 这里面～多着呢。2.作宾语。例 这件事肯定有～。3.加“的”作定语。例 这些都是有～的话。4.构成介宾短语作状语。例 她对那些～毫不理会。

【构成】并列式合成词

【近义】①表达、说明；②商量、谈论；③名堂、道理

【辨析】两者构词方式相同。主要区别在于：1.读音有所不同：前者“道”读去声；后者“道”读轻声。2.词语使用方式不同：前者不能重叠使用；后者可重叠成 ABAB 式词语。3.词义着重点不同：前者多用来直接引进人物说的话；后者表示“说”的意思时，着重表示“用话表达，商量、谈论”。4.词语归属不同：前者是普通话词语；后者是方言词语。5.有无近义词不同：前者一般没有双音节近义词；后者有近义词“表达、说明，商量、谈论，名堂、道理”等。

【辨读】晚饭后全家人都在屋子里，听奶奶说道（shuōdào）：“我有件事要和你们说道（shuō · dao）说道。”

说法㊀shuōfǎ ㊁shuō·fǎ

说法㊀ shuōfǎ 〈动〉宣讲佛法。

【用法】佛教用语。1.作谓语。例 禅师正在给众人～。2.加“的”作定语。例 ～的禅师是本寺的住持。3.构成介宾短语作状语。例 佛门对于～很有讲究。4.作主语，或构成“的”字短语作主语。例 大师的～从上午八点就开始了。|给大家～的是一位高僧。用于成语“现身说法”（原为佛教用语，指佛力广大，能现出种种人形，向人说法）。今比喻以自己的经历遭遇为例证，对人进行讲解或劝导。例 张书记在台上现身～，使大家深受教育。

【构成】支配式合成词

说法㊁ shuō·fǎ 〈名〉①措辞。

【用法】1.作主语。例 文章末尾这句话的～最好改一改。2.作宾语。例 这个句子可以用否定的～。3.常加“的”作定语。例 演讲时要注意～的严密。4.构成介宾短语作状语。例 文件草稿经过讨论，大家对一些～进行了修改。

②见解；意见。

【用法】1.作主语。例 他的～是完全正确的。2.作宾语。例 我不同意你的～。3.常加“的”作定语。例 这种～的正确与否，有待事实证明。4.构成介宾短语作状语。例 大家对他的～表示赞成。

③处理问题的理由或根据。

【用法】1.作主语。例 上级的～无疑是对的。2.作宾语。例 这件事如何处理，要向领导讨个～。3.加“的”作定语。例 这些～的正确性无可非议。4.构成介宾短语作状语。例 公众对这种～很不满意。

【构成】偏正式合成词

【近义】②见解、意见;③理由

【辨析】两者主要区别是:1.读音有所不同:前者“法”读上声;后者“法”一般读轻声,有时也可读上声。2.构词方式不同:前者构成支配式合成词;后者构成偏正式合成词。3.词性不同:前者是动词;后者是名词。4.词义不同:前者作佛教用语,表示言语动态;后者是日常用语,表示名称。5.有无近义词不同:前者一般没有近义词;后者有近义词“见解、意见、理由”。6.词语修辞方式不同:前者构成“现身说法”,用于比喻以自己的经历遭遇为例证,对人进行讲解或劝导,是运用借喻的修辞方式;后者没有比喻的用法。

【辨读】李老师在家长会上现身说法(shuōfǎ),家长们都赞成他的说法(shuō•fǎ)。

私房㊀sīfáng㊁sī·fáng

私房㊀ sīfáng〈名〉产权属于私人的房屋。

【用法】1.作主语。例 他的～已经盖好了。2.作宾语。例 没有得到土地管理部门的许可,任何人都不得占用耕地建～。3.加“的”作定语。例 他那～的占地面积约80平方米。4.构成介宾短语作状语。例 他正在对～进行装修。

【构成】偏正式合成词

【近义】私宅

【反义】公房

私房㊁ sī•fáng〈形〉①家庭成员个人私下积蓄的(财物)。

【用法】1.作主语。例 母亲的～都拿出来供儿女们上学了。2.作宾语。例 为了给丈夫凑集盘缠,她拿出了仅有的一点～钱。3.作定语。例 妻子的～钱都拿给我买书了。4.构成介宾短语作状语。例 她把～钱全部交给丈夫购买实验器材。

②不愿让别人知道的。

【用法】多作定语。例 她俩悄悄地说着～话。

【构成】偏正式合成词

【近义】私己、体己

【辨析】两者构词方式相同。区别在于:1.读音有所不同:前者“房”读阳平;后者“房”一般读轻声,有时也可读阳平。2.词性有所不同:前者作名词;后者作形容词。3.词义不同:前者是单义词,指“产权属于私人的房屋”;后者是多义词,指“家庭成员个人私下积蓄的,不愿让外人知道的”。4.有无近义、反义词不同:前者的近义词是“私宅”,后者的近义词是“私己、体己”;前者有反义词“公房”,后者没有反义词。

【辨读】小董的这套私房(sīfáng)是

他母亲用私房（sī · fáng）钱买来的。

斯文㊀sīwén㊁sī · wen

斯文㊀ sīwén〈名〉指文化或文人。

【用法】用于书面语。多作宾语。例如此做法实在有辱～。

用于成语“斯文扫地”（指文化或文人被侮辱、摧残，也指文人自甘堕落）。比喻名誉、信用等完全丧失。例他在众人面前～扫地，狼狈不堪。

【构成】偏正式合成词

【近义】文化、文人

斯文㊁ sī · wen〈形〉举止文雅。

【用法】多用于口语。1.作谓语，可带补语。例他的举止很～｜他比你～得多了。2.加“的”作定语。例他那过分～的样子令人讨厌。3.加“地”作状语。例他～地端起茶杯呷了一口。4.作补语，要用“得”。例他故意装得很～。5.作宾语。例我讨厌他那种假～｜这位青年人是多么～。

以语素为单位重叠成AABB式。1.作谓语。例小伙子斯斯文文的，追求他的女孩子还真不少。2.加“的”作定语。例他那斯斯文文的样子，我真有点看不惯。3.加“地”作状语。例他斯斯文文地跟客人谈话。4.作补语，要用“得”。例这呆子今天也装得斯斯文文的。

【构成】偏正式合成词

【近义】秀气、文雅

【反义】粗鲁、粗野、野蛮

【辨析】两者构词方式相同。区别在于：1.读音有所不同：前者“文”读阳平；后者“文”读轻声。2.词性不同：前者是名词；后者是形容词。3.表义范畴不同：前者表示人或事物名称；后者表示人的状态。4.词语使用方式不同：前者不能重叠使用；后者可重叠成AABB式词语。5.语体色彩不同：前者用于书面语；后者多用于口语。6.近义、反义词不同：前者的近义词是“文化、文人”，后者的近义词是“秀气、文雅”；前者一般没有反义词，后者有反义词“粗鲁、粗野、野蛮”。7.词语修辞方式不同：前者构成成语，用于比喻名誉、信用等完全丧失，是运用借喻的修辞方式；后者没有比喻的用法。

【辨读】他的言谈举止十分粗鲁，毫无斯文（sī · wen）可言，真的有辱斯文（sīwén）。

松散㊀sōngsǎn ㊁sōng · san

松散㊀ sōngsǎn〈形〉①（结构）不紧密；关系不密切。

【用法】1.作谓语，可带补语。例这

些土壤的结构很～。|他们的组织～得很。2.加“的”作定语。例～的沙土被他聚拢在一起。3.加“地”作状语。例字模～地堆放在写字台上。4.作补语，要用“得”。例经过风吹日晒，这些黏土变得很～。5.作宾语。例这篇文章的结构是那么～。

②(精神)不集中；不紧张。

【用法】1.作谓语，可带补语。例他的工作和学习都很～。2.加“的”作定语。例；他过不惯那种～的田园生活。3.作补语，要用“得”。例比赛一结束，运动员们变得～了。4.作宾语。例他的学习是那么～，一点也不紧张。

【构成】并列式合成词

③(制度、纪律)等松懈；涣散。

【用法】1.作谓语，可带补语。例这个公司的规章制度很～。2.加“的”作定语。例他不习惯那种～的纪律。3.作补语，要用“得”。例单位领导调走后，管理变得很～。4.作宾语。例这个企业人心是那么～。

【近义】①疏松、松弛；②散漫、闲散；③松懈、涣散

【反义】①紧密、严密；②紧张、专心；③严格、严明

松散㈡ sōng·san〈动〉使轻松舒畅。

【用法】1.作谓语，可带补语。例忙了两个月，也该～一下了。2.加“的”作定语。例加强体育锻炼是使身心～的有效方法。

以词为单位重叠成 ABAB 式。1.作谓语。例今天是休息日，你也该～～了。2.加“的”作定语。例晚上该是我们～～的时候了。

【构成】并列式合成词

【近义】放松

【辨析】两者构词方式相同。区别在于：1.读音有所不同：前者“散”读上声；后者“散”读轻声。2.词性不同：前者是形容词；后者是动词。3.词义不同：前者是多义词，表示性质状态；后者是单义词，表示动作行为。4.使用方式不同：前者一般不重叠使用；后者可重叠成 ABAB 式词语。5.近义、反义词不同：前者的近义词是“疏松、松弛，散漫、闲散，松懈、涣散”，后者的近义词是“放松”；前者有反义词“紧密、严密，紧张、专心，严格、严明”，后者一般没有反义词。

【辨读】高考临近，他丝毫不敢松散(sōngsǎn)，现在高考结束了，该松散(sōng·san)松散了。

孙子㈠Sūnzǐ ㈡sūn·zi

孙子㈠ Sūnzǐ〈名〉即孙武，春秋末期齐国人。著有《孙子兵法》，为

后世兵家所推崇。

【用法】1.作主语。例～是我国古代一位著名军事家。2.作宾语。例后人尊称孙武为～。3.加“的”作定语。例《孙子兵法》系统地阐述了～的军事思想。

【构成】偏正式合成词

孙子㊁ sūn·zi〈名〉儿子的儿子。

【用法】1.作主语。例她的～已经两岁了。2.作宾语。例这是他的～。3.加“的”作定语。例他很关心～的学习。

【构成】附加式合成词

【辨析】两者词性、语法功能相同，都用于指人。区别在于：1.读音有所不同：前者“子”读上声；后者“子”读轻声。2.构词方式不同：前者构成偏正式合成词；后者构成附加式合成词。3.语素充任的构词成分不同：前者“子”作词根，用于体现这个词的根本的词汇意义；后者“子”作词缀，表示附加意义。4.指称对象不同：前者指古代军事家孙武；后者指儿子的儿子。5.词语沿革状况不同：前者是古语词，只用于古人名、古书名；后者是古今传承词语，现仍常用。

【辨读】我的孙子(sūn·zi)平时爱看书，尤其喜欢看《孙子(Sūnzǐ)兵法》。

T

特务㊀tèwù㊁tè·wu

特务㊀ tèwù〈形〉军队中指担任警卫、通讯、运输等特殊任务的。

【用法】用于“特务连、特务营、特务员”等词语，作相应的句子成分。例这次战斗，～连发挥了很大的作用。|他是个～员。|他担任～营营长。

【构成】偏正式合成词

特务㊁ tè·wu〈名〉经过特殊训练，从事情报工作和颠覆破坏等活动的人。

【用法】1.作主语。例这些～专门刺探我军的军事情报。2.作宾语。例公安部门逮捕了这个狡猾的女～。3.常加“的”作定语。例他是个阴险的～分子。|公安人员掌握了～的活动规律，终于把这些暗藏的敌特一网打尽。4.构成介宾短语作状语。例这家伙向～提供大量的经济情报，受到法律的严厉制裁。

【构成】偏正式合成词

【近义】特工、间谍

【辨析】两者构词方式、语法功能均

相同。区别在于：1.读音有所不同：前者“务”读去声；后者“务”读轻声。2.词性不同：前者是形容词；后者是名词。3.指称对象不同：前者指“军队中担任特殊任务的”；后者指“参加国内或国外反动组织，并经过特殊训练，从事情报工作和颠覆破坏等活动的人”。4.感情色彩不同：前者是中性词，不含褒贬的色彩；后者是贬义词，带憎恨、鄙视的感情。5.有无近义词不同：前者没有近义词；后者有近义词“特工、间谍”等。

【辨读】师长得知特务（tèwù）营里隐藏着敌人的特务（tè·wu），就将计就计，铲除了隐患。

替手㊀tì//shǒu ㊁tì·shǒu

替手㊀ tì//shǒu 〈动〉替换着做事儿。

【用法】1.作谓语。例 孩子大了，该给父母～了。2.加“的”作定语。例 到这时候了，～的人还没来。中间可插入其他词语。例 他太累了，你去给他替一下手。

【构成】支配式离合词

【近义】替换、接手

替手㊁ tì·shǒu 〈名〉替换的人。

【用法】1.作主语。例 ～是个年轻的姑娘。2.作宾语。例 他给厨师当～。3.加“的”作定语。例 ～的手头功夫不比他差。4.构成介宾短语作状语。例 好不容易把～等来了。

【构成】偏正式合成词

【辨析】两者主要区别是：1.读音不同：前者“手”读上声；后者“手”一般读轻声，有时也可读上声。2.构词方式及使用情况不同：前者构成支配式离合词，中间可插入其他词语；后者构成偏正式合成词，中间不能插入其他词语。3.表义功能不同：前者表示动作义，指“替换着做事”；后者表示名物义，指“替换的人”。

【辨读】他一个人忙不过来想找个人替手（tìshǒu），但农忙季节替手（tì·shǒu）真不好找。

填房㊀tián//fáng ㊁tián·fang

填房㊀ tián//fáng 〈动〉指女子嫁给死了妻子的人。

【用法】1.作谓语。例 她正好给那男人～。2.加“的”作定语。例 这个～的女子原先是张家的媳妇。3.构成介宾短语作状语。例 她对于～是连想也没想过的。4.作主语，或构成“的”字短语作主语。例 对她来说，～是万不得已的事。｜～的是附近村子里的一个年轻寡妇。5.作宾语，或构成“的”字短语作宾语。例 她无论如何也不想～。｜她是个～的。中间可插入其他词语。例 这女人给他填了房。

【构成】支配式离合词

【近义】续弦

填房㊁ tián·fang〈名〉指前妻死后续娶的妻子。

【用法】1.作主语。例～是个年轻的女人。2.作宾语。例她不愿意做人家的～。3.加"的"作定语。例她算是尝到了当～的滋味。4.构成介宾短语作状语。例这男人对～不是打就是骂。

【构成】偏正式合成词

【近义】继配、继室

【辨析】两者主要区别是:1.读音有所不同:前者"房"读阳平;后者"房"读轻声。2.词语构成及使用方式不同:前者构成支配式离合词,中间可插入其他词语;后者构成偏正式合成词,中间不能插入其他词语。3.表义功能不同:前者用于动作义;后者用于名物义。4.近义词不同:前者的近义词是"续弦";后者的近义词是"继配、继室"。

【辨读】那个男人的填房(tián·fang)是个年轻漂亮的女子,她给人填房(tiánfáng)实在是万不得已。

挑刺㊀tiāo∥cìr㊁tiǎo∥cì

挑刺儿㊀ tiāo∥cìr〈动〉挑剔;指摘(言语行动方面的缺点)。

【用法】用于方言。1.作谓语。例他尽给人家～。2.加"的"作定语。例他是个喜欢～的人。3.作主语,或构成"的"字短语作主语。例他的～加深了两人之间的矛盾。|～的是车间副主任。4.作宾语,或构成"的"字短语作宾语。例他不怕人家～。|他是个爱～的。

中间可插入其他词语。例你别尽挑人家的刺儿了。

【构成】支配式离合词

【近义】挑剔、指摘

挑刺㊁ tiǎo∥cì〈动〉用细长或尖的东西由里向外把刺挑出来。

【用法】1.作谓语。例老伴用针给我～。2.加"的"作定语。例他～的手一个劲地发抖,怎么也挑不出刺来。3.作主语,或构成"的"字短语作主语。例～要数姐姐最拿手。|帮我～的是小芬。4.作宾语。例他忙着为我～。

中间可插入其他词语。例她用针给我挑了一根刺。

【构成】支配式离合词

【辨析】两者词性、构词方式、语法功能均相同。区别在于:1.读音有所不同:前者"挑"读阴平;后者"挑"读上声。2.词义着重点不同:前者多表示言语动态;后者表示手的动作。3.感情色彩不同:

前者是贬义词，带厌恶、鄙视的感情；后者是中性词，不含褒贬的色彩。4.有无近义词不同：前者有近义词“挑剔、指摘”；后者没有近义词。

【辨误】“刺”左边是朿，不写作束。

【辨读】她平时最怕用针挑刺(tiǎocì)，更不喜欢别人给她挑刺儿(tiāocìr)。

挑着㊀tiāo·zhe㊁tiǎo·zhe

挑着㊀ tiāo·zhe〈动〉扁担等两头挂上东西用肩支着。也比喻担任着、承担着(工作、责任)。

【用法】1.作谓语，可带宾语。例 他肩上～一担谷子。2.加“的”作定语。例 他担任卫星发射中心的总指挥，深感自己肩上～的担子的沉重。

有时可反复使用。例 他～，～，渐渐放慢了速度。

【构成】补充式合成词

挑着㊁ tiǎo·zhe〈动〉①用竹竿等的一头支着。

【用法】1.作谓语，可带宾语。例 竹竿上～一面旗子。2.加“的”作定语。例 杆子上～的纸旗被风吹得哗啦哗啦响。3.构成“的”字短语作主语。例 竿子顶端～的是一面太阳旗。

②用细长的东西拨着。

【用法】作谓语，可带宾语。例 母亲用针尖为我～手上的刺。

有时可反复使用。例 她用针～，～，还是挑不出来。

【构成】补充式合成词

【辨析】两者词性、构词方式相同。区别在于：1.读音有所不同：前者“挑”读阴平；后者“挑”读上声。2.词义着重点不同：前者表示肩膀的动作；后者多表示手的动作。3.适用对象不同：前者施动的对象是“担子”等；后者施动的对象是“旗子、刺”等。4.词语修辞方式不同：前者可用于比喻担任着、承担着(工作、责任)，是运用借喻的修辞方式；后者没有比喻的用法。

【辨读】他俩挑着(tiāo·zhe)行李来到县城里，看见一家饭店挑着(tiǎo·zhe)一面旗子，上面写着“金福饭店”，便走了进去。

同行㊀tónghánɡ㊁tónɡxínɡ

同行㊀ tónghánɡ ①〈动〉干同一个行业。

【用法】用于指行业。1.作谓语。例 他们两人～。2.加“的”作定语。例 我们都是～的人。3.构成“的”字短语作主语。例 ～的聚在一起，说起话来特别投机。

②〈名〉同一行业的人。

【用法】用于某种人。1.作主语。例 ～们对他的做法十分赞赏。

2. 作宾语。例在座的都是～。3. 加"的"作定语。例他的见义勇为受到领导和～的普遍赞誉。4. 构成介宾短语作状语。例他对这些～十分关心。

【构成】①支配式合成词；②偏正式合成词

同行㊁ tóngxíng 〈动〉一起行走。

【用法】用于行动方式。1. 作谓语。例三人～，必有我师。2. 加"的"作定语。例这次到黄山，～的人还有十多个。3. 构成"的"字短语作主语。例他这次去法国，～的有他的夫人和秘书。4. 作宾语。例他不赞成这么多人～。

【构成】偏正式合成词

【辨析】两者主要区别是：1. 读音有所不同：前者"行"读 háng；后者"行"读 xíng。2. 词性有所不同：前者是动词、名词；后者只作动词。3. 词义不同：前者是多义词，指"行业相同，同行业的人"；后者是单义词，表示"一起行走"。

【辨读】她这次欧洲之行，同行(tóngxíng)的人中有三位是同行(tóngháng)。

透亮㊀tòu·liang㊁tòu//liàngr

透亮㊀ tòu·liang 〈形〉①明亮；透明。

【用法】多用于光线。1. 作谓语。例这间房子～。2. 加"的"作定语。例这是一间～的客厅。3. 作补语，要用"得"。例窗户打开了，房间变得～。

②明白。

【用法】多用于心情。1. 作谓语。例你这么一说，我心里就～了。2. 作补语，要用"得"。例听他一席话，我心里变得～。

【构成】偏正式合成词

【近义】①豁亮、明亮、通亮、通明；②豁朗、明白、明了

【反义】①黑暗、昏暗；②糊涂、模糊

透亮儿㊁ tòu//liàngr 〈动〉透过光线。

【用法】1. 作谓语。例窗门紧闭，无法～。2. 加"的"作定语。例这是不能～的黑色灯芯绒，可做窗帘布。

中间可插入其他词语。例开门透点亮儿，就看得清路了。

【构成】支配式离合词

【辨析】两者主要区别是：1. 读音有所不同：前者"亮"轻声；后者"亮"读去声。2. 词语构成及使用方式不同：前者构成偏正式合成词，不儿化，中间不能插入其他词语；后者构成支配式离合词，儿化词，中间能插入其他词语。3. 表义功能不同：前者用于形容义；后者用于动作义。4. 有无近义、反义词不同：前者有近义词"豁亮、明亮、通亮、通明，豁朗、明白、明了"，反义

词“黑暗、昏暗，糊涂、模糊”；后者没有近义词和反义词。

【辨读】他住在这间无法透亮儿（tòu//liàngr）的房子里，心里却十分透亮（tòu·liang）。

图书㊀túshū㊁tú·shu

图书㊀ túshū〈名〉图片和书刊，一般指书籍。

【用法】多用于书面语。1.作主语。例这些科技～是最新出版的。2.作宾语。例新华书店有不少文史类～。3.常加“的”作定语。例～目录正在编制。|近年来，～的价格不断上涨。4.构成介宾短语作状语。例她对这套～特别珍惜。

【构成】并列式合成词

【近义】书籍

图书㊁ tú·shu〈名〉指图章。

【用法】用于口语。1.作主语。例这枚～是他的。2.作宾语。例他刻了一枚篆字～。3.常加“的”作定语。例这枚～的研究价值很高。4.构成介宾短语作状语。例他将～送给了我。

【构成】并列式合成词

【近义】图章、印章

【辨析】两者词性、构词方式、语法功能相同。区别在于：1.读音有所不同：前者“书”读阴平；后者“书”读轻声。2.指称对象不同：前者泛指“书籍”；后者指“图章”。3.近义词不同：前者的近义词是“书籍”；后者的近义词是“图章、印章”。4.语体色彩不同：前者多用于书面语；后者用于口语。

【辨读】他家书房里的所有图书（túshū），扉页上都盖了他自己雕刻的图书（tú·shu）。

土地㊀tǔdì㊁tǔ·di

土地㊀ tǔdì〈名〉①田地。

【用法】1.作主语。例这片～十分肥沃。2.作宾语。例他家分得了两亩～。3.常加“的”作定语。例如今，他成了这块～的主人。4.构成介宾短语作状语。例兄弟俩在这块～上种上了庄稼。

②疆域。

【用法】1.作主语。例我国的～十分辽阔。2.作宾语。例我们决不能让侵略者占领我国的一寸～。3.常加“的”作定语。例大片～的沦丧，使他悲愤至极，寝食难安。4.构成介宾短语作状语。例帝国主义者对这块～早就垂涎三尺。

【构成】并列式合成词

【近义】①田地；②国土、疆土、疆域、领土

土地㊁ tǔ·di〈名〉迷信传说中指管一个小地区的神。也叫土地老或土地爷。

【用法】1.作主语。例～显灵谁见

过？2. 作宾语。例 庙堂上供着一尊～。3. 作定语。例 村子东头有一座～庙。4. 构成介宾短语作状语。例 几个迷信的老人正在给～烧香磕头。

【构成】并列式合成词

【辨析】两者词性、构词方式、语法功能相同。区别在于：1. 读音有所不同：前者“地”读去声；后者“地”读轻声。2. 词义不同：前者是多义词，指“田地，疆域”；后者是单义词，作迷信用语。3. 有无近义词不同：前者有近义词“田地，国土、疆土、疆域、领土”；后者没有近义词。

【辨读】老魏家承包的三亩土地(tǔdì)在村子东头，附近有座土地(tǔ·di)庙。

W

外传㊀wàichuán ㊁wàizhuàn

外传㊀ wàichuán〈动〉①向外传播散布。

【用法】1. 作谓语。例 这件事只有咱们两人知道，不要～。2. 加“的”作定语。例 这种事～的结果影响很不好。3. 作主语。例 这件事的～对你很不利。4. 作宾语。例 你俩之间的事，我不想～。②外界传说。

【用法】1. 作谓语。例 ～你们的事，不要理它。2. 加“的”作定语。例 ～的事我都知道了。3. 作主语。例 这些～纯粹是捕风捉影。4. 作宾语。例 你们不要相信～。

【构成】偏正式合成词

外传㊁ wàizhuàn〈名〉旧指正史以外的传记。

【用法】1. 作主语。例 这部～是根据民间传说写成的。2. 作宾语。例 这是一部由口述材料整理成的～。3. 常加“的”作定语。例 他是这本～的作者。4. 构成介宾短语作状语。例 人们对这部～评价很高。

【构成】偏正式合成词

【反义】正史

【辨析】两者构词方式相同。区别在于：1. 读音有所不同：前者“传”读 chuán；后者“传”读 zhuàn。2. 词性不同：前者是动词；后者是名词。3. 词义不同：前者是多义词，表示事物动态；后者是单义词，表示事物名称。4. 有无反义词不同：前者没有反义词；后者有反义词“正史”。5. 语法功能有所不同：前者在句子中除作定语、主语、宾语外，通常作谓语；后者在句子中作定语、主语、宾语，并构成介宾短语作状语。

【辨读】这部外传（wàizhuàn）几年前外传（wàichuán）后，在国际上引起很大反响。

外道㊀wàidào ㊁wài·dao

外道㊀ wàidào〈名〉佛教用语，指不合佛法的教派。

【用法】1.作主语。例～如此之多，怎生了得？2.作宾语。例这些地方出现了～。3.常加"的"作定语。例这～的信徒还真不少。4.构成介宾短语作状语。例他对这些～深恶痛绝，却无可奈何。用于成语"邪魔外道"（原是佛教用语，指妨害正道菩提的邪说和行为。引申指妖魔鬼怪）。1.作主语。例邪魔～诱惑不了他。2.作宾语。例他不信邪魔～。

【构成】偏正式合成词

【近义】歪道

外道㊁ wài·dao〈形〉指礼节过于周到反而显得疏远；见外。

【用法】1.作谓语。例有什么困难就告诉我，别那么～。2.作定语。例自己人何必说～话。

【构成】偏正式合成词

【近义】见外、生分、疏远

【反义】亲近、亲密

【辨析】两者构词方式相同。区别在于：1.读音有所不同：前者"道"读去声；后者"道"读轻声。2.词性不同：前者是名词；后者是形容词。3.词义不同：前者是多义词，表示事物名称；后者是单义词，表示人情状态。4.近义、反义词不同：前者的近义词是"歪道"，后者的近义词是"见外、生分、疏远"；前者一般没有反义词，后者有反义词"亲近、亲密"。5.语法功能有所不同：前者在句子中作主语、宾语、定语，并构成介宾短语作状语；后者在句子中除作定语外，通常作谓语。

【辨读】他已经成了外道（wàidào）的信徒，怪不得说起话来总是那么外道（wài·dao）。

完了㊀wán·le ㊁wánliǎo

完了㊀ wán·le ①〈连〉用于句中，表示两件事相承接，依次发生。

【用法】用于口语。作状语。例下了班先接孩子，～还得买菜做饭。

②〈动〉消耗尽了；没有剩余的。

【用法】1.作谓语。例信纸～。2.作补语。例事情做～。

③〈动〉交纳了（赋税）。

【用法】多作谓语，可带宾语。例他那辆摩托车上半年的牌照税已经～。| 他到税务所～全年的所得税。

【构成】补充式合成词

【近义】①然后；②没了；③交了

完了㊁ wánliǎo〈动〉（事情）完结；

结束。

【用法】多作谓语。例 事情还没～。|这事已经～,不要再和她计较了。

【构成】并列式合成词

【近义】结束、了结、完毕、终结、终了(liǎo)

【反义】开始

【辨析】两者都含"完结"的意思。区别在于:1.读音有所不同:前者"了"读 le;后者"了"读 liǎo。2.构词方式不同:前者构成补充式合成词;后者构成并列式合成词。3.词义着重点不同:前者着重指"两件事依次发生,消耗尽了,交纳了",表示动作的完成和事情的结果;后者指"完结,结束",表示事态的终结。4.近义、反义词不同:前者有近义词"然后,没了,交了",没有反义词;后者有近义词"结束、了结、完毕、终结、终了",反义词"开始"。

【辨读】该做的事情都做完了(wán·le),但这起房产纠纷还没完了(wánliǎo)。

遗赠㈠wèizèng ㈡yízèng

遗赠㈠ wèizèng〈动〉赠送。

【用法】用于书面语。1.作谓语。例 公子～以千金。2.作定语。例 这些都是明公～之物。3.作宾语。例 学生承蒙～,万分感激。

【构成】并列式合成词

【近义】送给、赠送、赠予

遗赠㈡ yízèng〈动〉以遗嘱形式将其财产赠给国家、集体或法定继承人以外的人。

【用法】用于书面语。1.作谓语。例 他将大部分财产～给国家。2.加"的"作定语。例 她～的财产达数千万元。3.作宾语。例 他不愿接受先生的～。

【构成】偏正式合成词

【辨析】两者词性、语法功能相同,都含"赠送"的意思。区别在于:1.读音有所不同:前者"遗"读 wèi;后者"遗"读 yí。2.构词方式不同:前者构成并列式合成词;后者构成偏正式合成词。3.词义着重点不同:前者泛指"赠送财物";后者特指"以遗嘱形式将其财产赠给国家、集体或法定继承人以外的人"。4.有无近义词不同:前者有近义词"送给、赠送、赠予";后者一般没有近义词。

【辨读】他的这套房子是岳父遗赠(wèizèng)的,不是侨居国外的堂叔遗赠(yízèng)的。

温和㈠wēnhé ㈡wēn·huo

温和㈠ wēnhé〈形〉①(气候)不冷不热。

【用法】1.作谓语。例 这里的气候很～。2.常加"的"作定语。例 ～

的气候适宜水稻生长。3.作补语，要用“得”。例 炉火生起来了，屋子里渐渐变得～了。

②(性情、态度、言语等)不严厉，不粗暴，使人感到亲切。

【用法】1.作谓语，可带补语。例 母亲依然那么～，那么慈祥。|近来他的态度～多了。2.加“的”作定语。例 奶奶是一个非常～的人。3.加“地”作状语。例 妻子～地劝告他别再赌博了。4.作补语，要用“得”。例 他说话的语气变得～多了。

【构成】并列式合成词

【近义】①暖和、温暖；②和蔼、和气、和善、温顺

【反义】①寒冷；②暴躁、粗暴、凶暴、严厉

温和㊁ wēn•huo〈形〉(物体)不冷不热。

【用法】1.作谓语。例 水还～呢，快洗吧。2.加“的”作定语。例 他喝下了一碗～的稀粥。3.作补语，要用“得”。例 不一会儿，滚热的开水就变得～了。

【构成】并列式合成词

【反义】冰冷、冰凉

【辨析】两者词性、构词方式相同，都含“不冷不热”的意思。区别在于：1.读音有所不同：前者“和”读hé；后者“和”读 huo。2.词语修饰对象不同：前者用于形容“气候、性情、态度、言语”等；后者用于形容物体等。3.近义、反义词不同：前者的近义词是“暖和、温暖，和蔼、和气、和善、温顺”，后者没有近义词；前者的反义词是“寒冷，暴躁、粗暴、凶暴、严厉”，后者的反义词是“冰冷、冰凉”。

【辨读】妻子端上一盆温和(wēn•huo)的洗脚水，温和(wēnhé)地劝他快洗吧，别再酗酒了。

文气㊀wénqì ㊁wén·qi

文气㊀ wénqì〈名〉贯穿在文章里的气势；文章的连贯性。

【用法】1.作主语。例 这篇文章的～贯通，用词优美生动。2.作宾语。例 他写的散文很有～。3.常加“的”作定语。例 这篇报告文学～的优雅令人惊叹。4.构成介宾短语作状语。例 他写文章时对～特别讲究。

【构成】偏正式合成词

文气㊁ wén•qi〈形〉文静；不粗野。

【用法】1.作谓语，可带补语。例 姑娘的举止很～。|他的态度～得很。2.加“的”作定语。例 这是一个～的年轻人。3.加“地”作状语。例 小伙子～地坐着，等待客人到来。4.作补语，要用“得”。例 姑娘的态度变得很～。5.作宾语。例 他是那么～。

【构成】附加式合成词

【近义】温和、斯文、文静、文雅

【反义】暴躁、粗暴、粗野

【辨析】两者主要区别是:1.读音有所不同:前者"气"读去声;后者"气"读轻声。2.构词方式不同:前者构成偏正式合成词;后者构成附加式合成词。3.词性不同:前者是名词;后者是形容词。4.词义不同:前者用于写作方面;后者多用于形容人的性情、态度。5.有无近义、反义词不同:前者一般没有近义词和反义词;后者有近义词"温和、斯文、文静、文雅",反义词"暴躁、粗暴、粗野"等。6.语法功能及要求有所不同:前者在句子中作主语、宾语、定语,须构成介宾短语作状语;后者在句子中除作定语、宾语外,通常作谓语、状语、补语。

【辨读】这位年轻人举止言谈文气(wén·qi)得很,他写的文章特别有文气(wénqì)。

乌拉㊀wūlā ㊁wù·la

乌拉㊀ wūlā〈名〉①西藏民主改革前,农奴为官府或农奴主所服的各种劳役。

【用法】1.作主语。例 ~是农奴的一项繁重负担。2.作宾语。例 他父亲长年为领主支应~,劳累而死。3.常加"的"作定语。例 祖父经不起~的折磨,很早就去世了。4.构成介宾短语作状语。例 他年轻时被~累弯了腰,成了驼背。

②为农奴主服各种劳役的人。

【用法】1.作主语。例 这些~都是年轻力壮的小伙子。2.作宾语。例 他是为农奴主做杂役的~。3.常加"的"作定语。例 旧社会,~的苦难向谁倾诉?4.构成介宾短语作状语。例 农奴主对这些~十分残暴。

【构成】音译单纯词

乌拉㊁ wù·la〈名〉东北地区冬天穿的用皮革制成的鞋,里面垫乌拉草。

【用法】1.作主语。例 这~既柔软又能保暖。2.作宾语。例 他脚上穿着一双~。3.常加"的"作定语。例 这种~的保暖性能很好。4.构成介宾短语作状语。例 她把~亲手穿在我的脚上。

【构成】音译单纯词

【辨析】两者词性、构词方式、语法功能均相同。区别在于:1.读音有所不同:前者"乌"读阴平,后者"乌"读去声;前者"拉"读阴平,后者"拉"读轻声。2.指称对象不同:前者指"所服的各种劳役",也指"服这种劳役的人";后者指"鞋"。3.词源不同:前者是藏语音译词;后者是满语音译词。

【辨读】当年他为领主支应乌拉

(wūlā),冬天里连一双像样的乌拉(wù·la)都没得穿。

X

悉数㊀xīshǔ ㊁xīshù

悉数㊀ xīshǔ〈动〉一一数出;完全列举。

【用法】用于书面语。1.作谓语,可带宾语。例 为了说明这个问题,他～了大量数据。2.加"的"作定语。例 妇女们～的大量罪行迫使恶霸不得不低头认罪。

【构成】偏正式合成词

【近义】尽数(shǔ)

悉数㊁ xīshù〈副〉全数;全部。

【用法】用于书面语。作状语。例 他将所借图书～奉还。

【构成】偏正式合成词

【近义】尽数(shù)、全部、全数

【辨析】两者构词方式相同。区别在于:1.读音有所不同:前者"数"读上声;后者"数"读去声。2.词性不同:前者是动词;后者是副词。3.词义不同:前者表示言语动态;后者表示数量范围。4.近义词不同:前者的近义词是"尽数";后者的近义词是"尽数,全部,全数"。5.语法功能不同:前者在句子中主要作谓语、定语;后者在句子中通常作状语。

【辨读】董事长悉数(xīshǔ)了她所犯的错误,她悉数(xīshù)承认并表示诚心悔改。

媳妇㊀xífù ㊁xí·fu

媳妇㊀ xífù〈名〉也说媳妇儿。①儿子的妻子。也叫儿媳妇。

【用法】1.作主语。例 ～对公公婆婆十分孝敬。2.作宾语。例 这是她的～。3.常加"的"作定语。例 ～的孝敬使两位老人乐得合不拢嘴。4.构成介宾短语作状语。例 婆婆对～十分疼爱。

②晚辈亲属的妻子(前面加晚辈称呼)。

【用法】1.作主语。例 孙～们大清早就来到堂前为老人祝寿。2.作宾语。例 老人逢人便夸奖他的侄～。3.常加"的"作定语。例 孙～的敬老事迹在这一带传为佳话。

【构成】偏正式合成词

【近义】①儿媳

媳妇㊁ xí·fu〈名〉也说媳妇儿。①指妻子。

【用法】用于方言。1.作主语。例 他的～是个很能干的女人。2.作宾语。例 小伙子娶了个年轻漂亮的～。3.常加"的"作定语。例 他

那～的贤惠在方圆几十里是出了名的。4.构成介宾短语作状语。例他正在同～商量买房的事。

②泛指已婚的年轻妇女。

【用法】用于方言。1.作主语。例～们聚在一起,各自诉说着自己男人的短处。2.作宾语。例花轿里坐着新～。3.常加"的"作定语。例这新～的打扮十分引人注目。4.构成介宾短语作状语。例老大爷被一群年轻的～们围住了,非要他表演个节目才算完。

【构成】偏正式合成词

【近义】①妻子;②少妇

【辨析】两者词性、构词方式、语法功能相同。区别在于:1.读音有所不同:前者"妇"读去声;后者"妇"读轻声。2.指称对象不同:前者指"儿子或其他晚辈亲属的妻子";后者指"妻子,已婚的年轻妇女"。3.词语归属不同:前者是普通话词语;后者是方言词语。4.近义词不同:前者第①义项的近义词是"儿媳";后者的近义词是"妻子,少妇"。

【辨读】他的媳妇(xí·fu)儿和儿媳妇(xífù)一直相处得很好,婆媳关系十分和谐。

下来㊀xià//·lái ㊁//·xià//·lái

下来㊀ xià//·lái 〈动〉①由高处到低处来。

【用法】1.作谓语,可带宾语、补语。例他从山上～。|县里～了两位干部。|她从楼上～很久了。2.加"的"作定语。例刚才～的人是谁?3.构成"的"字短语作主语。例昨天～的是省里的干部。4.作宾语。例她在楼上不想～。中间可插入"得、不"。例梯子被抽走,他怎么下得来?|她被堵在楼上,下不来了。

②农作物成熟或收获。

【用法】1.作谓语,可带宾语、补语。例再过一个月,芙蓉李就～了。|前不久～了枇杷,现在又忙着摘桃子。|早稻～多时了。2.加"的"作定语。例～的苹果全部销往外省。3.构成"的"字短语作主语。例～的是水蜜桃。

③表示一段时间终结。

【用法】用于时间词语后,作插入语。例一年～,他赚了不少。|几天～,她累得筋疲力尽。

【构成】并列式离合词

【反义】上去

下来㊁ //·xià//·lái 〈动〉①用在动词后,表示由高处向低处或由远处向近处来。

【用法】作补语。例洪水从山下冲～。|他沿着河边走～。动词后可插入"得、不"。例东西挂得那么高,怎么拿得～?|行李

放在楼上，背不～。

两字之间可插入宾语。例 上级又派下新的任务来。

②用在动词后，表示从过去继续到现在或从开始继续到最后。

【用法】作补语。例 这些神话从古代流传～。|他克服了重重困难，终于坚持～了。

③用在动词后，表示动作的完成或结果。

【用法】作补语。例 你把这些情况记录～。|汽车在路边停了～。

动词后可插入“得、不”。例 他讲得那么快，你记得～吗？|这么多活儿，两天做不～。

两字之间可插入宾语。例 你们想办法拿下这个项目来。

④用在形容词后，表示开始出现并继续发展。

【用法】作补语。例 教室里很快安静～。|灯光渐渐暗～。

【构成】支配式离合词

【辨析】两者词性相同，都含“由高处到低处来”的意思。区别在于：1.读音不同：前者中间没有插入其他成分时，“来”读轻声，中间插入“得、不”时，“来”读阳平；后者两字紧接动词后时，都读轻声，动词后插入“得、不”时，“下”读去声，“来”读阳平，两字之间再加宾语时，“下”读去声，“来”读轻声。2.词语使用方式不同：前者可单独使用；后者须与动词或形容词连用。3.词义有所不同：前者除表示“由高处到低处来”，还指“农作物成熟或收获”，“一段时间终结”；后者除表示“由高处到低处来”外，还指“由远处向近处来，从过去继续到现在或从开始继续到最后”，“动作的完成或结果，开始出现并继续发展”。4.语法功能不同：前者在句子中作谓语、定语、主语、宾语；后者用在动词或形容词后作补语。

【辨读】他挑着两筐刚刚摘下来（•xia•lai）的柚子，从山上下来（xià•lai）了。

下去㊀xià//•qù ㊁//•xià//•qù

下去㊀ xià//•qù〈动〉由高处到低处去。

【用法】1.作谓语，可带宾语、补语。例 这个山洞从这儿～。|车上～了两个人。|从斜井～一百米，就到工作面。2.加“的”作定语。例 他经常～的那个乡已经摘掉了贫困乡的帽子。3.构成“的”字短语作主语。例 ～的多是市直机关的干部。4.作宾语。例 洞里阴森森的，她不敢～。

中间可插入“得、不”。例 井这么深，谁下得去？|地下室阴森森的，没有梯子下不去。

【构成】并列式离合词

【反义】上来、上去

下去㊁ //·xià//·qù〈动〉①用在动词后，表示由高处向低处或由近处向远处去。

【用法】作补语。例 战士们从山上冲～，很快占领了敌人的阵地。|你可以顺着这条路一直走～。

动词后插入“得、不”。例 山路这么崎岖，如何走得～？|没有重机枪，敌人的火力压不～。

两字之间可插入宾语。例 泉水从这儿流下山去。

②用在动词后，表示事情继续进行。

【用法】作补语。例 情况再困难，你也要坚持～。|你们要好好生活～。

动词后插入“得、不”。例 这么多酒怎么喝得～？|课堂乱哄哄的，课实在讲不～。

③用在形容词后，表示某种状况已经存在并将继续发展。

【用法】作补语。例 他的身体一天天瘦～。|天气渐渐冷～。

【构成】并列式离合词

【辨析】两者词性相同，都可表示“由高处向低处去”的意思。区别在于：1.读音不同：前者中间没有插入其他成分时，“去”读轻声，中间插入“得、不”时，“去”读去声；后者两字紧接动词后时，都读轻声，动词后插入“得、不”时，两音都读去声，两字之间再加宾语时，“下”读去声，“去”读轻声。2.词语使用方式不同：前者可单独使用；后者须与动词或形容词连用。3.词义范围不同：前者只表示“由高处向低处去”，词义范围窄；后者除表示“由高处到低处”外，还表示“由近处向远处去，事情继续进行，某种状况已经存在并将继续发展”，词义范围宽。4.语法功能有所不同：前者在句子中作谓语、定语、主语、宾语；后者用在动词或形容词后作补语。

【辨读】咱们从楼梯走下去（·xia·qu）太慢了，还是到那边乘电梯下去（xià·qu）吧。

下水㊀xiàshuǐ㊁xià//shuǐ ㊂xià·shui

下水㊀ xiàshuǐ〈动〉（船）向下游航行。

【用法】常加“的”作定语。例 这艘船～的时候遇上了猛烈的台风。

【构成】支配式合成词

【近义】下行（xíng）

【反义】上水、上行（xíng）

下水㊁ xià//shuǐ〈动〉①进入水中。

【用法】1.作谓语。例 这艘新船即将～。2.作定语。例 船埠上正在举行新船～典礼。3.构成介宾短语作状语。例 修好的那艘外轮在

～后第三天离开了三都港。4.作主语，或构成“的”字短语作主语。例 台风将临，新船的～只好推迟。|昨天～的是一艘大型运输舰。

中间可插入其他词语。例 新船已经下了水。

②把某些纺织品、纤维等浸在水中使收缩。

【用法】1.作谓语，可带补语。例 这块布料要～。|这件新衣服已经～过一次了。2.加“的”作定语。例 这些多次～的布料一般不会再收缩。3.构成介宾短语作状语。例 这件上衣在～后短了一寸。4.作主语，或构成“的”字短语作主语。例 今天没空，衣料的～等明天再说吧。|～的是一件呢大衣。

中间可插入其他词语。例 这条毛毯已经下过水。

③比喻堕落，干坏事。

【用法】用于贬义。1.作谓语或构成兼语短语作谓语。例 在金钱诱惑下，他终于～了。|坏人千方百计拖他～。2.加“的”作定语。例 ～的人往往是一些意志薄弱者。3.构成介宾短语作状语。例 他因为～被开除党籍。4.作主语，或构成“的”字短语作主语。例 这些干部的～在社会上造成极其恶劣的影响。|～的竟然是一个参加革命多年的老干部。

中间可插入其他词语。例 他被坏人拖下了水。

【构成】支配式离合词

【近义】②浸水；③堕落

下水㊂ xià·shui 〈名〉供食用的牲畜内脏，有些地区专指肚（dǔ）子和肠子。

【用法】1.作主语。例 猪～近日市场上买不到。2.作宾语。例 肉摊上摆着不少～。3.常加“的”作定语。例 她向母亲请教～的烹饪方法。4.构成介宾短语作状语。例 他正在对这些～进行加工。

【构成】偏正式合成词

【近义】上水

【辨析】三者主要区别是：1.读音有所不同：㊀㊁者“水”读上声；后者“水”读轻声。2.词语构成及使用方式不同：前者构成支配式合成词，中间不能插入其他词语；㊁者构成支配式离合词，中间能插入其他词语；后者构成偏正式合成词，中间不能插入其他词语。3.表义功能不同：前者用于动作义，指“（船）向下游航行”；㊁者用于动作义，指“（船等）进入水中，纺织品、纤维等浸入水中使收缩，比喻堕落干坏事”；后者用于名物义，指“供食用的牲畜内脏”。4.近义词不同：前者的近义词是

“下行（xíng）”；㊀者的近义词是“浸水，堕落”；后者的近义词是“上水”。5.词语修辞方式不同：㊀者可用于比喻堕落干坏事，是运用借喻的修辞方式；前者和后者没有比喻的用法。

【辨读】这艘新轮船下水（xià// shuǐ）的第二天就要离开大连港下水（xiàshuǐ）了，轮机长特地从家里带来了不少船员们喜欢吃的下水（xià·shui）。

下子㊀xià//zǐ ㊁xià·zi

下子㊀ xià//zǐ〈动〉也说下子儿。①播下种子。

【用法】1.作谓语。例 农民们正在地里～。2.常加“的”作定语。例 那块地～的人是老王。3.构成介宾短语作状语。例 他因为～没有按时收工。4.作宾语。例 今天他忙着～。

中间可插入其他词语。例 这块地已下了子。

②产卵。

【用法】1.作谓语。例 这只大鲤鱼正在～。2.常加“的”作定语。例 眼下正是黄鱼～的季节。3.构成介宾短语作状语。例 这群鱼为了～向深海游去。4.作宾语。例 它们这是在～。

中间可插入其他词语。例 这只鲫鱼正在下着子儿。

③落下棋子。

【用法】1.作谓语。例 对方还没～呢。2.加“的”作定语。例 他～的速度比谁都快。3.构成介宾短语作状语。例 他因为～没有按时收工。4.作宾语。例 他正准备～。

【构成】支配式离合词

【近义】①播种、下种；②产卵、甩子；③落子

下子㊁ xià·zi〈量〉①用于动作的次数。

【用法】用于动词及数词后面。作补语。例 钟敲了三～。

②用在“两、几”后面，表示本领、技能。

【用法】常和“两、几”连用。1.作主语。例 你这几～能吓唬谁？2.作宾语。例 他的确有两～。3.构成介宾短语作状语。例 他不把她这两～放在眼里。

【构成】附加式合成词

【辨析】两者主要区别是：1.读音有所不同：前者“子”读上声；后者“子”读轻声。2.词语构成及使用方式不同：前者构成支配式离合词，中间可插入其他词语；后者构成附加式合成词，中间不能插入其他词语。3.词性不同：前者是动词；后者是量词。4.词义不同：前者表示动作行为；后者表示动量。5.有无近义词不同：前者有

近义词“播种、下种，产卵、甩子，落子”；后者没有近义词。

【辨读】大伯在地里下子（xiàzǐ）又快又好，真有两下子（xià·zi）。

相应㊀xiāngyīng ㊁xiāngyìng

相应㊀ xiāngyīng 〈动〉旧式公文用语。应该。

【用法】1. 作谓语。例 如此做法，实不～。2. 作状语。例 一经做出决定，～函达。

【构成】偏正式合成词

【近义】应当、应该

相应㊁ xiāngyìng 〈动〉互相呼应或照应；相适应。

【用法】1. 作谓语。例 这篇文章首尾～。2. 加“的”作定语。例 职称评定后，每个人将凭自己的职称获得～的工资待遇。3. 加“地”作状语。例 情况变了，工作方法也要～地改变。

【构成】偏正式合成词

【近义】呼应、适应、照应

【辨析】两者构词方式相同。区别在于：1. 读音有所不同：前者“应”读阴平；后者“应”读去声。2. 词性不同：前者是能愿动词；后者是普通动词。3. 词义不同：前者指“应该”，是旧式公文用语；后者指“互相呼应或照应，相适应”，表示事物动态。4. 近义词不同：前者的近义词是“应当、应该”；后者的近义词是“呼应、适应、照应”。

【辨读】货品价钱便宜就相应（xiāngyìng）地多买，此做法未必相应（xiāngyīng）。

想法㊀xiǎng//fǎ ㊁xiǎng·fǎ

想法㊀ xiǎng//fǎ 〈动〉设法；想办法。

【用法】作谓语，或构成连动短语作谓语。例 资金不够，他正在～。| 这些问题一定要～解决。

中间可插入其他词语。例 他想了个法来解决这个问题。

【构成】支配式离合词

【近义】设法

想法㊁ xiǎng·fǎ 〈名〉思考的结果；意见。

【用法】1. 作主语。例 你的～很切合实际。2. 作宾语。例 你们每个人都谈谈自己的～。3. 常加“的”作定语。例 领导肯定了他～的思路正确。4. 构成介宾短语作状语。例 他对我的～表示赞同。

【构成】偏正式合成词

【近义】念头、意见

【辨析】两者主要区别是：1. 读音有所不同：前者“法”读上声；后者“法”一般读轻声，有时也可读上声。2. 构词方式不同：前者构成支配式离合词，中间可插入其他词语；后者构成偏正式合成词，中间不能插入其他词语。3. 词性不同：

前者是动词;后者是名词。4.词义不同:前者表示心理动态;后者表示事物名称。5.近义词不同:前者的近义词是“设法”;后者的近义词是“念头、意见”。6.语法功能不同:前者在句子中主要作谓语;后者在句子中作主语、宾语、定语,并构成介宾短语作状语。

【辨读】你对这个问题的想法(xiǎng ·fǎ)很正确,我一定会想法(xiǎngfǎ)帮助你解决。

小儿㊀xiǎo'ér ㊁xiǎor

小儿㊀ xiǎo'ér 〈名〉①儿童;小孩。

【用法】多用于书面语。1.作主语。例 这～聪明伶俐。2.作宾语。例 路当中站立着几个～。3.常加“的”作定语。例 他不厌其烦地回答～的提问。4.构成介宾短语作状语。例 孔子居然被～难住了。②对自己儿子的谦称。

【用法】1.作主语。例 ～今年十五岁。2.作宾语。例 这事容我问问～。3.常加“的”作定语。例 ～的脾气十分倔强。4.构成介宾短语作状语。例 我对～要严加管教。

【构成】偏正式合成词

【近义】①儿童、小孩;②儿子

【反义】①成人、大人

小儿㊁ xiǎor 〈名〉① 指幼年。

【用法】用于口语。1.常加“的”作定语。例 ～的事已经记不起来了。2.作状语。例 他自～开始习武。②男孩子。

【用法】用于口语。1.作主语。例 这胖～真可爱。2.作宾语。例 他是邻居家的～。3.常加“的”作定语。例 这是～的书包。4.构成介宾短语作状语。例 他给～拍去身上的土。

【构成】附加式合成词

【近义】①幼年;②男孩

【反义】①成年;②女孩

【辨析】两者词性、语法功能相同,都指“小孩子”。区别在于:1.读音有所不同:前者“儿”读阳平,不儿化;后者“儿”读轻声,儿化。2.构词方式不同:前者构成偏正式合成词;后者构成附加式合成词。3.语素充任的构词成分不同:前者中心成分是“儿”,“小”是修饰成分;后者“小”是中心成分,“儿”是附加成分。4.词义着重点不同:前者泛指“儿童,小孩”,并用于谦称“儿子”;后者指“幼年”,并特指“男孩子”。5.近义、反义词不同:前者的近义词是“儿童、小孩,儿子”,后者的近义词是“幼年,男孩”;前者的反义词是“成人、大人”,后者的反义词是“成年,女孩”。6.语体色彩不同:前者常用于书面语;后者用于口语。

【辨读】他的小儿(xiǎo'ér)今年二十六岁了,从小儿(xiǎor)就十分孝敬父母。

小曲㊀xiǎoqū㊁xiǎoqǔ

小曲㊀ xiǎoqū〈名〉酿造白酒、黄酒等用的发酵剂，块儿比大曲小。也叫酒药。

【用法】1.作主语。例 ～已经准备好了。2.作宾语。例 家里还有不少～。3.常加“的”作定语。例 屋子里满是～的气味。4.构成介宾短语作状语。例 他用～酿白酒。

【构成】偏正式合成词

【近义】酒药

小曲㊁ xiǎoqǔ〈名〉也说小曲儿。小调。

【用法】1.作主语。例 这～真中听。2.作宾语。例 他边走边哼着～。3.常加“的”作定语。例 她学会了～的唱法。4.构成介宾短语作状语。例 她被～吸引住了。

【构成】偏正式合成词

【近义】小调

【辨析】两者词性、构词方式、语法功能相同。区别在于：1.读音有所不同：前者“曲”读阴平，不儿化；后者“曲”读上声，常儿化。2.指称对象不同：前者指“酿造白酒、黄酒等用的发酵剂”；后者指“小调”。3.近义词不同：前者的近义词是“酒药”，后者的近义词是“小调”。

【辨读】宋大嫂在屋子里一边用小曲（xiǎoqū）酿酒，一边自个儿唱着小曲（xiǎoqǔ）儿。

小月㊀xiǎoyuè ㊁xiǎo·yuè

小月㊀ xiǎoyuè〈名〉指阳历只有30天或农历只有29天的月份。

【用法】1.作主语。例 农历～比大月少一天。2.作宾语。例 阳历二月是～。3.常加“的”作定语。例 ～的天数比大月少。

【构成】偏正式合成词

【反义】大月

小月㊁ xiǎo·yuè〈动〉流产的通称。指怀孕后，胎儿未满28周就产出。多由内分泌异常，剧烈运动等引起。产出的胎儿一般不能成活。也说小月子。

【用法】1.作谓语。例 邻居的张大嫂～了。2.常加“的”作定语。例 她～的时候丈夫不在身边。3.作状语。例 ～后她身体非常虚弱。

【构成】偏正式合成词

【近义】流产、小产

【反义】足月

【辨析】两者构词方式相同。区别在于：1.读音有所不同：前者“月”读去声；后者“月”一般读轻声，有时也可读去声。2.词性不同：前者作名词；后者作动词。3.词义不同：前者表示时间；后者表示生理动态。4.近义、反义词不同：前者没有近义词，后者有近义词“流产、小产”；前者的反义词是“大月”，后者的反义词是“足月”。5.语法功能有所不同：前者在句子中通常作主语、宾语、定语；后者在句子中作定语外，通常作谓语、状语。

【辨读】上个月是小月（xiǎoyuè），他的媳妇儿怀孕不满三个月就小月（xiǎo·yuè）了。

小子㊀xiǎozǐ ㊁xiǎo·zi

小子㊀ xiǎozǐ〈名〉①年幼的人。

【用法】用于书面语。1.作主语。例后生～年轻有为。2.作宾语。例斜刺里杀出一个后生～。3.常加“的”作定语。例这～的枪法非同小可。4.构成介宾短语作状语。例他使出浑身解数，对这～仍然奈何不得。

②旧时长辈称晚辈；晚辈对尊长的自称。

【用法】1.作主语。例～还不快向先生赔礼！|～不敏，望前辈多多赐教！2.作宾语。例我不管这～，由他去吧。3.常加“的”作定语。例这～的天分很高，如有名师指点，可成大器。4.构成介宾短语作状语。例你要对这～从严管教，不能迁就。

【构成】偏正式合成词

小子㊁ xiǎo·zi〈名〉①男孩子。

【用法】用于口语。1.作主语。例二～是去年八月出生的。2.作宾语。例她生了一个胖～。3.常加“的”作定语。例大～的性情很古怪。4.构成介宾短语作状语。例他对二～特别疼爱。

②人（指男性，有时含轻蔑意）。

【用法】1.作主语。例这～真不是东西！2.作宾语。例这是个没出息的～。3.常加“的”作定语。例这～的肚子里都是坏水。4.构成介宾短语作状语。例她对那～十分厌恶。

【构成】附加式合成词

【辨析】两者词性、语法功能相同，都用于指某种人。区别在于：1.读音有所不同：前者“子”读上声；后者“子”读轻声。2.构词方式不同：前者构成偏正式合成词；后者构成附加式合成词。3.语素充任的构词成分不同：前者“子”作词根，用于体现这个词的根本的词汇意义；后者“子”作词缀，表示附加意义。4.指称对象不同：前者指“年幼的人”，并用于“旧时长辈称晚辈，晚辈对尊长的自称”；后者指“男孩子，人（男性）”。5.语体色彩不同：前者用于书面语；后者用于口语。6.感情色彩有所不同：前者带有亲热、喜爱的感情；后者第①义项含亲昵的意味，第②义项含轻蔑、厌恶的色彩。

【辨读】这小子(xiǎozǐ)的媳妇儿刚生了个胖小子(xiǎo·zi),全家人喜滋滋的。

邪行㊀xiéxíng ㊁xié·xing

邪行㊀ xiéxíng〈名〉不正当的行为。

【用法】1.作主语。例 这种～必将受到公众的谴责。2.作宾语。例 人们不能容忍这些家伙的～。3.常加"的"作定语。例 他还没有认识到这种～的危害性。4.构成介宾短语作状语。例 他对孩子的～不仅不制止,反而包庇纵容,使孩子走上了犯罪的道路。

【构成】偏正式合成词

【近义】丑行、恶行

【反义】善举、善行

邪行㊁ xié·xing〈形〉特别;特殊(多含贬义)。

【用法】用于方言。多作补语。例 天气冷得～。|他俩好得～。

【构成】偏正式合成词

【近义】特别、特殊

【反义】平常、寻常、一般

【辨析】两者构词方式相同。区别在于:1.读音有所不同:前者"行"读阳平;后者"行"读轻声。2.词性不同:前者是名词;后者是形容词。3.词义不同:前者表示事物名称;后者表示性质状态。4.词语归属不同:前者是普通话词语;后者是方言词语。5.近义、反义词不同:前者的近义词是"丑行、恶行",后者的近义词是"特别、特殊";前者的反义词是"善举、善行",后者的反义词是"平常、寻常、一般"。6.语法功能不同:前者在句子中作主语、宾语、定语,并构成介宾短语作状语;后者在句子中通常作补语。

【辨读】这家伙坏得邪行(xié·xing),他的邪行(xiéxíng)受到公众的强烈谴责。

写意㊀xiěyì ㊁xièyì

写意㊀ xiěyì〈名〉国画的一种画法,用极为简单而概括的笔墨画出对象的神采特征。

【用法】1.作定语。例 这一幅是齐白石的～画。2.构成介宾短语作状语。例 她对～一窍不通。3.作主语。例 ～是他平时最常用的一种画法。4.作宾语。例 齐白石十分擅长～。

【构成】支配式合成词

【反义】工笔

写意㊁ xièyì〈形〉舒适。

【用法】用于方言。1.作谓语,可带补语。例 这里环境幽雅,他十分～。|过着这种田园牧歌式的生活,她～极了。2.作"感到、觉得"等动词的宾语。例 住在这儿,我感到很～。|室内宽敞明亮,应有

尽有,我觉得～极了。

【构成】支配式合成词

【近义】满意、惬意、舒畅、舒服、舒适、舒坦

【反义】别扭、难受、痛苦

【辨析】两者构词方式相同。区别在于:1.读音有所不同:前者“写”读上声;后者“写”读去声。2.词性不同:前者是名词;后者是形容词。3.词义不同:前者作绘画用语;后者表示精神上的一种感受。4.感情色彩不同:前者是中性词,不含褒贬的色彩;后者是褒义词,带喜爱的感情。5.词语归属不同:前者是普通话词语;后者是方言词语。6.近义、反义词不同:前者没有近义词,后者有近义词“满意、惬意、舒畅、舒服、舒适、舒坦”;前者的反义词是“工笔”,后者的反义词是“别扭、难受、痛苦”。

【辨读】他擅长写意(xiěyì),而每每此时感到十分写意(xièyì)。

血晕㊀xiěyùn ㊁xuèyùn

血晕㊀ xiěyùn〈动〉受伤后皮肤未破,呈红紫色。

【用法】常用于口语。1.作主语。例 他前次碰伤后,脚上的～还没有消失。2.作宾语。例 他挨了鞭子,身上立时出现了一道道～。3.常加“的”作定语。例 几天后,～的颜色由红紫变成乌黑色。4.构成介宾短语作状语、补语。例 他在～上涂抹了红花油。|他把消肿药膏贴在手背的～上。

【构成】偏正式合成词

血晕㊁ xuèyùn〈名〉中医指产后因失血过多而晕厥的病症。

【用法】常用于书面语。1.作主语。例 ～是一种危险的病症。2.作宾语。例 她产后发生～。3.常加“的”作定语。例 ～的原因是由于产后失血过多。4.构成介宾短语作状语、补语。例 她由于～危在旦夕,必须赶紧送医院。|她差点死于～,多亏医生抢救及时才幸免于难。

【构成】偏正式合成词

【辨析】两者构词方式、语法功能相同。区别在于:1.读音有所不同:前者“血”读 xiě;后者“血”读xuè。2.词义不同:前者指“受伤后皮肤未破,呈红紫色”;后者指“产后因失血过多而晕厥的病症”。3.语体色彩不同:前者常用于口语;后者常用于书面语。

【辨读】她临产前一天不慎摔伤,全身多处出现血晕(xiěyùn),这可能是导致她产后发生血晕(xuèyùn)的重要原因。

星星㊀xīngxīng ㊁xīng·xing

星星㊀ xīngxīng〈名〉细小的点儿。

【用法】多用于书面语。作定语。

例 天空晴朗，一点～薄云也没有。|～之火，可以燎原。

用于“星星点点”。1. 作谓语。例 山坡上的野花～点点，十分好看。2. 加“的”作定语。例 夜晚的江面上，出现了～点点的渔火。3. 加“地”作状语。例 草原上，大大小小的帐篷～点点地散布着。

【构成】重叠式合成词

星星㊁ xīng·xing〈名〉夜晚天空中闪烁发光的天体。

【用法】用于口语。1. 作主语。例 天上的～在眨着眼睛。2. 作宾语。例 妹妹正在数着～。3. 常加“的”作定语。例 看上去，这两颗～的距离很近，其实他们之间相距五万光年。4. 构成介宾短语作状语。例 他用望远镜对这些～进行观察。

【构成】重叠式合成词

【辨析】两者构词方式相同。区别在于：1. 读音有所不同：前者两音都读阴平；后者第二音节读轻声。2. 词义不同：前者指“细小的点儿”；后者指“夜晚天空中闪烁发光的天体”。3. 语体色彩不同：前者多用于书面语；后者用于口语。4. 词语修辞方式不同：前者构成成语“星星之火，可以燎原”，常用于比喻开始时显得弱小的新生事物会很快发展壮大，有广阔的前途，是运用借喻的修辞方式；后者没有比喻的用法。

【辨读】海面上闪着星星（xīngxīng）点点的渔火，夜空中无数星星（xīng·xing）在眨着眼睛，多美的盛夏海滨的夜晚！

刑法㊀xíngfǎ ㊁xíng·fa

刑法㊀ xíngfǎ〈名〉规定什么是犯罪行为，犯罪行为应受到什么惩罚的各种法律。

【用法】1. 作主语。例 ～包括各种刑法典和刑事单行法规。2. 作宾语。例 司法人员正在学习《～》。3. 常加“的”作定语。例《～》的条文他背得滚瓜烂熟。4. 构成介宾短语作状语。例 他对～很精通。

【构成】偏正式合成词

【近义】刑律

刑法㊁ xíng·fa〈名〉对犯人的体罚。

【用法】1. 作主语。例 他的～谁都受不了。2. 作宾语。例 这一次，她真的动了～。3. 常加“的”作定语。例 这些～的残酷是令人难以置信的。4. 构成介宾短语作状语。例 对方把所有～都用上了，他仍然不肯招认。

【构成】偏正式合成词

【近义】体罚

【辨析】两者词性、构词方式、语法功能相同。区别在于：1. 读音有所不同：前者“法”读上声；后者

"法"读轻声。2. 指称对象不同：前者指"规定什么是犯罪行为，犯罪行为应受到什么惩罚的各种法律"；后者指"对犯人的体罚"。3. 近义词不同：前者的近义词是"刑律"；后者的近义词是"体罚"。

【辨读】《中华人民共和国刑法(xíngfǎ)》规定对犯人不得滥施刑法(xíng·fa)。

兄弟㊀xiōngdì ㊁xiōng·di

兄弟㊀ xiōngdì〈名〉哥哥和弟弟。

【用法】1. 作主语。例～俩同心协力，终于获得了成功。2. 作宾语。例他家里还有两个～。3. 常加"的"作定语。例他牢记～的嘱托，决心把事情办好。4. 构成介宾短语作状语。例他处处为～着想。用于比喻关系密切。例～单位的许多先进经验值得我们借鉴。|我国政府代表团前往亚洲～国家进行友好访问。|我们要维护～民族之间的团结。

【构成】并列式合成词

【近义】弟兄

兄弟㊁ xiōng·di〈名〉①弟弟。

【用法】用于口语。1. 作主语。例～年幼，你原谅他吧。2. 作宾语。例这是我最小的～。3. 加"的"作定语。例姐姐细心地照料着小～的生活。4. 构成介宾短语作状语。例她对幼小的～很关怀。5. 作称呼语。例～，你怎么这么不懂事！

②称呼年纪比自己小的男子（亲切口气）。

【用法】用于口语。1. 作主语。例～们有什么要求尽管说，我能办到的一定给大家办。2. 作宾语。例这些人是我们的～，我们应该关心帮助他们。3. 常加"的"作定语。例我非常感谢～们的支持和帮助。4. 构成介宾短语作状语。例我在此向～们表示敬意。5. 作称呼语。例小～，你家在哪里？6. 可作同位语。例李强～，你可不能走啊！

③男子跟同辈人或对众人说话时的谦称。

【用法】用于口语。1. 作主语。例～有说得不对的地方，还望多多包涵。2. 作宾语。例到那时候，你可别忘了～。3. 常加"的"作定语。例这是～的一点心意，你无论如何得收下。4. 构成介宾短语作状语。例大伙儿对～这样关心，我怎么会不知道？

【构成】并列式合成词

【近义】①弟弟

【辨析】两者词性、构词方式、语法功能均相同。区别在于：1. 读音有所不同：前者"弟"读去声；后者

"弟"读轻声。2.指称对象不同:前者指"哥哥和弟弟";后者指"弟弟",并用于"称呼年纪比自己小的男子,男子跟同辈人或对众人说话时的谦称"。3.语体色彩不同:前者可用于书面语,也可用于口语;后者只用于口语。4.近义词不同:前者的近义词是"弟兄";后者第①义项的近义词是"弟弟"。5.词语修辞方式不同:前者可用于比喻关系密切,是运用借喻的修辞手法;后者可作称呼语,是运用呼告的修辞方式。

【辨读】他有一个很要好的兄弟(xiōng·di)在本市兄弟(xiōngdì)单位任负责人。

旋子㊀xuán·zi ㊁xuàn·zi

旋子㊀ xuán·zi〈名〉圈儿。

【用法】1.作主语。例 ~转完了,她依旧稳稳地站在场地中央。2.作宾语。例 老鹰在空中打了几个~,突然冲向地面,把一只小鸡叼走了。

【构成】附加式合成词

【近义】圈儿、圈子

旋子㊁ xuàn·zi〈名〉①盘状金属器具,通常用来做粉皮等。

【用法】1.作主语。例 这~是用铝合金制成的。2.作宾语。例 她到商店里买了一个~。3.常加"的"作定语。例 这种~的价格较高,但很耐用。4.构成介宾短语作状语、补语。例 她把~洗得干干净净。|淀粉拌水搅匀后倒在~上,可做成粉皮。

②温酒的金属器具。

【用法】1.作主语。例 这~已经漏水,不能温酒了。2.作宾语。例 他家里有一个温酒用的~。3.常加"的"作定语。例 这~的边缘出现了裂痕,水直往外渗出来。4.构成介宾短语作状语。例 她不小心将~摔破了。|酒壶放进~里了。

③武术动作,跃起使身体悬空并做旋转动作。

【用法】1.作主语。例 他的~赢得台下观众一阵阵掌声。2.作宾语。例 台上的演员正在转~。3.常加"的"作定语。例 他那~的功夫确实了得。4.构成介宾短语作状语。例 这些动作比~更难。

【构成】附加式合成词

【辨析】两者词性、构词方式、语法功能均相同。区别在于:1.读音有所不同:前者"旋"读阳平;后者"旋"读去声。2.词义不同:前者是单义词,指"圈儿";后者是多义词,用于器具和武术动作名称。3.有无近义词不同:前者有近义词"圈儿、圈子";后者没有近义词。

【辨读】杂技演员正在露天舞台上转旋子(xuàn·zi),一只鸽子在舞台上空打了几个旋子(xuán·zi)飞走了。

Y

鸭子㊀yā·zi㊁yāzǐr

鸭子㊀ yā·zi 〈名〉鸭。

【用法】1. 作主语。例 一群～在河面上游来游去。2. 作宾语。例 他养了几十只小～。3. 常加"的"作定语。例 他听见远处传来～的叫声。4. 构成介宾短语作状语。例 她正在给小～喂食。

【构成】附加式合成词

鸭子儿㊁ yāzǐr 〈名〉鸭蛋。

【用法】用于方言。1. 作主语。例 ～装了满满一竹筐。2. 作宾语。例 他到市场上买了三斤～。3. 常加"的"作定语。例 ～的营养很丰富。4. 构成介宾短语作状语。例 你把这几斤～送给她吧。

【构成】偏正式合成词

【近义】鸭蛋

【辨析】两者词性、语法功能相同。区别在于:1. 读音有所不同:前者"子"读轻声;后者"子"读上声。2. 构词方式不同:前者构成的词不儿化;后者构成儿化词。3. 语素充任的构词成分不同:前者"子"作词缀,表示附加意义;后者"子"作词根,用于体现这个词的根本的词汇意义。4. 指称对象不同:前者指"鸭";后者指"鸭蛋"。5. 有无近义词不同:前者没有近义词;后者有近义词"鸭蛋"。

【辨读】他这几年养了一大群鸭子(yā·zi),光卖鸭子儿(yāzǐr)就挣了不少钱。

烟火㊀yānhuǒ㊁yān·huo

烟火㊀ yānhuǒ 〈名〉①烟和火。

【用法】1. 作主语。例 ～不能让小孩玩。2. 作宾语。例 仓库重地严禁～。3. 常加"的"作定语。例 大家要充分认识～的危险性,决不许带入油库。4. 构成介宾短语作状语。例 请不要将～带进仓库。

②动烟火做的饭。

【用法】1. 作宾语。例 他真的不食人间～吗? 2. 作定语。例 他流落在荒岛上,已经好久未尝到～食了。

③烽火;战火。

【用法】用于书面语。1. 作主语。例咸阳～洛阳尘。2. 作宾语。例漠北不断燃起～。3. 加“的”作定语。例眼看～的燃起已不可避免。4. 构成介宾短语作状语。例多少将士在～中葬身沙场。

④礼拜神佛、祭祀祖先的香火；借指后嗣。

【用法】1. 作主语。例这里的～四季不断。2. 作宾语。例老人最怕绝了～。3. 加“的”作定语。例这事关系到他家～的继承。4. 构成介宾短语作状语。例大娘小心翼翼地把～点燃。

【构成】并列式合成词

【近义】③烽火、战火；④香火

烟火㊁ yān•huo 〈名〉在火药中掺入锶、锂、铝、钡、镁、钠、铜等金属盐类，并用纸裹成的东西，燃放时能发出各种颜色的火花供人观赏。也叫烟花、焰火。

【用法】1. 作主语。例无数～射向夜空，发出耀眼的火花。2. 作宾语。例除夕之夜，孩子们兴高采烈地燃放着～。3. 常加“的”作定语。例这些～的种类不一，价格各异。4. 构成介宾短语作状语。例节日的夜晚，人们纷纷将～射向空中。

【构成】偏正式合成词

【近义】焰火

【辨析】两者词性、语法功能相同。区别在于：1. 读音有所不同：前者“火”读上声；后者“火”读轻声。2. 构词方式不同：前者构成并列式合成词；后者构成偏正式合成词。3. 指称对象不同：前者指“烟和火，动烟火做的饭”；后者指“燃放时能发出各种颜色而供人观赏的焰火”。

【辨读】油库禁止带入烟火（yānhuǒ），油库周围也不允许燃放烟火（yān•huo）。

言语㊀yányǔ ㊁yán·yu

言语㊀ yányǔ 〈名〉说的话。

【用法】多用于书面语。1. 作主语。例他的～十分粗鲁。2. 作宾语。例他正在研究幼儿～。3. 常加“的”作定语。例他那～的偏激令人咋舌。4. 构成介宾短语作状语。例在场的人对他的～根本不相信。

【构成】并列式合成词

【近义】话语、言论

言语㊁ yán•yu 〈动〉说；说话。

【用法】用于口语。1. 作谓语，可带补语。例他问你话呢，你怎么不～？｜你走的时候～一声。2. 常加“的”作定语。例她～的口气很随便。

【构成】并列式合成词

【近义】回答、说话

【辨析】两者构词方式相同。区别在于：1.读音有所不同：前者“语”读上声；后者“语”读轻声。2.词性不同：前者是名词；后者是动词。3.表义功能不同：前者用于名物义，指“说的话”；后者用于动作义，指“说话”。4.语体色彩不同：前者多用于书面语；后者用于口语。5.近义词不同：前者的近义词是“话语、言论”等；后者的近义词是“回答、说话”等。6.语法功能有所不同：前者在句子中作主语、宾语、定语，并构成介宾短语作状语；后者除在句子中作定语和构成介宾短语作状语外，通常作谓语。

【辨读】她委婉的言语（yányǔ）感动了所有在座的人，大伙儿不再言语（yán·yu）了。

颜色㊀yánsè ㊁yán·shai

颜色㊀ yánsè〈名〉①由物体发射、反射或透过的光波通过视觉所产生的印象。

【用法】1.作主语。例 这件衣服的～是绿色的。2.作宾语。例 色盲的人往往辨认不出～。3.常加“的”作定语。例 这种～的布料她很喜欢。4.构成介宾短语作状语。例 他对这几种～分辨不清。

②指面貌；容颜。

【用法】1.作主语。例 她的～很憔悴。2.作宾语。例 这女孩子很有几分～。3.加“的”作定语。例 ～的俊美使小姑娘人见人夸。4.构成介宾短语作状语。例 她对小女孩的～十分赞赏。

③面部的表情。

【用法】1.作主语。例 这几天，他脸上的～不好。2.作宾语。例 她脸上现出羞愧的～。3.加“的”作定语。例 她脸部～的变化可以看出她的内心很矛盾。4.构成介宾短语作状语。例 我对他的～感到恼火。

④指显示给人看的厉害的脸色或行动。

【用法】1.作主语。例 他今天的～很难看，千万别再去惹他。2.作宾语。例 瞧主人的～，他知道闯了祸。3.常加“的”作定语。例 她～的难看是我从未见过的。4.构成介宾短语作状语。例 他根据主人的～行事。

【构成】并列式合成词

【近义】①色彩；②面貌、容貌、容颜；③表情、神色；④脸色

颜色㊁ yán·shai〈名〉颜料或

染料。

【用法】用于口语。1. 作主语。例 这些～是用来染衣服的。2. 作宾语。例 他绘画不爱用灰的～。3. 常加“的”作定语。例 这些～的质量很差，染的布料容易褪色。4. 构成介宾短语作状语。例 他对绿的～特别喜欢。

【构成】并列式合成词

【近义】染料、颜料

【辨析】两者构词方式、词性、语法功能均相同。区别在于：1. 读音有所不同：前者“色”读 sè；后者“色”读 shai。2. 指称对象不同：前者指“色彩，容颜，表情，显示给人看的脸色或行动”；后者指“颜料或染料”。3. 语体色彩不同：前者可用于书面语，也可用于口语；后者只用于口语。4. 近义词不同：前者的近义词是“色彩，面貌、容貌、容颜，表情、神色，脸色”；后者的近义词是“颜料、染料”。

【辨读】这种颜色（yán·shai）染出来的布料颜色（yánsè）很好看，而且不容易褪色。

一晃㊀yīhuǎng㊁yīhuàng

一晃㊀ yīhuǎng〈动〉很快地一闪。

【用法】常作谓语。例 窗外人影～，大家知道是谁来了。

【构成】偏正式合成词

【近义】一闪

一晃㊁ yīhuàng〈动〉形容时间很快过去。

【用法】1. 作状语。例 兄弟离别，～就是三十年，彼此差点认不出来了。2. 构成短语作补语。例 我们相识～已经五年了。

【构成】偏正式合成词

【辨析】两者构词方式相同。区别在于：1. 读音有所不同：前者“晃”读上声；后者“晃”读去声。2. 词义不同：前者指“很快地一闪”，表示物体动态；后者指“时间很快过去”，表示时间状态。3. 适用对象不同：前者用于“人影”等；后者用于“时间”。4. 有无近义词不同：前者有近义词“一闪”；后者没有近义词。5. 语法功能不同：前者在句子中通常作谓语；后者在句子中作状语，并构成短语作补语。6. 词语修辞方式不同：前者没有修辞的用法；后者用于指时间过去得快，是运用夸张的修辞方式。

【注意】“一”在上声字前面须变调，读成去声；在去声字前读成阳平。

【辨读】忽见门外人影一晃（yīhuǎng），儿子扛着行李走进门，母子离别一晃（yīhuàng）就是十年了。

引种㊀yǐnzhǒng ㊁yǐnzhòng

引种㊀ yǐnzhǒng 〈动〉把别的地区优良的动植物品种引进本地区试验，选择适合本地区条件的加以繁殖推广。

【用法】1. 作谓语。例 农科所千方百计为农民～。2. 常加“的”作定语。例 ～的工作已经指派专人负责。3. 构成介宾短语作状语。例 为了～，他跑遍了大江南北。4. 作主语。例 ～是一项艰巨的任务。5. 作宾语。例 镇农技站决定到外地～。

【构成】支配式合成词

引种㊁ yǐnzhòng 〈动〉把外地优良的植物品种引进本地种植。

【用法】1. 作谓语，可带宾语。例 农技员要在这块地上～棉花。2. 常加“的”作定语。例 从外地～的芙蓉李产量很高。3. 构成介宾短语作状语。例 他对～这项工作很重视。4. 作主语。例 ～要因地制宜，不要盲目种植。5. 作宾语。例 这些杂交水稻优良品种已计划～。

【构成】并列式合成词

【辨析】两者词性、语法功能相同。区别在于：1. 读音有所不同：前者“种”读上声；后者“种”读去声。2. 构词方式不同：前者构成支配式合成词；后者构成并列式合成词。3. 词义着重点不同：前者着重指“引进优良品种”；后者着重指“把优良品种引进本地种植”。

【辨读】年初市里决定大面积引种（yǐnzhòng）水稻优良品种，市农科所立即派人到外地引种（yǐnzhǒng）。

应声㊀yīng//shēng ㊁yìngshēng

应声㊀ yīng//shēng 〈动〉也说应声儿。出声回答。

【用法】用于口语。1. 作谓语。例 老师问了几遍，他仍然不～。2. 加“的”作定语。例 在楼上～的人是奶奶。3. 构成“的”字短语作主语。例 刚才在屋里～的是姐姐。

中间可插入其他词语。例 听到喊声，她头也不抬地应了一声。

【构成】支配式离合词

【近义】出声

应声㊁ yìngshēng 〈副〉伴随着某种声音。

【用法】多用于书面语。多作状语。例 枪声响处，敌人指挥官～倒地。｜听到喊声，他～而至。

用于“应声虫”。比喻随声附和的人。例 他卖身投敌，成了敌人的～虫。

【构成】支配式合成词

【辨析】两者主要区别是：1. 读音有所不同：前者“应”读阴平，可儿化；后者“应”读去声，一般不儿化。2. 词语构成及使用方式不同：前者构成支配式离合词，中间可插入其他词语；后者构成支配式合成词，中间不能插入其他词语。3. 词义不同：前者表示言语动态；后者表示动作趋向。4. 语体色彩不同：前者用于口语；后者多用于书面语。5. 有无近义词不同：前者有近义词“出声”；后者一般没有近义词。6. 语法功能不同：前者在句子中作谓语、定语，并构成“的”字短语作主语；后者在句子中通常作状语。

【辨误】“声”上是士，不写作土。

【辨读】阿花往常听到喊声都是应声(yìngshēng)而至，今天不知道为什么，妈妈叫了几遍不见她应声(yīngshēng)。

营生㊀yíngshēng ㊁yíng·sheng

营生㊀ yíngshēng〈动〉谋生计；谋生活。

【用法】1. 作谓语。例 船户们长年都在水上～。2. 加“的”作定语。例 进山里～的人多是伐木工人。3. 构成介宾短语作状语。例 为了～，他常常出外打工。

【构成】支配式合成词

【近义】谋生

营生㊁ yíng·sheng〈名〉也说营生儿。工作；职业。

【用法】用于方言。1. 作主语。例 这几种～他都拿得起来。2. 作宾语。例 她干的是打字的～。3. 加“的”作定语。例 没～的日子真让人受不了。4. 构成介宾短语作状语。例 他对这种～很满意。

【构成】支配式合成词

【近义】工作、生计、职业

【辨析】两者构词方式相同。区别在于：1. 读音有所不同：前者“生”读阴平，不儿化；后者“生”读轻声，常儿化。2. 词性不同：前者是动词；后者是名词。3. 词义不同：前者表示动作行为；后者表示事物名称。4. 词语归属不同：前者是普通话词语；后者是方言词语。5. 近义词不同：前者的近义词是“谋生”；后者的近义词是“工作、生计、职业”等。6. 语法功能有所不同：前者在句子中作谓语、定语，并构成介宾短语作状语；后者在句子中除作定语和构成介宾短语作状语外，通常作主语、宾语。

【辨读】这些人长年在水上营生(yíngshēng)，干的是网箱养黄鱼的营生(yíng·sheng)。

喁喁㊀yóngyóng ㊁yúyú

喁喁㊀ yóngyóng 〈形〉形容众人仰望期待的样子。

【用法】多作状语。例 万众～期盼。

【构成】重叠式合成词

【近义】殷殷

喁喁㊁ yúyú ①〈拟声〉小声说话的声音。

【用法】1.作谓语,可带补语。例 婆媳俩在房间里～哝哝。|小青和大嫂在客厅里～不休。2.作定语。例 她隐约听见隔壁传来～低语声。3.作状语。例 屋里有人在～私语。

②〈动〉随声附和。

【用法】1.作谓语,可带补语。例 总经理刚讲完,她就～个不停。2.作定语。例 听了她～的话语,我又好气又好笑。

【构成】叠音单纯词

【近义】①哝哝、窃窃②附和

【辨析】两者主要区别是:1.读音不同:前者两音都读 yóng;后者两音都读 yú。2.构词方式不同:前者构成重叠式合成词;后者构成叠音单纯词。3.词性不同:前者是形容词;后者是拟声词。4.词义不同:前者表示动作状态;后者表示言语动态。5.近义词不同:前者的近义词是"殷殷";后者的近义词是"哝哝、窃窃"。6.词语修辞作用不同:前者用摹情态的修辞手法,有动感的形象色彩;后者用摹声的修辞方式,模拟人的声音状态。

【辨读】市民们在大街小巷喁喁(yúyú)低语着,喁喁(yóngyóng)期盼因病住院的老市长早日康复。

用人㊀yòng∥rén ㊁yòng·ren

用人㊀ yòng∥rén 〈动〉①选择并使用人员。

【用法】1.作谓语,可带补语。例 他很会～。|你～不当,必然导致大乱。2.作定语。例 他深谙～之道。3.作宾语。例 他已逐渐学会了～。

中间可插入其他词语。例 他知道什么样的工作该用什么样的人。

②需要人手。

【用法】1.作谓语。例 工地上要～,你们不能把这些技术人员调走。2.加"的"作定语。例 现在正是～的时候,不该让他走。3.作宾语。例 工程已经开工,经研究,决定多～。

中间可插入其他词语。例 施工正处于紧张阶段,不能不多用一些人。

【构成】支配式离合词

用人㊁ yòng·ren〈名〉被雇到家庭中做杂事、供役使的人。

【用法】1.作主语。例旧社会，～们过着悲惨的生活。2.作宾语。例她到有钱人家里当～。3.常加“的”作定语。例这女～的遭遇令人同情。4.构成介宾短语作状语。例狠心的财主不问青红皂白，将～打得死去活来。

【构成】偏正式合成词

【近义】仆人、佣人

【辨析】两者主要区别是：1.读音有所不同：前者“人”读阳平；后者“人”读轻声。2.词语构成及使用方式不同：前者构成支配式离合词，中间可插入其他词语；后者构成偏正式合成词，中间不能插入其他词语。3.表义功能不同：前者用于动作义；后者用于名物义。4.有无近义词不同：前者一般没有近义词；后者有近义词“仆人、佣人”。5.语法功能有所不同：前者在句子中作谓语、定语、宾语；后者在句子中除作宾语、定语外，通常作主语，并构成介宾短语作状语。

【辨读】现在正是家里需要用人(yòng∥rén)的时候，你要留住那两个用人(yòng·ren)。

游子㊀yóuzǐ ㊁yóu·zi

游子㊀ yóuzǐ〈名〉离家在外或久居外乡的人。

【用法】1.常作主语。例多少海外～，日夜把祖国思念。2.作宾语。例母亲时刻惦念着海外的～。3.作定语。例慈母手中线，～身上衣。4.构成介宾短语作状语。例祖国的大门随时为身处异国的～们敞开着。

【构成】偏正式合成词

游子㊁ yóu·zi〈名〉同“圝子”。用已捉到的鸟把同类的鸟引来，这种起引诱作用的鸟叫游子。

【用法】1.作主语。例这只～在鸟笼里跳着，叫着，引来了不少鸟儿。2.作宾语。例笼子里关着一只～。3.常加“的”作定语。例一群麻雀听到～的叫声，纷纷向这边飞来了。4.构成介宾短语作状语。例他把～关在鸟笼里。

【构成】附加式合成词

【辨析】两者词性、语法功能相同。区别在于：1.读音有所不同：前者“子”读上声；后者“子”读轻声。2.构词方式不同：前者构成偏正式合成词；后者构成附加式合成词。3.语素充任的构词成分不同：前者“子”作词根，用于体现这个词的根本的词汇意义；后者“子”作词缀，表示附加意义。4.指称对象不同：前者指“离家在外或久居外乡的人”；后者指“已捉到的用以引诱同类的鸟”。5.词语规范程度不同：前者是规范词；后者是“圝子”的异形词，通常用“圝子”。

【辨读】他在场院里用游子(yóu·zi)捕鸟，不禁回忆起自己30多年的游子(yóuzǐ)生涯。

运动㊀yùndòng ㊁yùn·dong

运动㊀ yùndòng ①〈动〉物体的位置不断发生变化。

【用法】1.作谓语。例 世界上的物质每时每刻都在～着。2.常加“的”作定语。例 我军迅速包围了正在～的敌人。3.构成介宾短语作状语。例 世界上的万物由于不断～才能向前发展。4.作宾语。例 生命在于～。

②〈动〉指宇宙间所发生的一切变化和过程。

【用法】1.作主语。例 ～同物质是不可分离的。2.作宾语。例 形而上学否认～，把静止绝对化。3.常加“的”作定语。例 科学家们认真研究了水分子～的过程。4.构成介宾短语作状语。例 人们对于物质的～已经有了进一步的认识。

③〈名〉体育活动。

【用法】1.作主语。例 全民性的体育～已经蓬蓬勃勃地开展起来了。2.作宾语。例 发展体育～，增强人民体质。3.常加“的”作定语。例 他是体育～的积极倡导者。4.构成介宾短语作状语。例 政府对群众性的体育～十分重视。

④〈名〉政治、文化、生产等方面有组织、有目的而声势较大的群众性活动。

【用法】1.作主语。例 工厂里的技术革新～正在深入开展。2.作宾语。例 首都各界隆重纪念五四～70周年。3.常加“的”作定语。例 “双增双节”～的意义十分深远。4.构成介宾短语作状语。例 我们要把增产节约～深入持久地开展下去。

【构成】并列式合成词

【近义】活动

运动㊁ yùn·dong〈动〉为达到某种目的而奔走钻营。

【用法】常用于贬义。1.作谓语，可带补语。例 他为了提升的事到处～。｜评职称时，他上下～了多次。2.常加“的”作定语。例 他竭力～的目的是为了消除谣言造成的影响。3.构成介宾短语作状语。例由于不断～，产品得以打开销路。4.作主语。例～耗费了她许多时间和精力。5.作宾语。例为了孩子上学的事，她忙着～。以词为单位重叠成ABAB式，多作谓语。例你赶紧～～，这件事准能办成。

【构成】并列式合成词

【近义】活动、钻谋、钻营

【辨析】两者构词方式相同。区别在于：1.读音有所不同：前者“动”读去声；后者“动”读轻声。2.词性有所不同：前者作动词、名词；后者只作动词。3.适用对象及范围不同：前者是多义词，适用范围广；后者是单义词，适用范围窄。4.感情色彩不同：前者是中性词，不含褒贬的色彩；后者常用于贬义，带鄙视、厌恶的意味。5.近义词不同：前者的近义词是“活动”；后者的近义词是“活动、钻谋、钻营”等。

【辨读】为了促进全厂进一步开展技术革新运动(yùndòng)，他四处运动(yùn·dong)。

运气㈠yùn//qì ㈡yùn·qi

运气㈠ yùn//qì 〈动〉把力气贯注到身体某一部分。

【用法】1.作谓语。例练气功的人都会～。2.加“的”作定语。例他掌握了～的要领。3.构成介宾短语作状语。例气功师把如何～讲得很清楚。4.作主语。例～是学习气功必须掌握的基本功。5.作宾语。例他已经学会～。

中间可插入其他词语。例他运足了气，把杠铃举了起来。

【构成】支配式离合词

运气㈡ yùn·qi ①〈名〉迷信的人指命运。

【用法】1.作主语。例他的～特别好。2.作宾语。例他有好～，干什么事都能成功。3.常加“的”作定语。例你不必感叹自己～的不好，只要尽最大的努力，定能成功。4.构成介宾短语作状语。例她为自己的～担忧。

②〈形〉幸运。

【用法】1.作主语。例这样的～常常落到别人头上。2.作宾语。例被名牌大学录取是孩子的～。3.加“的”作定语。例他暗暗庆幸自己～的到来。4.构成介宾短语作状语。例我为她的～感到高兴。

【构成】附加式合成词

【近义】①运道、命运；②福气、幸运

【反义】②背运、厄运

【辨析】两者主要区别是：1.读音有所不同：前者“气”读去声；后者

"气"读轻声。2.词语构成及使用方式不同:前者构成支配式离合词,中间可插入其他词语;后者构成附加式合成词,中间不能插入其他词语。3.表义功能不同:前者用于动作义;后者用于名物义。4.有无近义、反义词不同:前者没有近义词和反义词;后者有近义词"运道、命运,福气、幸运",反义词"背运、厄运"。

【辨读】他使劲一运气(yùnqì)就把杠铃举了起来,再次荣获举重冠军,他庆幸自己好运气(yùn·qi)。

Z

造化㊀zàohuà ㊁zào·hua

造化㊀ zàohuà ①〈名〉自然界的创造者,也指自然。

【用法】1.作主语。例 ~对于每个人都是公正的。2.作宾语。例 眼前奇妙的景物,使人不能不相信~。3.加"的"作定语。例 大自然的鬼斧神工,展示了~的精巧。4.构成介宾短语作状语。例 人们不禁对~连声叫绝。

②〈动〉创造,化育。

【用法】1.作谓语,可带补语。例 大自然~了万物。2.加"的"作定语。例 目睹这些大自然的杰作,人们禁不住惊叹~的神奇。3.构成介宾短语作状语。例 游览了金华的双龙洞,他对自然界的~惊叹不已。4.作主语。例 这些自然界的~令他百思不得其解。5.作宾语。例 如此奇妙的景观,全是大自然的~。

【构成】并列式合成词

【近义】①主宰、自然;②创造、化育

造化㊁ zào·hua〈名〉福分;运气。

【用法】1.作主语。例 她的~比谁都好。2.作宾语。例 这孩子将来定会有~。3.常加"的"作定语。例 你不能怨自己~的不好,应该发愤图强才对。4.构成介宾短语作状语。例 他为孩子的~感到高兴。

【构成】并列式合成词

【近义】福分、福气、运气

【辨析】两者构词方式、语法功能均相同。区别在于:1.读音有所不同:前者"化"读去声;后者"化"读轻声。2.词义不同:前者指"自然界的创造者,也指自然",并表示"创造,化育";后者指"福气、运气"。3.近义词不同:前者的近义词是“主宰、自然，创造、化育”；后者的近义词是“福分、福气、运气”。

【辨误】“化”第三笔是撇，不是竖弯钩。

【辨读】造化（zàohuà）是公正的，这门亲事能否成功要看你的造化（zào·hua）。

章程㊀zhāngchéng ㊁zhāng·cheng

章程㊀ zhāngchéng〈名〉书面形式的组织规程或办事条例。

【用法】1.作主语。例 这些组织～是经过反复酝酿制订出来的。2.作宾语。例 党员要模范遵守党的～。3.常加“的”作定语。例 ～的条文经过字斟句酌，无懈可击。4.构成介宾短语作状语。例 他严格按～办事，不徇私情。

【构成】并列式合成词

【近义】规章、条例

章程㊁ zhāng·cheng〈名〉办法；主意。

【用法】用于方言。1.作主语。例 他肚子里的～可真多。2.作宾语。例 这事究竟怎么办，他心里还没有个～。3.构成介宾短语作状语。例 凭你的这些～，事情怕不能办好。

【构成】并列式合成词

【近义】办法、措施、方法、主意

【辨析】两者词性、构词方式相同。区别在于：1.读音有所不同：前者“程”读阳平；后者“程”读轻声。2.词义不同：前者指“书面形式的组织规程或办事条例”；后者指“办法，主意”。3.词语归属不同：前者是普通话词语；后者是方言词语。4.近义词不同：前者的近义词是“规章、条例”等；后者的近义词是“办法、措施、方法、主意”等。

【辨读】公司的章程（zhāngchéng）正在制定，如何处理这件事他还没有个章程（zhāng·cheng）。

丈夫㊀zhàngfū ㊁zhàng·fu

丈夫㊀ zhàngfū〈名〉成年男子。

【用法】1.作主语。例 大～应当立志做一番事业。2.作宾语。例 他是一个伟～。3.作定语。例 他身上有一股～气。4.构成介宾短语作状语。例 她对这位伟～佩服得五体投地。

【构成】偏正式合成词

【近义】男子

丈夫㊁ zhàng·fu〈名〉男女两人结婚后，男子是女子的丈夫。

【用法】1.作主语。例 她的～长年在外经商。2.作宾语。例 这个英俊的男人是她的～。3.常加“的”作定语。例 她全力支持～的事业。4.构成介宾短语作状语。例 她对～体贴入微。5.作同位语。例 她的～王刚是某公司的经理。

【构成】偏正式合成词

【近义】老公

【辨析】两者词性、构词方式、语法功能相同,都用于指某种人。区别在于:1.读音有所不同:前者“夫”读阴平;后者“夫”读轻声。2.指称对象不同:前者指“成年男子”;后者指“女子的配偶”。3.词义范围大小不同:前者泛指“成年男子”,词义范围大;后者特指“男女两人结婚后,女子的配偶”,词义范围较小。两者之间是种属关系。4.近义词不同:前者的近义词是“男子”;后者的近义词是“老公”。

【辨读】她十分佩服的这位伟丈夫(zhàngfū),后来竟然成为她的丈夫(zhàng·fu)。

丈人㊀zhàngrén ㊁zhàng·ren

丈人㊀ zhàngrén 〈名〉古时对老年男子的尊称。

【用法】多用于文言书面语。1.作主语。例 ～扬长而去。2.作宾语。例 子路从而后,遇～。3.作定语。例 悔不听～之言,才落到这步田地。4.构成介宾短语作状语。例 他依～指点,一路寻去。

【构成】偏正式合成词

【近义】老翁、老丈

丈人㊁ zhàng·ren 〈名〉岳父。

【用法】1.作主语。例 他的～是位著名的工程师。2.作宾语。例 一别三十年,他终于又见到了老～。3.常加“的”作定语。例 久别重逢,他握着老～的手,激动地说不出一句话。4.构成介宾短语作状语。例 小伙子对他的～十分孝敬。

【构成】偏正式合成词

【近义】泰山、岳父

【辨析】两者词性、构词方式、语法功能相同,都用于指某种人。区别在于:1.读音有所不同:前者“人”读阳平;后者“人”读轻声。2.指称对象不同:前者用于古时尊称“老年男子”;后者指“岳父”。3.词义范围大小不同:前者泛指“老年男子”,词义范围大;后者特指“岳父”,词义范围小。两者之间是种属关系。4.近义词不同:前者的近义词是“老翁、老丈”;后者的近义词是“泰山、岳父”。5.词语沿革状况不同:前者用于古代称谓,现代罕用;后者是古今传承词,现仍常用。

【辨读】他在路上遇见一个丈人(zhàngrén),一问才知道是弟弟的丈人(zhàng·ren)。

照应㊀zhàoyìng ㊁zhào·ying

照应㊀ zhàoyìng 〈动〉呼应;配合。

【用法】1.作谓语,可带宾语、补语。例这篇文章前后～。|文章的结尾～了开头。|各部门的工作互相～得很好。2.加"的"作定语。例这些部门之间互相～的情况令人满意。3.作主语。例要提高办事效率,各部门之间的～是很重要的。4.作宾语。例他十分重视各个环节的互相～。

以词为单位重叠成ABAB式,多作谓语。例你们各部门之间要多～～。

【构成】并列式合成词

【近义】呼应、配合

照应㊁ zhào·ying 〈动〉照料。

【用法】1.作谓语,可带宾语、补语。例一路上,老人由乘务员耐心～着。|他出差期间,你给他～一下孩子吧。|服务员对我们～得很周到。2.加"的"作定语。例她～过的旅客数也数不清。3.构成介宾短语作状语。例在医务人员耐心～下,她很快恢复了健康。4.作主语。例对父母的～是子女应尽的义务。5.作宾语。例病人需要～。

以词为单位重叠成ABAB式,多作谓语。例老人病了,你可要多～～。

【构成】并列式合成词

【近义】关照、照顾、照管、照看、照料

【辨析】两者词性、构词方式相同。区别在于:1.读音有所不同:前者"应"读去声;后者"应"读轻声。2.词义着重点不同:前者多用于写作和工作等方面;后者多用于生活方面。3.近义词不同:前者的近义词是"呼应、配合"等;后者的近义词是"关照、照顾、照管、照看、照料"等。

【辨读】我要负责队伍的前后照应(zhàoyìng),这些伤病员就靠你们多多照应(zhào·ying)了。

针眼㊀zhēnyǎn ㊁zhēn·yǎn

针眼㊀ zhēnyǎn 〈名〉①针鼻儿。

【用法】1.作主语。例～很小,线没法穿过去。2.作宾语。例线儿好不容易穿过～。3.常加"的"作定语。例搪瓷脸盆出现了一个～大的窟窿。4.构成介宾短语作状语。例他不小心将～弄断了。

②也说针眼儿。指被针扎过之后所留下的小孔。

【用法】1.作主语。例～还在淌着血。2.作宾语。例他的手指上被针扎出了一个～儿。3.常加"的"作定语。例～的部位红肿还没有消退。4.构成介宾短语作状语、补语。例他在～上涂了消炎膏。|母亲把热毛巾敷在我手臂的～上。

【构成】偏正式合成词

针眼㈡ zhēn·yǎn〈名〉眼病，由葡萄球菌侵入眼睑的皮脂引起，症状是眼睑疼痛，眼睑边缘靠近睫毛处出现粒状的小疙瘩，局部红肿。

【用法】1.作主语。例你的～要赶紧到医院治疗。2.作宾语。例她患了～，已经一周了，仍然不见好转。3.常加"的"作定语。例医生给他开了治～的药。4.构成介宾短语作状语。例这里是山区，缺医少药，她对～束手无策。

【构成】偏正式合成词

【辨析】两者词性、构词方式、语法功能相同。区别在于：1.读音有所不同：前者"眼"读上声；后者"眼"一般读轻声，有时也可读上声。2.词义不同：前者是多义词；后者是单义词。

【辨读】她患了针眼（zhēn·yǎn），起初只有针眼（zhēnyǎn）那么大，这两天又红又肿，要赶紧到医院治疗。

正旦㈠zhēngdàn ㈡zhèngdàn

正旦㈠ zhēngdàn〈名〉农历正月初一。

【用法】用于书面语。多作状语。例时～朝贺，大将军梁冀威仪不整。

【构成】偏正式合成词

正旦㈡ zhèngdàn〈名〉旧称戏曲中的青衣，有些地方剧种里还用这个名称。

【用法】1.作主语。例她的～演得好极了。2.作宾语。例她演的是～。3.常加"的"作定语。例他担任～的角色。4.构成介宾短语作状语。例旦本全部曲牌例由～独唱。

【构成】偏正式合成词

【辨析】两者词性、构词方式相同。区别在于：1.读音有所不同：前者"正"读阴平；后者"正"读去声。2.词义不同：前者表示时间；后者作戏剧用语。3.语法功能及要求有所不同：前者在句子中主要作状语；后者在句子中作主语、宾语、定语，并构成介宾短语作状语。

【辨读】这个村子从正旦（zhēngdàn）开始连续五天演戏，她都是扮演正旦（zhèngdàn）的角色。

正当 ㊀zhèngdāng ㊁zhèngdàng

正当㊀ zhèngdāng 〈动〉正处在(某个时期或阶段)。

【用法】用于时间。1. 作谓语，可带宾语。例 你～壮年，还可以干一番事业。2. 构成介宾短语作状语。例 ～高考即将来临之际，他毅然放弃报考，与人合伙办起了一家软件公司。

【构成】偏正式合成词

正当㊁ zhèngdàng 〈形〉①合理合法的。

【用法】用于事情。1. 作谓语。例 他俩的关系不～。2. 常加"的"作定语。例 他提出的～的要求都得到了满足。3. 作补语，要用"得"。例 这件事他做得很～，我们没有理由批评他。

以语素为单位重叠成 AABB 式。常加"地"作状语。例 在会上，他把问题正正当当地摆出来了。

②人品端正。

【用法】用于人品。1. 作谓语。例 这小伙子很～，大家都喜欢他。2. 常加"的"作定语。例 他那～的人品博得不少姑娘的青睐。3. 作宾语。例 这青年是多么～。

以语素为单位重叠成 AABB 式。常加"地"作状语。例 清清白白地生活，正正当当地做人。

【构成】并列式合成词

【近义】①合法、合理；②端方、正派

【反义】①非法、无理；②恶劣、龌龊

【辨析】两者主要区别是：1. 读音有所不同：前者"当"读阴平；后者"当"读去声。2. 词语构成及使用方式不同：前者构成偏正式合成词，不能重叠使用；后者构成并列式合成词，可重叠成 AABB 式词语。3. 词性不同：前者是动词；后者是形容词。4. 词义不同：前者是单义词，表示动态；后者是多义词，表示性质状态。5. 感情色彩不同：前者是中性词，不含褒贬的色彩；后者是褒义词，带喜爱、赞许的感情。6. 有无近义、反义词不同：前者一般没有近义词和反义词；后者有近义词"合法、合理，端方、正派"，反义词"非法、无理，恶劣、龌龊"等。

【辨读】这小伙子正当(zhèngdāng)年富力强之时，人品也十分正当(zhèngdàng)

正经㊀zhèngjīng ㊁zhèng·jing

正经㊀ zhèngjīng 〈名〉旧时指《论语》《诗经》《书经》《易经》《周礼》等十三种儒家的经传。

【用法】1. 作主语。例 ～是旧时私塾里必读的书。2. 作宾语。例 旧

时的知识分子必须学习～和正史。3.常加"的"作定语。例 ～的内容他现在差不多都忘了。4.构成介宾短语作状语。例 他喜欢读野史，对～一点也不感兴趣。

用于成语"正经八百、一本正经"，作相应的成分。例 这是一部～八百的历史片。|他一本～地对我说着话。

【构成】偏正式合成词

正经㊁ zhèng·jing ①〈形〉端庄正派。

【用法】1.作谓语，可带补语。例 这女人很不～。|他的模样～得很。2.作定语。例 他是个很～的人。3.作补语，要用"得"。例 你别装得那么～。4.作宾语。例 这女孩子是那么～。

以语素为单位重叠成 AABB 式。1.作谓语。例 姑娘正正经经，一点也不显得轻浮。2.加"的"作定语。例 看他那正正经经的样子，我忍不住笑了。3.要加"地"作状语。例 她正正经经地说着话，脸上显得很严肃。4.作补语，要用"得"。例 这家伙装得正正经经的，骗取了不少姑娘的信任。

②〈形〉正当的。

【用法】1.常加"的"作定语。例 我们正在谈～事儿。|钱要花在～的地方。2.作补语，要用"得"。例 有了钱，可要花得～一些。

以语素为单位重叠成 AABB 式。1.常加"的"作定语。例 这些都是正正经经的事。2.作补语，要用"得"。例 这笔钱花得正正经经。

③〈形〉正式的；合乎一定标准的。

【用法】1.常加"的"作定语。例 这些东西都是～货。|这是～的人参，不是冒牌货。2.作状语。例 我没有～邀请他，他自己已经来了。

以语素为单位重叠成 AABB 式。1.加"的"作定语。例 这是正正经经的茅台酒，哪能是假货。2.加"地"作状语。例 他俩正正经经地领了结婚证。

④〈形〉严肃而认真。

【用法】1.作谓语，可带补语。例 你～点儿，不要开玩笑。2.加"的"作定语。例 他摆出一副～的面孔和我说话。3.作状语。例 大姐很～地向我提起这件事。4.作补语，要用"得"。例 她的表情变得那么～。5.作宾语。例 姑娘的语气是那么～。

⑤〈副〉确实；实在。

【用法】用于方言。多作状语。例 把孩子拉扯大～不容易。

【构成】并列式合成词

【近义】①正派；②合理、正当；③正式；④严肃、认真；⑤确实、实在

【辨析】两者主要区别是：1. 读音有所不同：前者“经”读阴平；后者“经”读轻声。2. 词语构成及使用方式不同：前者构成偏正式合成词和成语，不能重叠使用；后者构成并列式合成词，可重叠成AABB式词语。3. 词义不同：前者指“十三经”，用于成语形容庄重严肃，表示事物名称和人的态度；后者表示性质状态和肯定的语气。4. 有无近义词不同：前者没有近义词；后者有近义词“正派，合理、正当，正式，严肃、认真，确实、实在”等。

【辨读】他以前在私塾里读的都是正经(zhèngjīng)、正史，是个很正经(zhèng·jing)的人。

砖头㊀zhuāntóu ㊁zhuān·tou

砖头㊀ zhuāntóu 〈名〉不完整的砖；碎砖。

【用法】1. 作主语。例 零碎的～扔得满地都是。2. 作宾语。例 他顺手捡起了一截～。3. 常加“的”作定语。例 这堆被废弃的～的用处可不小。4. 构成介宾短语作状语。例 他对这堆～连看都不看一眼。

【构成】偏正式合成词

【近义】碎砖

砖头㊁ zhuān·tou 〈名〉砖。

【用法】用于方言。1. 作主语。例 盖房的～已经运到了工地。2. 作宾语。例 场地上堆着一堆像小山一样的～。3. 常加“的”作定语。例 这种～的销路很好，常常供不应求。4. 构成介宾短语作状语。例 他用汽车把～运回工厂。

【构成】附加式合成词

【近义】砖块

【辨析】两者词性、语法功能相同，都用于指“砖”。区别在于：1. 读音有所不同：前者“头”读阳平；后者“头”读轻声。2. 构词方式不同：前者构成偏正式合成词；后者构成附加式合成词。3. 语素充任的构词成分不同：前者“头”作词根，用于体现这个词的根本的词汇意义；后者“头”作词缀，表示附加意义。4. 指称对象不同：前者指“不完整的砖，碎砖”；后者指“整块的砖”。5. 词语归属不同：前者是普通话词语；后者是方言词语。6. 近义词不同：前者的近义词是“碎砖”；后者的近义词是“砖块”。

【辨读】砌水槽的砖头(zhuān·tou)差几块，张师傅只好把工地上那些零碎的砖头(zhuāntóu)拿来用。

转动㊀zhuǎndòng ㊁zhuàndòng

转动㊀ zhuǎndòng〈动〉转身活动；身体或物体的某部分自由活动。

【用法】1.作谓语，可带宾语。例 起重机不停地～着长臂，吊起一箱箱货物。2.常加“的”作定语。例 她身体～的姿势很优美。3.构成介宾短语作状语。例 飘带随着身体的～而飘动着。

【构成】偏正式合成词

转动㊁ zhuàndòng〈动〉①物体围绕一个点或轴作圆周运动。

【用法】1.作谓语。例 风车不停地～。2.常加“的”作定语。例 机身上～的螺旋桨慢慢停住不动了。3.构成介宾短语作状语。例 随着车轮的～，他的思绪飞向了远方。②使转动。

【用法】1.作谓语，可带宾语。例 老大娘～着一架旧式的纺车。2.加“的”作定语。例 他手中～的摇把停住了。3.构成介宾短语作状语。例 小孩儿为了～辘轳，累得气喘吁吁。

【构成】偏正式合成词

【辨析】两者词性、构词方式、语法功能相同。区别在于：1.读音有所不同：前者“转”读上声；后者“转”读去声。2.词义着重点不同：前者着重指“转身活动，物体的某部分自由活动”；后者着重指“物体作圆周运动，使转动”。3.适用对象不同：前者适用于头、身体以及其他能自由活动的物体；后者适用于车轮、机器等可作圆周运动的器物。

【辨读】螺旋桨停止了转动（zhuàndòng），轮船靠岸了，起重机转动（zhuǎndòng）着长臂，把一个个集装箱吊到码头上。

转弯子㊀zhuǎn//wān·zi ㊁zhuàn//wān·zi

转弯子㊀ zhuǎn//wān·zi〈动〉比喻改变认识或想法。

【用法】1.作谓语。例 他的脑筋正在～。2.加“的”作定语。例 她～的时候你再跟她说。3.作宾语。例 他的思想不习惯～。

中间可插入其他词语。例 他的头脑还没转过弯子。

【构成】支配式离合词

转弯子㊁ zhuàn//wān·zi〈动〉比喻说话不直截了当；不直爽。

【用法】1.作谓语。例 他说话时总是～。2.加“的”作定语。例 她～的习惯还没改。3.作宾语。例 他说话爱～。

中间可插入其他词语。例 他在转着弯子地说话。

【构成】支配式离合词

【辨析】两者词性、构词方式、语法功能相同。区别在于：1. 读音有所不同：前者“转”读上声；后者“转”读去声。2. 词义着重点不同：前者用于“认识、想法”，指思想动态；后者用于“说话”，指言语动态。3. 修辞作用不同：前者比喻“改变认识或想法”；后者比喻“说话不直截了当，不直爽”。

【辨读】他的脑筋没有转弯子(zhuǎnwān·zi)，所以说话还是转弯子(zhuànwān·zi)。

转向㊀zhuǎnxiàng ㊁zhuàn//xiàng

转向㊀ zhuǎnxiàng〈动〉①转变方向。

【用法】1. 作谓语。例 风已经～了。2. 作定语。例 不同的火箭，～装置也不一样。3. 构成主谓短语作宾语。例 央行全面下调金融机构人民币存款准备金率并不意味货币政策～。

②比喻改变立场。

【用法】多作谓语，可带宾语。例 他的思想正在～。

③转过来向着(某些人或事物)。

【用法】多作谓语，可带宾语。例 他突然把脸～我。

【构成】①②支配式合成词；③补充式合成词

转向㊁ zhuàn//xiàng〈动〉迷失方向。

【用法】作谓语。例 他在大是大非面前不～。

用于成语“蒙头转向、晕头转向”。1. 作谓语。例 鬼子蒙头～，到处乱窜。2. 加“的”作定语。例 晕头～的蚂蚁四处逃窜。3. 加“地”作状语。例 人们晕头～地四散奔逃。4. 作补语，要用“得”。例 敌人被打得蒙头～。5. 作宾语。例 他们转来转去，真是晕头～。

中间可插入其他词语。例 她在园子里转了向，找不到出口。

【构成】支配式离合词

【辨析】两者词性相同。区别在于：1. 读音有所不同：前者“转”读上声；后者“转”读去声。2. 词语构成方式不同：前者构成支配式合成词和补充式合成词；后者构成支配式离合词。3. 词义着重点不同：前者指“转变方向，转变立场，转过来向着”；后者指“迷失方向”。

【辨读】这些运动搞得人们晕头转向(zhuànxiàng)，他的思想仍然不转向(zhuǎnxiàng)。

转载㊀zhuǎnzǎi ㊁zhuǎnzài

转载㊀ zhuǎnzǎi 〈动〉刊载别的报刊发表过的文章。

【用法】1.作谓语,可带宾语、补语。例 各地报纸纷纷～《人民日报》元旦社论。|这篇通讯曾被全国多家报刊～过。2.加“的”作定语。例 那篇～的文章我已经看过。3.构成介宾短语作状语。例 这篇论文在～时被删去了一些内容。

【构成】偏正式合成词

转载㊁ zhuǎnzài 〈动〉过载,即把一个运输工具上装载的东西转移到另一个运输工具上。

【用法】1.作谓语,可带宾语、补语。例 这辆汽车专门～茶叶。|水泥要马上～到另一辆车上。2.加“的”作定语。例 要～的货物已全部搬到船上。3.构成介宾短语作状语。例 这些建筑材料通过～陆续运到工地上。

【构成】偏正式合成词

【辨析】两者词性、构词方式、语法功能相同。区别在于:1.读音有所不同:前者“载”读上声;后者“载”读去声。2.词义不同:前者作报刊出版业用语;后者作运输业用语。3.适用对象不同:前者适用的对象是“文章”;后者适用的对象是“货物”。

【辨读】这批国宝经多次转载(zhuǎnzài)终于回归祖国,各大报纸相继转载(zhuǎnzǎi)了这条新闻。

庄子㊀Zhuāngzǐ ㊁zhuāng·zi

庄子㊀ Zhuāngzǐ 〈名〉我国古代哲学家、散文家。是先秦道家学派的代表人物。名周,战国时宋国蒙(今河南商丘东北)人。著作有《庄子》等。

【用法】常用于书面语。1.作主语。例 ～是战国时著名的哲学家。2.作宾语。例 他为文汪洋恣肆,想象丰富,著作有《～》。3.常加“的”作定语。例 ～的哲学思想达到了很高的思维水平,对后世影响很大。4.构成介宾短语作状语。例 楚威王对～十分敬佩,曾用厚币礼聘,但遭他拒绝。

【构成】偏正式合成词

庄子㊁ zhuāng·zi 〈名〉村庄。

【用法】用于口语。1.作主语。例 这个～居住着三百多户人家。2.作宾语。例 这是一个较大的～。3.常加“的”作定语。例 他是我们这个～的人。4.构成介宾短语作状语、补语。例 鬼子兵在～里烧杀掳掠,无恶不作。|我军埋

伏在～里，专等敌人到来。

【构成】附加式合成词

【近义】村庄、村子

【辨析】两者词性、语法功能相同。区别在于：1.读音有所不同：前者“子”读上声；后者“子”读轻声。2.构词方式不同：前者构成偏正式合成词；后者构成附加式合成词。3.语素充任的构词成分不同：前者“子”作词根，用于体现这个词的根本的词汇意义；后者“子”作词缀，表示附加意义。4.指称对象不同：前者用于古人名；后者用于指“村庄”。5.语体色彩不同：前者常用于书面语；后者用于口语。6.有无近义词不同：前者没有近义词；后者有近义词“村庄、村子”。7.词语沿革状况不同：前者是古语词，多见于古代典籍，现罕用；后者是古今传承词语，现仍常用。

【辨读】他住在一个较大的庄子(zhuāng·zi)里，平时喜欢读《庄子(Zhuāngzǐ)》。

琢磨㊀zhuómó ㊁zuó·mo

琢磨㊀ zhuómó 〈动〉①雕刻和打磨。

【用法】1.作谓语，可带宾语、补语。例 工匠们在作坊里紧张地～着。|他细心地～玉石。|翡翠首饰已经～好了。2.常加“的”作定语。例 王师傅～的手镯十分精致美观。3.构成介宾短语作状语。例 这些玉石经过～变得十分珍贵。4.作主语，或构成“的”字短语作主语。例 这些象牙要加工成精美的器物，～是必不可少的。|正在～的是一个翡翠玉壶。

以词为单位重叠成ABAB式，多作谓语。例 这些玉器还要再～～。

用于成语“切磋琢磨”(原指把兽骨、象牙、玉石、石头等制作成器物。后用于比喻互相研究、讨论，取长补短)。多作谓语。例 参谋们正在切磋～新的作战方案。

②加工使精美。

【用法】1.作谓语，可带宾语、补语。例 篇章结构他正在～。|他～着文章的标题。|这段文字已经反复～好几遍了。2.常加“的”作定语。例 ～的时间足足花去一个钟头。3.作主语，或构成“的”字短语作主语。例 写文章时，仔细的～是必要的。|他刚才～的是文章的开头。

以词为单位重叠成ABAB式，多作谓语。例 这篇文章的结尾还得再～～。

【构成】并列式合成词

【近义】①打磨、雕刻、雕琢；②润饰、推敲

琢磨㊁ zuó•mo〈动〉考虑；思索。

【用法】1. 作谓语，可带宾语、补语。例这个问题他正在～。|他在～着一道数学难题。|这件事她已经～好久了。2. 常加“的”作定语。例～的结果，还是拿不出更好的办法。3. 构成介宾短语作状语。例他通过反复～找出了答案。4. 作主语，或构成“的”字短语作主语。例认真～已经成了他的习惯。|他正在～的是如何尽快摆脱困境。

以词为单位重叠成ABAB式，多作谓语。例这道题你再～～。

【构成】并列式合成词

【近义】考虑、思考、思索、斟酌

【辨析】两者词性、构词方式、语法功能相同。区别在于：1. 读音不同：前者“琢”读zhuó；后者“琢”读zuó；前者“磨”读阳平，后者“磨”读轻声。2. 词义着重点不同：前者表示动作行为；后者表示心理动态。3. 适用对象不同：前者施动的对象主要是“玉石、文章”等；后者施动的对象是“问题、难题”等。4. 近义词不同：前者的近义词是“打磨、雕刻、雕琢，润饰、推敲”等，后者的近义词是“考虑、思考、思索、斟酌”等。5. 词语修辞方式不同：前者构成成语用于比喻互相研究、讨论，取长补短，是运用借喻的修辞方式；后者没有比喻的用法。

【辨读】明亮的灯光下，哥哥在琢磨（zhuómó）文章的修辞手法，弟弟在琢磨（zuó•mo）一道化学难题。

自然㊀zìrán ㊁zì·ran

自然㊀ zìrán ①〈名〉自然界。

【用法】1. 作主语。例大～赐予人类恩惠，也给违背其规律的人们以惩罚。2. 作宾语。例人类不断认识～，改造～。3. 常加“的”作定语。例这里的～资源十分丰富。|他已经投入大～的怀抱。4. 构成介宾短语作状语、补语。例孩子们对大～充满好奇心。|此刻，我置身于大～中，一切痛苦与烦恼都抛到了九霄云外。

②〈形〉自由发展；不经人力干预。

【用法】1. 作定语。例大陆架在法律上被认为是沿海国家领土的～延伸。2. 作状语。例你放心，到时候他～会去。3. 与“任其、顺其、听其”连用，作宾语。例父母对子女要加强教育，不能任其～。|事态的发展只能顺其～了。|这种错误言论，不能听其～。

③〈副〉表示理所当然。

【用法】用于句首或句中,作状语。例～,有时候她也感到寂寞。|肯动脑筋,～会想出办法。

④〈连〉连接分句或句子,表示揣度后断定。

【用法】用于句中。1. 作状语。例这件事情到时候～会水落石出。2. 作插入语。例你对老人家那么孝顺,～,老人家也会对你好。

【构成】附加式合成词

【近义】①天然;②必然;③当然;④断定、肯定

【反义】②未必;③难保

自然㊁ zì·ran〈形〉不呆板;不局促;不勉强。

【用法】1. 作谓语,可带补语。例李老师的教态十分～。|他说话时的表情～得很。2. 常加"的"作定语。例看她那～的表演,我真不相信她是第一次上台。3. 加"地"作状语。例她很～地走上演讲台,开始演讲。4. 作补语,要用"得"。例他笑得很不～。5. 作宾语。例他的态度是那样～。

【构成】附加式合成词

【近义】大方

【反义】呆板、拘谨、拘束、局促、造作、做作

【辨析】两者构词方式相同,都可用于形容义。区别在于:1. 读音有所不同:前者"然"读阳平;后者"然"读轻声。2. 词性有所不同:前者作名词、形容词、副词、连词;后者只作形容词。3. 词义范围不同:前者是多义词;后者词义范围窄。4. 感情色彩不同:前者是中性词,不含褒贬的色彩;后者是褒义词,带喜爱、赞许的感情。5. 近义、反义词不同:前者的近义词是"天然,必然,当然,断定、肯定",后者的近义词是"大方";前者的反义词是"未必,难保",后者的反义词是"呆板、拘谨、拘束、局促、造作、做作"等。

【辨读】你们上台演唱时态度要自然(zì·ran)大方,自然(zìrán)会唱得更好。

自在㊀zìzài ㊁zì·zai

自在㊀ zìzài〈形〉自由;不受拘束。

【用法】1. 作谓语,可带补语。例爸爸不在家,我们真～。|老师一离开教室,孩子们又蹦又跳,～极了。2. 加"的"作定语。例老人过着自由～的生活。3. 常加"地"作状语。例鸟儿自由～地在空中飞翔。4. 作补语,要用"得"。例退休后,他变得很～。5. 作宾语。例她在家里是多么～。

【构成】陈述式合成词

【近义】随便、自由

【反义】拘谨、拘束

自在㊁ zì·zai〈形〉安闲舒适。

【用法】1. 作谓语，可带补语。例 老两口生活十分～。|这种田园式的生活，～得很。2. 加“的”作定语。例 他老人家何曾过上一天～的日子？3. 常加“地”作状语。例 他悠闲～地坐在沙发上闭目养神。4. 作补语，要用“得”。例 小两口的日子过得挺～。5. 作宾语。例 他的生活是多么～。

【构成】陈述式合成词

【近义】安闲、安逸、清闲、舒服、舒适

【反义】忙碌

【辨析】两者词性、构词方式、语法功能相同。区别在于：1. 读音有所不同：前者“在”读去声；后者“在”读轻声。2. 词义不同：前者指行动方面；后者多指生活环境、心境方面。3. 近义、反义词不同：前者的近义词是“随便、自由”，后者的近义词是“安闲、安逸、清闲、舒服、舒适”；前者的反义词是“拘谨、拘束”，后者的反义词是“忙碌”。

【辨读】老两口退休后自由自在(zìzài)，在乡下过着自在(zì·zai)的日子。

字号㊀zìhào ㊁zì·hao

字号㊀ zìhào〈名〉①排版印刷上，用初号、一号、二号等标示汉字大小的编号。

【用法】1. 作主语。例 印刷时，这几种～必须调整。2. 作宾语。例 他知道应该用什么～。3. 常加“的”作定语。例 排版时要注意～的大小。4. 构成介宾短语作状语。例 她对～很熟悉。

②表示事物次序的文字和数码。

【用法】1. 作主语。例 ～要贴在显眼的地方。2. 作宾语。例 你给这批货物标上～。3. 加“的”作定语。例 她负责编～的工作。4. 构成介宾短语作状语。例 管理员把～贴在展品下端。

【构成】偏正式合成词

【近义】①字级；②数码

字号㊁ zì·hao〈名〉①商店的名称。

【用法】1. 作主语。例 这药店的～叫济生堂。2. 作宾语。例 我没记住那家商店的～。3. 加“的”作定语。例 ～的更换不要再拖延了。4. 构成介宾短语作状语。例 他对这个～很满意。

②指商店。

【用法】1. 作主语。例 这老～挺出名。2. 作宾语。例 买品牌服装还是要看～。3.常加"的"作定语。例这家～的生意特别好。4.构成介宾短语作状语。例顾客对这家～很信赖。

【构成】并列式合成词

【近义】①名称、名号、名字；②店铺、商店、商号

【辨析】两者词性、语法功能相同。区别在于：1.读音有所不同：前者"号"读去声；后者"号"读轻声。2.构词方式不同：前者构成偏正式合成词；后者构成并列式合成词。3.指称对象不同：前者指"排版印刷上用来标示汉字大小的编号"；后者指"商店的名称，商店"。4.近义词不同：前者的近义词是"字级，数码"；后者的近义词是"名称、名号、名字，店铺、商店、商号"。

【辨读】这是一家老字号（zì·hao）的商铺，每一件商品都有标上字号（zìhào）。

字帖㊀zìtiè ㊁zìtiěr

字帖㊀ zìtiè〈名〉供学习书法的人临摹的范本，多为名家墨迹的石刻拓本、木刻印本或影印本。

【用法】1.作主语。例这本～已经用了十几年了。2.作宾语。例他买了一本常用字～。3.常加"的"作定语。例～的作用是帮助人们写好字、学好书法。4.构成介宾短语作状语。例初学书法最好按照～临摹。

【构成】偏正式合成词

字帖儿㊁ zìtiěr〈名〉写着简单话语的纸片，多为通知、启事之类。

【用法】1.作主语。例这些～要尽快寄出去。2.作宾语。例他刚收到～，就赶来了。3.常加"的"作定语。例这张～的内容我已经看过了。4.构成介宾短语作状语。例他把～小心地放进口袋里。

【构成】偏正式合成词

【辨析】两者词性、语法功能相同。区别在于：1.读音有所不同：前者"帖"读去声；后者"帖"读上声。2.构词方式不同：前者构成的词不儿化；后者构成儿化词。3.指称对象不同：前者是学习用品；后者是通知、启事之类。

【辨读】朋友送给我一本字帖（zìtiè），我翻开一看，扉页里还夹着一张字帖儿（zìtiěr）。

走水㊀zǒu//shuǐ ㊁zǒu·shui

走水㊀ zǒu//shuǐ〈动〉①漏水。

【用法】1.作谓语。例水缸～了。2.加"的"作定语。例～的水管要赶紧维修。3.构成介宾短语作状语。例水桶因为～不能用了。4.

作“发现”等动词的宾语。例 他发现～，马上动手修理。

中间可插入其他词语。例 水壶走了水，口渴得要命。

②流水。

【用法】1.作谓语。例 渠道正在～。2.加“的”作定语。例 要确保渠道～的通畅。

中间可插入其他词语。例 水渠正在走着水。

③指失火（含避讳意）。

【用法】1.作谓语。例 那边的房屋～了！2.加“的”作定语。例 ～的几户人家损失十分惨重。3.作“发现、听说”等动词的宾语。例 大伙儿发现～，立即停止会议，赶去救火。|他一听说～，马上拨通了火警电话。

【构成】支配式离合词

【近义】①漏水；②流水；③失火

走水㊁ zǒu·shui〈名〉帐子帘幕等上方装饰的短横幅。

【用法】用于方言。1.作主语。例 这幅～是姑娘亲手缝制的。2.作宾语。例 尼龙帐子上方挂着一幅绣着花鸟图案的～。3.加“的”作定语。例 这幅～的色彩十分艳丽。4.构成介宾短语作状语、补语。例 姑娘在～上绣上了一对鸳鸯。|她把诗词绣在～上。

【构成】偏正式合成词

【辨析】两者主要区别是：1.读音有所不同：前者“水”读上声；后者“水”读轻声。2.词语构成及使用方式不同：前者构成支配式离合词，中间可插入其他词语；后者构成偏正式合成词，中间不能插入其他词语。3.表义功能不同：前者表示事物动态；后者表示事物名称。4.词语归属不同：前者是普通话词语；后者是方言词语。5.有无近义词不同：前者有近义词“漏水、流水、失火”；后者一般没有近义词。6.词语修辞方式不同：前者第③义项用于指“失火”，是运用避讳的修辞方式，后者没有避讳的用法。

【辨读】看见家里水管走水（zǒu-shuǐ）了，她立即放下正在缝制的走水（zǒu·shui），请来了修理工。

作法㊀zuò//fǎ ㊁zuò·fǎ

作法㊀ zuò//fǎ〈动〉旧时指道士施行法术。

【用法】1.作谓语。例 老道士正在～，口中念念有词。2.加“的”作定语。例 她请来一个～的道士。3.构成“的”字短语作主语。例 正在～的是来自峨眉山的道士。

中间可插入其他词语。例 她请道士来家里作了三天三夜法。

【构成】支配式离合词

作法㊁ zuò·fǎ〈名〉①作文的方法。

【用法】1.作主语。例文章的～讲了两节课。2.作宾语。例老师在耐心讲解毕业论文的～。3.常加“的”作定语。例同学们逐步掌握了文章～的要领。4.构成介宾短语作状语。例他对～还是一知半解。

②做法。

【用法】1.作主语。例你的～不对头。2.作宾语。例做这件事时,他采用通常的～。3.加“的”作定语。例他～的奇妙出乎我的意料。4.构成介宾短语作状语。例我对他的～感到很惊奇。

【构成】偏正式合成词

【近义】①写法;②做法

【辨析】两者主要区别是:1.读音有所不同:前者“法”读上声;后者“法”一般读轻声,有时也可读上声。2.词语构成及使用方式不同:前者构成支配式离合词,中间可插入其他词语;后者构成偏正式合成词,中间不能插入其他词语。3.表义功能不同:前者表示动作义;后者表示名物义。

【辨读】家里有人生病她就请道士作法(zuòfǎ),这种作法(zuò·fǎ)能治好病吗?

作乐㊀zuòlè ㊁zuòyuè

作乐㊀ zuòlè〈动〉取乐。

【用法】1.作谓语。例纣王终日纵情～,哪有心思料理朝政?2.常加“的”作定语。例这些豪华的宫殿成了统治阶级寻欢～的场所。3.构成介宾短语作状语。例为了～,大款们一掷千金。

【构成】支配式合成词

【近义】取乐

作乐㊁ zuòyuè〈动〉①制作乐律、乐谱。

【用法】1.作谓语。例他专心～,在音乐上颇有建树。2.常加“的”作定语。例他是～的行家。3.作宾语。例她正在学习～。

②奏乐。

【用法】1.作谓语。例席间,乐队起劲地～。2.加“的”作定语。例这些～的人都是著名的音乐家。3.作宾语。例他终于学会了～。

【构成】支配式合成词

【近义】①作曲;②奏乐

【辨析】两者词性、构词方式、语法功能相同。区别在于:1.读音有所不同:前者“乐”读 lè;后者“乐”读 yuè。2.词义不同:前者是单义词,指生活方式;后者是多义词,作音乐用语。3.近义词不同:前者的近义词是“取乐”;后者的近义词是“作曲，奏乐”。

【辨读】他是国内外享有盛名的作曲家，他常说：“作乐（zuòyuè）虽然辛苦，却能苦中作乐（zuòlè）。”

作难㊀zuònán ㊁zuònàn

作难㊀ zuònán〈动〉为难。

【用法】1. 作谓语，可带宾语、补语。例他故意和我们～。|这些人有意～我们。|他秉公办事，对哪一方都没～过。2. 加“的”作定语。例这伙人～的结果，使合同无法签订。3. 构成介宾短语作状语。例大伙儿对他的～忍无可忍，纷纷提出抗议。4. 作主语，或构成“的”字短语作主语。例这些人的～使事情更加难办了。|～的只是他一人。

【构成】支配式合成词

【近义】刁难、为难、作对

作难㊁ zuònàn〈动〉发动叛乱；起事。

【用法】用于书面语。1. 作谓语。例敌对分子不断～，始终未能得逞。2. 加“的”作定语。例伺机～的这伙坏人终于受到了应有的惩罚。3. 构成介宾短语作状语。例这家伙由于带头～受到法律制裁。4. 作主语，或构成“的”字短语作主语。例这些不法分子的～给人民生命财产带来严重威胁。|企图～的是一些阴谋分子。

【构成】支配式合成词

【近义】发难

【辨析】两者词性、构词方式、语法功能相同。区别在于：1. 读音有所不同：前者“难”读阳平；后者“难”读去声。2. 词义不同：前者表示“为难”，多指个别人的抵触行为，语意较轻微；后者指“发动叛乱，起事”，指群体的敌对行动，语意较重。3. 近义词不同：前者的近义词是“刁难、为难、作对”；后者的近义词是“发难”。

【辨读】她要应对有些人故意作难（zuònán），还要提防不法分子带头作难（zuònàn）。